Hosenberg

Mindestlohn in der Zeitarbeitsbranche

Meinen Eltern und meiner Schwester

Katrin Hosenberg

Mindestlohn in der Zeitarbeitsbranche

Schriftenreihe zur Zeitarbeit

Verlag Personal, Recht, Management Ltd.

Bibliographische Information der deutschen Nationalbibliothek
Die Deutsche Nationalbibliothek verzeichnet diese Publikation in der Deutschen Nationalbibliographie; detaillierte bibliographische Daten sind im Internet über http://dnb.d-nb.de abrufbar.

Niederlassung Deutschland: Lindlaustr. 2a, 53842 Troisdorf

Umschlagskonzeption: Verlag Personal, Recht, Management Ltd.
Satz: Verlag Personal, Recht, Management Ltd.
Druck: Books on Demand GmbH, Norderstedt
Printed in Germany, Dezember 2009

ISBN 978-3-941388-29-1

Vorwort

Das vorliegende Werk wurde in der zweiten Jahreshälfte 2009 erstellt. Es befasst sich mit den wichtigsten politischen, wirtschaftlichen und rechtlichen Aspekten, die im Rahmen der Diskussion um die Frage der Notwendigkeit der Einführung eines Mindestlohns gegeneinander abzuwägen sind. Mit der Zeitarbeitsbranche wurde für diese Ausarbeitung bewusst eine Branche ausgewählt, in der um die Frage der Mindestlohneinführung mit einer Leidenschaft gestritten wird, wie es in kaum einer anderen Branche zu beobachten ist. Dabei wird insbesondere die aktuelle Tarifsituation der Zeitarbeitsbranche, die ebenso Grundlage wie Auslöser der öffentlichen Debatte um branchenweite Mindestlöhne ist, im einzelnen dargestellt und in ihrer Entstehung erläutert. Das Buch befindet sich auf dem Stand November 2009.

Mein ganz besonderer Dank gilt Herrn Prof Dr. Pulte und Herrn Prof. Niehüser von der Fachhochschule Gelsenkirchen, Fachbereich Wirtschaftsrecht, die die Arbeit durch vielfältige Anregungen und Kritik sowie durch die Suche nach geeignetem wissenschaftlichen Material tatkräftig unterstützt haben. Ich danke zudem meinem Freund sowie all denjenigen, die mich durch einen kritischen Austausch und mit motivierenden Worten bei der Fertigstellung der Ausarbeitung unterstützt haben.

Herne, im November 2009

Katrin Hosenberg

Inhaltsverzeichnis

Abkürzungsverzeichnis

ALG-II	Arbeitslosengeld II
ALV	Arbeitslosenversicherung
AMP	Arbeitgeberverband Mittelständischer Personaldienstleister
BA	Bundesagentur für Arbeit
BMAS	Bundesministerium für Arbeit und Soziales
BPL	Bundesverband Personal-Leasing
BVD	Bundesvereinigung Deutscher Dienstleistungsunternehmen
BZA	Bundesverband Zeitarbeit Personal-Dienstleistungen e.V.
CDU	Christlich Demokratische Union
CGB	Christlicher Gewerkschaftsbund
CGM	Christliche Gewerkschaft Metall
CGPT	Christliche Gewerkschaft Postservice und Telekommunikation
CGZP	Tarifgemeinschaft Christlicher Gewerkschaften Zeitarbeit und PSA
DA	Durchführungsanweisung
DGB	Deutscher Gewerkschaftsbund
DHV	Berufsgewerkschaft e.V. im CGB
DIHK	Deutscher Industrie- und Handels
DIS AG	Deutsche Industrie Service Aktiengesellschaft
DIW	Deutsches Institut für Wirtschaftsforschung
EG	Entgeltgruppe
ETV	Entgelttarifvertrag
EUROSTAT	Statistisches Amt der Europäischen Gemeinschaften
FAZ	Frankfurter Allgemeine Zeitung
FDP	Freie Demokratische Partei
GDP	Gewerkschaft der Polizeikammertag
GEW	Gewerkschaft Erziehung und Wissenschaft
GÖD	Gewerkschaft Öffentlicher Dienst und Dienstleistungen
GWG	Geringwertige Wirtschaftsgüter
IAB	Institut für Arbeitsmarkt- und Berufsforschung der Bundesanstalt für Arbeit
IAQ	Institut Arbeit und Qualifikation
IAT	Institut Arbeit und Technik
ifo	Institut für Wirtschaftsforschung
IG-BAU	Industriegewerkschaft Bauen – Agrar – Umwelt
IG BCE	Industriegewerkschaft Bergbau, Chemie, Energie
IG Metall	Industriegewerkschaft Metall
iGZ	Interessenverband Deutscher Zeitarbeitsunternehmen e.V.
IHK	Industrie- und Handelskammer
INZ	Interessengemeinschaft Nordbayerischer Zeitarbeitsunternehmen

IW	Institut der deutschen Wirtschaft
KV	Krankenversicherung
MVZ	Mittelstandsvereinigung Zeitarbeit
NGG	Gewerkschaft Nahrung –Genuss – Gaststätten
OECD	Organisation for Economic Co-operation and Development
ÖTV	Gewerkschaft Öffentliche Dienste, Transport und Verkehr in Deutschland
PSA	Personal-Service-Agentur
PV	Pflegeversicherung
RV	Rentenversicherung
SOEP	Sozio-ökonomisches Panel
SPD	Sozialdemokratische Partei Deutschlands
SWR	Südwestrundfunk
UIS	Unternehmerverband IndustrieService + Dienstleistungen
UZA	Unternehmensverband Zeitarbeit
VBG	Verwaltungs-Berufsgenossenschaft
ver.di	Vereinte Dienstleistungsgewerkschaft
VLA	Verband Leiharbeit
WIFO	Österreichisches Institut für Wirtschaftsforschung
WSI	Wirtschafts- und Sozialwissenschaftliches Institut der Hans-Böckler-Stiftung

Im Übrigen entsprechen die verwendeten Abkürzungen den Vorschlägen von:

Kirchner, Hildbert/Butz, Cornelie, Abkürzungsverzeichnis der Rechtssprache, 6. Auflage, Berlin 2007.

Duden, Die deutsche Rechtsschreibung, 24. Auflage, Mannheim/Leipzig/Wien/Zürich, 2006.

Abbildungsverzeichnis

Tabellenverzeichnis

1 Einleitung

„Der Mensch ist darauf angewiesen, von seiner Arbeit zu leben, und sein Lohn muss mindestens so hoch sein, dass er davon existieren kann. Meistens muss er sogar noch höher sein, da es dem Arbeiter sonst nicht möglich wäre, eine Familie zu gründen.“[1]

Adam Smith, 1776

Diese Auffassung, die der Begründer der klassischen Volkswirtschaftslehre, *Adam Smith*, bereits im Jahre 1776 vertrat, wird auch in der politischen Diskussion um die Einführung von Mindestlöhnen in Deutschland nach wie vor geteilt. Während sich bereits 20 der insgesamt 27 EU-Mitgliedsstaaten für die Implementierung eines gesetzlichen Mindestlohns entschieden haben,[2] konnte man sich in Deutschland jedoch bis heute nicht auf einen allgemeinen, branchenübergreifenden gesetzlichen Mindestlohn einigen. Stattdessen waren in der Vergangenheit die politischen Bestrebungen zur Einführung von Mindestlöhnen in Deutschland im Wesentlichen darauf gerichtet, Mindestlöhne für einzelne Branchen einzuführen. Eine Branche, für welche die Frage der Einführung eines Mindestlohnes diskutiert wird, ist die Zeitarbeitsbranche. Die Zeitarbeit stellt eine der sozial- und arbeitsmarktpolitisch umstrittensten Beschäftigungsformen in Deutschland dar, die ein beachtliches Konfliktpotential in sich birgt. Dies spiegelt sich nicht nur in den vielen Diskussionen in der Vergangenheit wider, sondern insbesondere auch in der jetzigen Debatte um die Einführung eines Mindestlohns bzw. einer Lohnuntergrenze in der Leiharbeitsbranche.[3]

Vor dem Hintergrund der aktuellen Diskussion über das Erfordernis sowie den Sinn und Zweck eines Mindestlohns in der Leiharbeitsbranche werden nachfolgend die bedeutsamsten rechtswissenschaftlichen und wirtschaftlichen Aspekte der Festlegung einer Lohnuntergrenze in dieser Branche durchleuchtet.

Ausgehend von einer Darstellung der wirtschaftlichen Entwicklung der Zeitarbeit in Deutschland (2.) soll im Folgenden der jetzige Stand der politischen Diskussion über die Einführung eines Mindestlohns in der Leiharbeitsbranche (3.) erläutert werden. Nachfolgend wird auf die Entwicklung der Lohnsituation in der Zeitarbeitsbranche (4.) näher eingegangen. Dabei werden insbesondere das aktuelle Lohnniveau, die rechtlichen Grundlagen des Equal Pay-Grundsatzes mit seinen verschiedenen Ausnahmebestimmungen und die derzeitige Tarifsituation in der Leiharbeit eingehend dargestellt. Anschließend werden die rechtlichen Möglichkeiten der Einführung eines Mindestlohns (5.) erörtert werden. In diesem Zusammenhang werden vor allem die zwei Alternativen der Mindestlohneinführung

---

[1] *Smith*, Der Wohlstand der Nationen, S. 59.

[2] *Bietmann/v. Hoff*, RdA 2008, 315 (316); *Meyer*, Mindestlohn in kleinen und mittleren Unternehmen, S. 13.

[3] *Fabritius*, Konzerninterne Arbeitnehmerüberlassung im Krankenhaus, S. 1.

vorgestellt, die speziell für die Leiharbeitsbranche grundsätzlich vorstellbar sind und deswegen immer wieder diskutiert werden. Auf dieser Grundlage werden im weiteren Verlauf dieser Ausarbeitung etwaige rechtliche Probleme bei der Einführung eines Mindestlohns näher beleuchtet (6.). Kern dieses Kapitels wird die Prüfung der Verfassungsmäßigkeit einer Allgemeinverbindlicherklärung nach dem Arbeitnehmerentsendegesetz (AEntG) und der Einführung eines Mindestlohns durch Änderung im Arbeitnehmerüberlassungsgesetz (AÜG) sein. Anschließend soll schließlich die zentrale Frage der Erforderlichkeit eines Mindestlohnes (7.) für die Zeitarbeitsbranche diskutiert und eine abschließende Empfehlung für ein weiteres Vorgehen auf der politischen Ebene abgegeben werden (8.). Zuletzt werden die in naher Zukunft zu erwartenden Entwicklungen in der Zeitarbeitsbranche in den Blick genommen (9.).

2 Wirtschaftliche Entwicklung der Zeitarbeit in Deutschland

Die in Deutschland seit dem Jahre 1972 durch das Gesetz zur Regelung der gewerbsmäßigen Arbeitnehmerüberlassung (AÜG) geregelte Zeitarbeit hat sich inzwischen eine feste Position in der deutschen Wirtschaft gesichert. Mit Zeitarbeit (oder synonym: Leiharbeit) ist eine Vertragskonstellation gemeint, bei der ein Arbeitgeber (Verleiher) einem Dritten (Entleiher) aufgrund vertraglicher Vereinbarungen vorübergehend bei ihm angestellte Arbeitnehmer (Leiharbeitnehmer) zur Verfügung stellt und diese vom Entleiher nach seinen Vorstellungen und Zielen in seinem Betrieb wie eigene Arbeitnehmer eingesetzt werden. Die Arbeitskräfte sind dabei in den Betrieb des Entleihers eingegliedert und unterstehen dessen Weisungen hinsichtlich der Arbeitsausführung.[4] Gerade diese Besonderheit der triangulären Rechtsbeziehung bei der Leiharbeit bewirkt, dass die Meinungen über diese Beschäftigungsform in Deutschland weit auseinander gehen. Zum einen wird Zeitarbeit als „moderne Sklaverei"[5] und „prekäre Beschäftigungsform"[6] bezeichnet oder, vorsichtiger formuliert, als Mittel zur Umgehung arbeitsrechtlicher Standards[7]. Zum anderen wird Zeitarbeit als wirksame Waffe gegen die Massenarbeitslosigkeit[8] oder als „Jobmotor"[9] angesehen. Die Befürworter der Zeitarbeit schätzen insbesondere die hohe Flexibilität der Zeitarbeit bei der Bewältigung von Arbeitsspitzen oder Krankheitsausfällen und die geringeren Personalkosten im Vergleich zur Beschäftigung von Stammbelegschaften.[10] Zudem wird von Befürwortern häufig auf die positive Wirkung des sogenannten „Klebeeffektes" bzw. „Brückeneffektes" verwiesen, wonach gerade die Tätigkeit als Leiharbeiter die Übernahme in eine Festanstellung im Entleiherbetrieb oder auch in einem anderen Betrieb fördere.[11] Gerade Letzteres wird von den Gegnern der Zeitarbeit bezweifelt, die in der Regel darauf verweisen, dass Leiharbeit nicht nur eine neue Armut der Arbeiterklasse schaffe, sondern

---

[4] BAG v. 1.6.1994, NZA 1995, 466 (467); BAG v. 26.4.1995, NZA 1996, 92 (93).

[5] Vgl. *Dauser* in: *Schwaab/Durian (Hrsg.)*, Zeitarbeit, S. 181, 190; *Steuer*, Die Arbeitnehmerüberlassung als Mittel zur Förderung des Arbeitsmarktes in Deutschland, S. 383.

[6] *Kraemer/Speidel* in: *Vogel (Hrsg.)*, Leiharbeit, S. 125.

[7] Antrag der Fraktion Die Linke an den deutschen Bundestag, BT-Drs. 16/6698, S. 4.

[8] Financial Times Deutschland v. 11.12.2007, „Durch Zeitarbeit zum festen Job"; *Baum*, Zeitarbeit: Mehr als ein Job. Alles, was Sie über Chancen, Rechte und Risiken wissen müssen, Vorwort.

[9] Vgl. *Brömser* in: *Egle/Nagy (Hrsg.)*, Arbeitsmarktintegration S. 476; *Bartlick/Siegmund* in: *Schwaab/Durian (Hrsg.)*, Zeitarbeit, S. 165; vgl. *Fabritius*, Konzerninterne Arbeitnehmerüberlassung im Krankenhaus, S. 1; vgl. *Adamy*, AiB 2/2009, 69 (69).

[10] *Boost/Buscher*, Wirtschaft im Wandel 2/2009, 74 (76); *Bleich/Schrade/Wrede*, Chancen durch Zeitarbeit, S. 14.

[11] *Boost/Buscher*, a.a.O..

auch „normale“ Arbeitsplätze vernichte, da Arbeitgeber nur zu gerne bereit seien, Stammpersonal zugunsten von flexibel einsetzbaren Leiharbeitern abzubauen.[12]

Unabhängig von der geäußerten Kritik hat sich die Leiharbeitsbranche in Deutschland mehr und mehr zu einem bedeutenden Wirtschaftsinstrument entwickelt. Obwohl Leiharbeit bezogen auf die Gesamtheit aller sozialversicherungspflichtigen Beschäftigten mit einem Anteil von 2,4%[13] (Stand: Juni 2007) nur eine untergeordnete Rolle spielt, gehört sie dennoch zu einem wachsenden und sich schnell veränderten Wirtschaftssektor. Insbesondere das steigende Flexibilitätsbedürfnis von Unternehmen beim Einsatz von Personal als auch die stufenweise Deregulierung der Leiharbeit bewirkten in den letzten Jahren einen rasanten Zuwachs. Während sich der Bestand der Leiharbeiter in Deutschland im Jahre 1996 noch auf 177.935 Arbeitnehmer belief, so verdoppelte er sich bis zum Jahre 2001 bereits auf 357.264 Arbeitnehmer.[14] Aufgrund der zusätzlich guten Konjunktur und des Wirtschaftswachstums in Deutschland in den vergangenen Jahren nahm die Zahl der Leiharbeiter weiter stetig zu.

In der nachfolgenden Tabelle ist der Bestand der Leiharbeitnehmer seit dem Jahre 2001 verzeichnet. Der von der Bundesanstalt für Arbeit erfasste Bestand beläuft sich für das erste Halbjahr 2008 dabei auf 793.661 Leiharbeitnehmer.[15]

---

[12] *Schild/Petzold* in: *Schwaab/Durian (Hrsg.)*, Zeitarbeit, S. 102.

[13] *Möller/Walwei (Hrsg.)*, Handbuch Arbeitsmarkt 2009, S. 389; Ministerium für Arbeit, Gesundheit und Soziales des Landes NRW, Zeitarbeit in Nordrhein-Westfalen, S. 27.

[14] Der Bestand an Leiharbeitnehmern mit dem Betriebszweck der ausschließlichen oder überwiegenden Arbeitnehmerüberlassung betrug im Jahre 1996 nur 149.290 und im Jahre 2001 bereits 300.388 Personen; vgl. Bundesagentur für Arbeit, Arbeitsmarkt in Zahlen: Arbeitnehmerüberlassungsstatistik, 1. Halbjahr 2008, Tabelle 34.

[15] Der Bestand an Leiharbeitnehmern mit dem Betriebszweck der ausschließlichen oder überwiegenden Arbeitnehmerüberlassung betrug im Juni 2008 demgegenüber nur 674.641 Personen; vgl. Bundesagentur für Arbeit, Arbeitsmarkt in Zahlen: Arbeitnehmerüberlassungsstatistik, 1. Halbjahr 2008, Tabelle 34.

Abbildung 1: Anzahl der Leiharbeitnehmer in Deutschland, 2001 bis 2008 (jeweils zum 30.6.)[16]

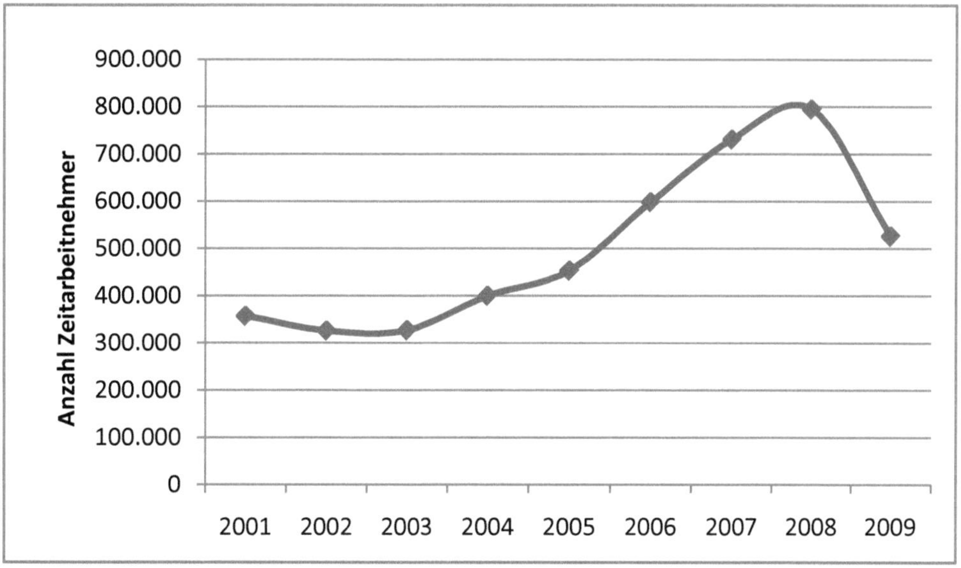

Jedoch spiegeln die genannten Zahlen der Bundesagentur für Arbeit den derzeitigen Bestand an Leiharbeitnehmern nicht realistisch wider. Denn im Zuge der konjunkturellen Abschwächung in 2008/2009 hat der einst so starke Boom in der Leiharbeit nachgelassen, was zu Beschäftigungsverlusten führte.[17] Viele Unternehmen, die zuvor im Aufschwung auf Leiharbeitskräfte zurückgegriffen hatten, mussten sich wieder von diesen trennen, als sich die Auftragslage plötzlich erheblich verschlechterte.[18] Da die deutsche Wirtschaft auf breiter Front und über einen längeren Zeitraum hinweg zurückgeworfen wurde, konnten die Zeitarbeitsunternehmen ihr Personal auch nicht in anderen Wirtschaftsbereichen unterbringen. Infolgedessen trennten sich zahlreiche Zeitarbeitsunternehmen von ihren Mitarbeitern.[19] Besonders betroffen von den Folgen der Wirtschaftskrise waren Leiharbeitnehmer im Automobilsektor.[20] Nach dem IW-Zeitarbeitsindex des Bundesverbandes Zeitarbeit Personal-Dienstleistungen e.V. (BZA) waren im Juni 2009 nur noch etwa 526.000 Leihar-

---

[16] Bundesagentur für Arbeit, Arbeitsmarkt in Zahlen: Arbeitnehmerüberlassungsstatistik, 1. Halbjahr 2008, Tabelle 5.

[17] *Schäfer* in: *Schwaab/Durian* (Hrsg.), Zeitarbeit, S. 7.

[18] *Schwaab/Durian*, Zeitarbeit, Vorwort.

[19] *Schwaab/Durian*, Zeitarbeit, Vorwort; vgl. *Düwell/Dahl*, DB 2009, 1070 (1070); vgl. *Schwaab/ Durian*, Zeitarbeit S. 319.

[20] *Adamy*, AiB 2/2009, 69 (71).

beitnehmer bei den Zeitarbeitsfirmen bundesweit gemeldet.[21] Gegenüber dem Vorjahresmonat entspricht dies einem Rückgang von knapp 34 %. Aufgrund ihrer starken Konjunkturabhängigkeit erleidet diese Branche in einer Rezession als allererste Beschäftigungsverluste. Dabei verhält sich die Leiharbeitsbranche entgegen der gesamten Beschäftigung aufgrund ihrer Eigenschaft als Flexibilitätsinstrument weitgehend gleichlaufend zum konjunkturellen Umfeld.[22] Daraus lässt sich ableiten, dass Leiharbeitnehmer als erste wieder eingestellt werden, sobald sich die konjunkturelle Lage wieder erholt und für Unternehmen die Notwendigkeit entsteht, eine wieder ansteigende Nachfrage kurz- und mittelfristig durch eine Erhöhung der Arbeitskraftkapazitäten zu befriedigen.

Unabhängig von der Wirtschaftskrise hat sich die Leiharbeit in Deutschland in vielen Wirtschaftsbereichen - allerdings in unterschiedlichen Ausprägungen - etabliert. Der Schwerpunkt liegt nach wie vor in den weniger gut bezahlten Berufsgruppen. Legt man die Zahlen für das erste Halbjahr 2008 zugrunde, so zeigt sich, dass etwa jeder dritte Leiharbeiter als Hilfspersonal und etwa jeder vierte Leiharbeiter in der Metall- und Elektrobranche eingesetzt wird.

Abbildung 2: Branchenaufteilung in der Leiharbeit (Eigene Darstellung)[23]

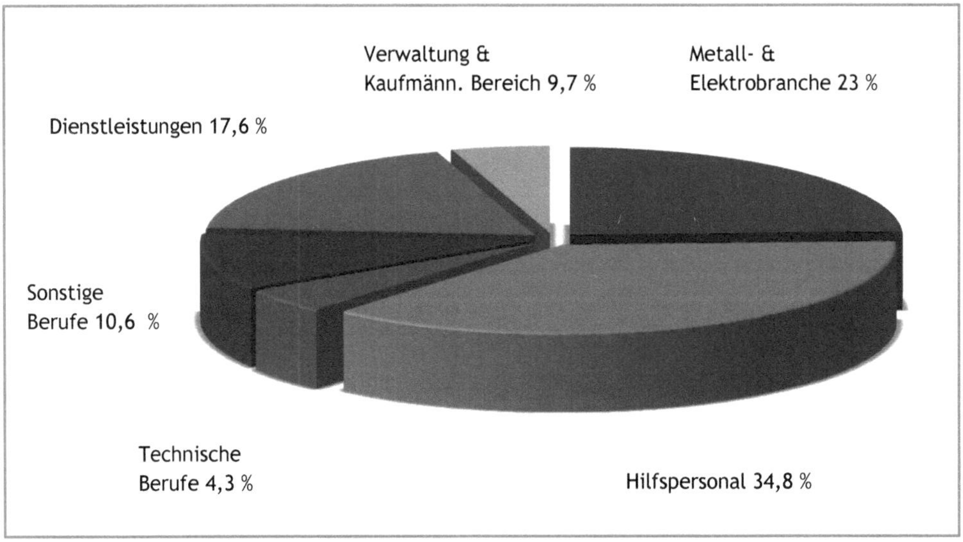

[21] BZA, IW-Zeitarbeitsindex: Befragungswelle Juli 2009, http://www.bza.de/fileadmin/download/IW_Zeitarbeitindex/Zeitarbeitsindex_Juli_2009_Kurzfassung.pdf, zuletzt abgerufen am 8.8.2009.

[22] *Schäfer* in: *Schwaab/Durian (Hrsg.)*, Zeitarbeit, S. 8.

[23] Bundesagentur für Arbeit, Arbeitsmarkt in Zahlen: Arbeitnehmerüberlassungsstatistik, 1. Halbjahr 2008,Tabelle 13.

Gerade das stetige Wachstum des Bestandes an Leiharbeitnehmern, das in den letzten Jahren in Deutschland stattfand, hat in Verbindung mit einem überwiegenden Einsatz im Niedriglohnbereich den Ruf nach einem Mindestlohn für die Leiharbeitsbranche laut werden lassen. Dies gilt kurioserweise sogar für die Arbeitgeberverbände.

Die Entwicklung der politischen Debatte um einen Mindestlohn in der Branche soll im Folgenden näher dargestellt werden.

3 Die politische Debatte über einen Mindestlohn in der Zeitarbeitsbranche

3.1 Entwicklung und Stand der politischen Diskussion

Seither existiert in der Zeitarbeitsbranche weder ein tariflicher Mindestlohn auf Basis des Tarifvertragsgesetztes (TVG) oder des Arbeitnehmerentsendegesetztes (AEntG), noch ein gesetzlicher Mindestlohn.[24]

Jedoch wurde seit einiger Zeit immer häufiger die Festlegung von branchenbezogenen Mindestlöhnen auf Grundlage des AEntG in Deutschland diskutiert. Dieses Gesetz bietet unabhängig von dem Sitz des Arbeitgebers einen Rechtsrahmen, mit dem tarifvertragliche Mindestlöhne für alle Arbeitnehmer einer jeweiligen Branche verbindlich gemacht werden können.[25] Mit der erklärten Zielsetzung, *„die Teilhabe der Menschen am Wohlstand“* zu erreichen, fand am 18.6.2007 eine Kabinettsklausur der Koalition in Meseberg statt.[26] Im Rahmen dieser Kabinettsklausur wurde nicht nur die Novellierung des Mindestarbeitsbedingungsgesetzes (MiArbG) beschlossen. Die Koalition einigte sich zudem darauf, Branchen mit einer Tarifbindung von mindestens 50% die Aufnahme in das AEntG anzubieten, um auf diese Weise ein angemessenes Lohnniveau in Deutschland zu erreichen.[27] Die Tarifvertragsparteien hatten danach die Möglichkeit, die Aufnahme ins AEntG bis zum 31.3.2008 gemeinsam bei der Bundesregierung zu beantragen. Ende März 2008 haben auch die wesentlichen Sozialpartner der Leiharbeitsbranche (Interessenverband Deutscher Zeitarbeitsunternehmen e.V. (iGZ) und Bundesverbandes Zeitarbeit Personal-Dienstleistungen e.V. (BZA) auf der Arbeitgeberseite und die Tarifgemeinschaft Zeitarbeit der Mitgliedsgewerkschaften beim DGB auf der Arbeitnehmerseite) beim Bundesministerium für Arbeit und Soziales einen solchen Antrag[28] auf Aufnahme der Leiharbeitsbranche in das AEntG fristgerecht gestellt.[29] Zwar ist der Organisationsgrad der Leiharbeitnehmer tendenziell sehr gering. Gleichwohl ist die Mehrzahl aller Verleihunternehmen Mitglied in einem Arbeitgeberverband der Zeitarbeit und unterliegt somit einem Tarifvertrag.[30]

---

[24] *Fabritius*, Konzerninterne Arbeitnehmerüberlassung im Krankenhaus, S. 55.

[25] BT-Drs. 16/10486; wegen der Einzelheiten vgl. V. 3. b).

[26] *Bispinck*, WSI-Mitteilungen 2008, 77 (83).

[27] Vgl. *Fabritius*, Konzerninterne Arbeitnehmerüberlassung im Krankenhaus, S. 55; BT-Drs. 16/10486.

[28] Antrag auf Aufnahme der Arbeitnehmerüberlassung in das AEntG, unter: http://www.bza.de/fileadmin/bilder/2008/03/iGZ-BZA-DGB-Antrag-ML.pdf, zuletzt abgerufen am 14.7.2009.

[29] *Stolz* in: *Schwaab/Durian (Hrsg.)*, Zeitarbeit, S. 301.

[30] *Fabritius*, a.a.O..

Die Koalitionsvereinbarung sah des Weiteren vor, dass im Geltungsbereich des AEntG seitens der Branche ein Antrag auf eine Allgemeinverbindlichkeitserklärung gestellt werden kann. Das ist auch das Ziel der antragstellenden Tarifvertragsparteien in der Leiharbeitsbranche gewesen. Mit ihrem Antrag hatten sie begehrt, dass der von ihnen bereits am 30.5.2006 abgeschlossene „Tarifvertrag zur Regelung von Mindestarbeitsbedingungen“[31] durch eine Allgemeinverbindlichkeitserklärung des Bundesarbeitsministers auf dem Verordnungswege in Kraft treten kann.[32]

Mit Gesetzesentwurf vom 7.10.2008[33] brachte die damalige Bundesregierung die Novellierung des AEntG auf den Weg. Eine Entscheidung über die Frage, auf welche Branchen das Gesetz erstreckt werden soll, war zu diesem Zeitpunkt noch nicht getroffen. Trotz angekündigter Blockaden gegen die Gesetzesentwürfe von vormaligen Bundesarbeitsminister Olaf Scholz insbesondere seitens einiger unionsgeführter Bundesländer (z.B. Baden-Württemberg und NRW) bei den Beratungen im Bundesrat erfolgte dennoch die Annahme des Entwurfes des reformierten AEntG am 22.1.2009 durch den Bundestag.[34] Die Annahme erfolgte mit der Maßgabe, dass weitere konkret bezeichnete Branchen in das Arbeitnehmerentsendegesetz aufgenommen wurden. Die Zeitarbeitsbranche gehörte indes nicht zu diesen Branchen. Die vorangegangene monatelange Debatte über die Notwendigkeit der Aufnahme der Zeitarbeitsbranche in das Arbeitnehmerentsendegesetz hatte hierdurch vorläufig ihren Abschluss gefunden.

Anstelle der Einführung eines Mindestlohns auf der Basis des AEntG wurde nunmehr die Einführung einer Lohnuntergrenze durch eine Änderung des AÜG diskutiert. Kritisiert wurde diese Entscheidung des Koalitionsausschusses vor allem von den Arbeitgeberverbänden in der Leiharbeit, dem BZA und dem iGZ, als auch von den Gewerkschaften IG Metall und ver.di. Diese begrüßten die Festlegung einer Lohnuntergrenze an sich, sahen jedoch den Weg über das AÜG als falsch an.[35] Denn anders als bei dem von ihnen geforderten tarifgestützten Mindestlohn sollte künftig die Politik über einen Mindestlohn entscheiden können und nicht die Tarifvertragsparteien selbst. Nach Ansicht von ver.di würden

---

[31] Mindestentgelttarifvertrag BZA/iGZ/DGB, Stand: 30.05.2006, http://www.igmetall-bbs.de/fileadmin/user/Dokumente/Zeitarbeit/Tarifvertraege/ 20060530_TV_Zeitarbeit.pdf, zuletzt abgerufen am 28.10.2009.

[32] *Stolz* in: *Schwaab/Durian (Hrsg.)*, Zeitarbeit, S. 301.

[33] BT-Drs. 16/10486.

[34] BT-Drs. 52/09; *Bispinck/Schulten*, WSI-Mitteilungen 2008, 151 (155).

[35] Gemeinsame Pressemitteilung von BZA / iGZ und IG Metall-Bezirk Frankfurt v. 16.1.2009, „Lohnuntergrenze in der Zeitarbeit: Richtiges Ziel - falscher Weg. Zäsur im deutschen Tarifrecht“, http://www.bza.de/fileadmin/bilder/2008/11/090116PM_BZA_iGZ_IG_Metall.pdf, zuletzt abgerufen am 8.8.2009.

damit „die jahrelangen Bemühungen, den ausgehandelten Mindestlohntarifvertrag für allgemeinverbindlich zu erklären und die Leiharbeit ins AEntG aufzunehmen, Makulatur".[36]

Ungeachtet dieser Kritik wurde die politische Diskussion um eine Aufnahme der Zeitarbeitsbranche in das AEntG bis jetzt nicht erneut aufgenommen. Vielmehr fokussierte sich die derzeitige politische Auseinandersetzung auf die Frage, in welcher Höhe ein Mindestlohn festgesetzt werden könnte. Nach wie vor ist umstritten, welcher Maßstab hierbei anzulegen ist. Vorgeschlagen wurde sowohl eine Orientierung an den niedrigsten (abgesenkten) Einstiegs-Flächentarifvertragslöhnen in der Branche (6,53 € West; 6,00 € Ost), als auch an den Standard-Einstiegsentgelten (7,31 € West; 6,36 € Ost).[37] Teilweise wurde auch angedacht, dass im AÜG eine Festlegung erfolgen soll, wonach die Tarifverträge der Leiharbeit nur noch in einer bestimmten Spanne von den Tariflöhnen der Stammbelegschaft im Entleiherbetrieb abweichen dürfen.[38] Demgegenüber sah der letzte Vorschlag zu der Mindestlohnhöhe vom vormaligen Bundesarbeitsminister *Scholz* eine andere Berechnungsmethode vor. Danach würden auf Grundlage aller Flächentarifverträge der Branche ermittelt, wie viele Arbeitnehmer durch den jeweiligen Vertrag erfasst werden, um daraufhin eine Durchschnittsvergütung zu errechnen, die als Branchenmindestlohn festzulegen wäre. Dabei würde beispielsweise für Westdeutschland ein Mindestlohn von etwas über 7,30 € zustande kommen.[39] Auch dieser Vorschlag wurde von den damaligen Koalitionspartnern zurückgewiesen, sodass zum jetzigen Zeitpunkt nicht absehbar ist, ob eine politische Einigung noch zustande kommen wird. Angesichts der zwischenzeitlichen Änderung der parlamentarischen Machtkonstellation durch die Bundestagswahl 2009 dürfte jedenfalls eine zeitnahe Entscheidung für einen Mindestlohn nicht mehr wahrscheinlich sein.

Als richtungsweisend im Hinblick auf die Mindestlohnproblematik wird nach Ansicht des Arbeitgeberverbandes iGZ der am 1.4.2009 ergangene Beschluss des Arbeitsgerichtes Berlin angesehen, wonach die CGZP nicht tariffähig ist.[40] Nach Ansicht der iGZ-Bundesvorsitzenden, *Ariane Durian*, sei der Beschluss ein positives Signal für eine faire von der iGZ geforderte tarifliche Lohnuntergrenze. Tarifverträge, die gerichtlich angezweifelt werden, könnten, nach *Durian*, nicht der Maßstab für eine Lohnuntergrenze sein.[41]

---

[36] Meldung der beck-aktuell-Redaktion v. 14.1.2009, „ver.di kritisiert geplante Lohnuntergrenze für Zeitarbeiter",http://www.betriebsrentner.de/fileadmin/user_upload/Ver.di_kritisiert_geplante _Lohnuntergrenze_fuer_Zeitarbeiter_-_Beck-aktuell_14.01.09.pdf, zuletzt abgerufen am 8.8.2009.

[37] *Stolz* in: *Schwaab/Durian (Hrsg.)*, Zeitarbeit, S. 302.

[38] Handelsblatt v. 12.1.2009, „Fünf Branchen bekommen Mindestlohn".

[39] *Düwell/Dahl*, DB 2009, 1070 (1073); FAZ v. 23.3.2009, „Neuer Vorschlag für Mindestlohn".

[40] Vgl. BAG v. 1.4.2009, NZA 2009, 740 (740 ff.).

[41] iGZ, Beitrag v. 3.4.2009, „Richtungsweisendes Urteil für einen fairen Mindestlohn", http://www.ig-zeitarbeit.de/node/185, zuletzt abgerufen am 8.8.2009.

Tabelle 1: Chronologie über den Mindestlohn in der Leiharbeitsbranche

23.12.2002:	Neuregelung der Arbeitnehmerüberlassung durch das Erste Gesetz für Moderne Dienstleistungen am Arbeitsmarkt (u.a. Equal Pay und Tarifvorbehalt).
01.01.2003:	Erstmaliger Anspruch der Leiharbeitnehmer auf Equal Pay und Equal Treatment während der Überlassung an einen Entleiher.
30.05.2006:	Abschluss des „Tarifvertrages zur Regelung von Mindestarbeitsbedingungen in der Zeitarbeit“ durch die Tarifgemeinschaft der DGB-Gewerkschaften und den beiden Arbeitgeberverbänden IGZ und BZA.
18.06.2007:	Kabinettsklausur der Koalition in Meseberg (Novellierung des AEntG und des MiArbG), in welcher sich der Koalitionsausschuss der Bundesregierung darauf geeinigt hat, dass Branchen bis zum 31.3.2008 die Aufnahme ins AEntG beantragen können.
07.02.2008:	Einspruch gegen die Gesetzentwürfe von Bundesarbeitsminister Olaf Scholz (SPD) zur Ausweitung des AEntG und zum MiArbG durch das Bundeskanzleramt und das Wirtschaftsministerium eingelegt.
27.03.2008	Antrag des BZA und des iGZ auf Aufnahme der Leiharbeitsbranche ins AEntG.
18.07.2008:	Bundeskanzlerin Angela Merkel (CDU) spricht sich gegen die Aufnahme der Zeitarbeit ins AEntG aus, da sie darin die Gefahr des Arbeitsplatzverlustes sieht. Zwei Bundesländer (NRW, Baden-Württemberg) kündigen vorab an, das Gesetzgebungsverfahren in Bezug auf den Mindestlohnkompromiss im Bundesrat zu blockieren.
19.09.2008:	Beratung über die Gesetzesentwürfe im Bundesrat. Unionsgeführte Bundesländer kritisieren die Einführung von Branchen-Mindestlöhnen.
07.10.2008:	Entwurf hinsichtlich einer Reformierung des AEntG.
03.11.2008:	Öffentliche Anhörung des Ausschusses für Arbeit und Soziales im Bundestag: Mindestlöhne in der Zeitarbeit bleiben umstritten.

19.12.2008:	Urteil gegen Mindestlohn im Postgewerbe.
12.01.2009:	Entscheidung des Koalitionsausschusses, Lohnuntergrenze für die Zeitarbeitsbranche im AÜG zu verankern (Details zur Umsetzung und Höhe bisher unklar).
22.01.2009:	Annahme des Entwurfes eines ersten Gesetzes zur Änderung des MiArbG und des Entwurfes eines reformierten AEntG durch den Bundestag; Aufnahme von 6 weiteren Branchen ins AEntG unter Ausschluss der Zeitarbeitsbranche.
27.01.2009:	Einigung der Koalition auf die geplante Lohnuntergrenze für Zeitarbeiter gescheitert (CDU befürwortet Festsetzung der Lohnuntergrenze auf das Niveau des AMP/CGZP-Tarifes, wohingegen die SPD eine höhere Lohnuntergrenze anstrebt).
22.03.2009:	6. Vorschlag zu Zeitarbeit-Mindestlohn durch Bundesarbeitsminister Olaf Scholz (Berechnung einer Durchschnittsvergütung für alle Arbeitnehmer der Zeitarbeitsbranche, die als Mindestlohn festgelegt wird); eine Einigung scheitert erneut.

3.2 Meinungen zum Mindestlohn in der Zeitarbeitsbranche

Das aktuelle politische Meinungsbild zum Mindestlohn in der Zeitarbeitsbranche ist gespalten. Diskutiert wird dabei neben der Frage einer angemessenen Höhe auch die Grundsatzfrage der Notwendigkeit eines Mindestlohns. Zu den vorrangigen Kritikern zählen neben Vertretern der CDU[42] auch die FDP[43] und der Arbeitgeberverband Mittelständischer Personaldienstleister (AMP)[44]. Dabei wird neben dem Argument der Gefährdung von Integrationschancen der Zeitarbeit für viele Arbeitssuchende auch des Öfteren darauf verwiesen, dass es in der Zeitarbeit eine Tarifbindung von nahezu 100% gebe. Ein Wettlauf der Löhne sei in der Branche deswegen nicht zu befürchten.[45]

---

[42] Handelsblatt v. 28.2.2008, „Einen Mindestlohn für Zeitarbeit wird es nicht geben".

[43] Der Entschließungsantrag der FDP zur dritten Beratung des Gesetzentwurfs der Bundesregierung – Drs. 16/10486, 16/11669 – sieht die Ablehnung von gesetzlichen Mindestlöhnen und der Aufnahme weiterer Branchen ins AEntG vor; vgl. BT-Drs. 16/11678.

[44] Tagesspiegel v. 18.7.2008, „Zeitarbeit dringt auf Mindestlohn".

[45] *Stolz* in: *Schwaab/Durian (Hrsg.)*, Zeitarbeit, S. 301.

Zu den Befürwortern eines Mindestlohns in der Zeitarbeitsbranche gehören neben der SPD[46] auch Bündnis 90/Die Grünen[47] sowie die Mitgliedsgewerkschaften des DGB[48]. Sie sehen seine Einführung insbesondere deshalb als notwendig an, damit den Leiharbeitnehmern nunmehr die Gewährung auskömmlicher Löhne garantiert wird. Dabei sollen von der Regelung vor allem die Leiharbeitnehmer profitieren können, die bislang nach erheblich niedrigen Haustarifverträgen entlohnt wurden.

Befürworter des Mindestlohns finden sich jedoch nicht allein in den politischen Parteien und auf der Seite der Arbeitnehmerschaft. Laut einer Umfrage des Marktforschungsinstituts TNS Emnid halten sogar 70 % der deutschen Zeitarbeitsunternehmen den einst für die Zeitarbeitsbranche geforderten Mindestlohn in Höhe von 7,31 € (im Westen) für angemessen.[49] Zu den wichtigsten Unterstützern eines Mindestlohnes gehören dabei auch die großen Arbeitgeberverbände der Leiharbeitsbranche, der iGZ und der BZA. Dass gerade diese einen Mindestlohn für sinnvoll erachten und auf die Einführung eines solchen hinwirken, muss auf den ersten Blick erstaunen. Denn in der Regel sind insbesondere die Arbeitgeber zusammen mit dem Großteil der Wirtschaftsforscher diejenigen, die einen Mindestlohn strikt ablehnen. Nach eigenen Angaben haben der BZA und der iGZ zusammen mit der DGB-Tarifgemeinschaft über den Weg der tariflichen Mindestlohnsicherung des AEntG versucht, einen Ausweg zu finden, um den in der Leiharbeitsbranche herrschenden Unterbietungswettbewerb hinsichtlich der Tariflöhne anzuhalten und dem dadurch entstandenen Imageverlust der Branche beizukommen.[50] Eine große Relevanz hat in diesem Zusammenhang wohl auch die Befürchtung eines erheblichen grenzüberschreitenden Unterbietungswettbewerbs gehabt.[51] In Europa gilt die Arbeitnehmerfreizügigkeit spätestens ab dem 30.4.2011 auch für acht weitere mittel- und osteuropäische EU-Mitgliedstaaten. Die deutschen Zeitarbeitnehmer stehen dann in Konkurrenz mit Arbeitskräften, die beispielsweise aus Polen entsandt werden. Wenn bis dahin keine allgemeinverbindlichen Mindestlöhne über das AEntG geschaffen würden, so befürchtet iGZ-Bundesgeschäftsführer *Stolz,* würden Lohnbedingungen in Deutschland entstehen, die massive soziale Verwerfungen in der

---

[46] Tagesspiegel v. 12.2.2008, „Verbände beantragen Mindestlohn für Zeitarbeiter".

[47] Vgl. Beschlussvorlage Bündnis 90/Die GRÜNEN „Gleicher Lohn, gleiche Bezahlung und Mindestlohn für Leiharbeitnehmerinnen und -arbeitnehmer" vom 25.03.2009, BT-Drs. 16/12435.

[48] *Düwell/Dahl,* DB 2009, 1070 (1073).

[49] SPD, Beitrag v. 5.2.2009, „Zeitarbeit-Mindestlohn auf die Tagesordnung", http://www.spd.de/de/aktuell/nachrichten/2009/02/Zeitarbeit-Mindestlohn-auf -die Tagesordnung - SPD.de, zuletzt abgerufen am 8.8.2009.

[50] *Steuer,* Die Arbeitnehmerüberlassung als Mittel zur Förderung des Arbeitsmarktes in Deutschland, S. 363; vgl. *Düwell/Dahl,* DB 2009, 1070 (1073).

[51] *Steuer,* Die Arbeitnehmerüberlassung als Mittel zur Förderung des Arbeitsmarktes in Deutschland, S. 363.

Branche zur Folge hätten.[52] Im Gegensatz zu der offiziellen Positionierung der Arbeitgeberverbände BZA und iGZ vermutet der konkurrierende Arbeitgeberverband AMP, der eine abweisende Einstellung zur Mindestlohneinführung in der Leiharbeitsbranche vertritt, dass andere Motive hinter den Bemühungen des BZA und des iGZ stehen. Nach Meinung von AMP-Präsident *Mumme* diene der Vorstoß des BZA und des iGZ letztlich nur dazu, die „unliebsame Tarifkonkurrenz" auszuschalten.[53] Seitens der AMP wird befürchtet, dass ihr eigener Tarifvertrag letztlich verdrängt werden solle, mit der Folge, dass es zu einer Verletzung der Tarifautonomie der AMP und zu Wettbewerbsverzerrungen kommen würde.

Der weitere Verlauf der Mindestlohndiskussion, insbesondere auf der politischen Ebene wird mit Spannung abzuwarten sein. Ihre Wurzeln hat die gesamte Diskussion dabei in der nachfolgend erläuterten Gehalts- und Tarifsituation der Zeitarbeitsbranche.

[52] *Stolz* in: *Schwaab/Durian (Hrsg.)*, Zeitarbeit, S. 301 f..

[53] Welt v. 12.2.2008, „Erster Schritt zum Mindestlohn in der Zeitarbeit".

4 Entwicklung der Lohnsituation

Um die Grundlagen der Mindestlohndebatte in Gänze zu erfassen, bedarf es zunächst einer näheren Betrachtung des tatsächlichen Lohnniveaus in der Zeitarbeitsbranche (4.1.). Nachfolgend sollen die rechtlichen Grundlagen für die Entlohnung der Leiharbeitnehmer (4.2.) und auf dieser Basis sodann die aktuelle Tarifsituation (4.3.) näher beleuchtet werden.

4.1 Das Lohnniveau in der Leiharbeitsbranche

Zunächst soll dargelegt werden, wie sich das Lohnniveau in der Zeitarbeit insgesamt entwickelt hat. In diesem Zusammenhang soll zunächst die Entgeltentwicklung in dieser Branche im Zeitraum von 1999 bis 2006 dargelegt werden. Anschließend wird das für die Zeitarbeit charakteristische „wage gap“[54] stärker thematisiert, wozu die durchschnittlichen sozialversicherungspflichtigen Monatsentgelte von Zeitarbeitnehmern und Nicht-Zeitarbeitnehmern miteinander verglichen werden.[55]

4.1.1 Das Lohnniveau in der Zeitarbeit im Zeitablauf

Nachfolgend wird anhand der unterstehenden Abbildung die Entwicklung des durchschnittlichen sozialversicherungspflichtigen Monatsentgelts von Leiharbeitnehmern in NRW von 1999 bis 2006 gezeigt. Dabei ist insbesondere die Entgeltentwicklung vor und nach der Einführung der Tarifverträge in der Zeitarbeitsbranche ersichtlich.

---

[54] Vgl. *Kvasnicka/Werwatz* in: DIW-Wochenbericht 49/2002, 847 (847); *Promberger* in: *Keller/Seifert*, Atypische Beschäftigung – Flexibilität und soziale Risiken, S. 137.

[55] Bei der Untersuchung des Lohnniveaus wird teilweise auf die Studie des Ministeriums für Arbeit, Gesundheit und Soziales des Landes NRW, „Zeitarbeit in Nordrhein-Westfalen“, Bezug genommen, da repräsentative Studien hinsichtlich der Entwicklung des Lohnniveaus im Zeitablauf als auch hinsichtlich des Lohnvergleiches von Zeitarbeitnehmern und Nicht-Zeitarbeitnehmern für das gesamte Bundesgebiet nicht vorhanden sind.

Abbildung 3: Durchschnittliches sozialversicherungspflichtiges Monatsentgelt von Zeitarbeitnehmern in NRW im Zeitverlauf 1999-2006 (Stichtag 30.6.)[56]

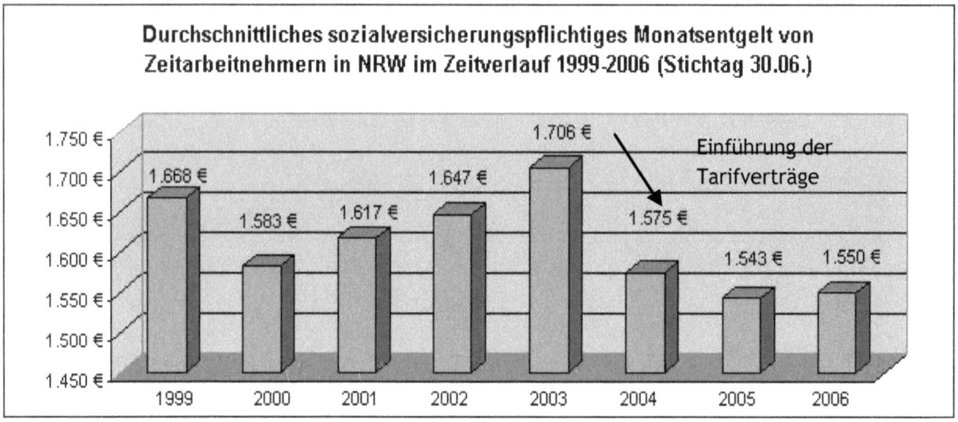

Im Jahre 1999 betrug der durchschnittliche Monatslohn eines Leiharbeitnehmers 1.668 €. Dieser sank im nächsten Jahr im Durchschnitt um 85 € auf 1.583 €, was ein Abstieg von ca. 5,1 % bedeutet. Ab dem Jahr 2000 erhöhte sich der durchschnittliche Bruttolohn jährlich bis in der Spitze auf 1.706 € in 2003. Der Anstieg in diesem Zeitraum betrug etwa 7,8 %. Als am 1.1.2004 erstmals Tarifverträge in der Leiharbeitsbranche eingeführt wurden, kam es zu einer Verringerung der durchschnittlichen Bruttoentgelte für Leiharbeitnehmer in Höhe von 131 €, und somit zu einem Abfall von 7,7 %. In 2004 betrug das durchschnittliche sozialversicherungspflichtige Monatsentgelt somit nur noch 1.575 €. Die Lohnsteigerung bis 2003 war damit praktisch aufgezehrt. Auch im kommenden Jahr setzte sich die Talfahrt fort, wobei dies in gedrosselter Weise vonstatten ging. Die Reduzierung belief sich auf lediglich 2 %. Erst im Jahre 2006 erfolgte eine leichte Steigerung in Höhe von 0,4 %.[57]

Daten des Indexes „Gute Arbeit" belegen zudem, dass im Jahre 2008 etwa 60 % der männlichen sowie 95 % der weiblichen Leiharbeitnehmer deutschlandweit über ein monatliches Bruttoeinkommen von unter 1.500 € verfügten.[58]

Insgesamt muss daher festgestellt werden, dass das Entgeltniveau in der Leiharbeit tendenziell niedrig ist und dass die Einführung von Tarifverträgen in der Branche die Entgeltsituation der Leiharbeitnehmer nicht wirklich verbessern konnte, vielmehr ist das durchschnittli-

---

[56] Ministerium für Arbeit, Gesundheit und Soziales des Landes NRW, Studie zur Zeitarbeit in Nordrhein-Westfalen, 2008, S.74.

[57] Ministerium für Arbeit, Gesundheit und Soziales des Landes NRW, Zeitarbeit in Nordrhein-Westfalen, 2008, S. 73 f..

[58] *Weinkopf/Vanselow*, Job-Wunder mit Nebenwirkungen: Entwicklungen in der Leiharbeit, S. 2; dies., (Fehl-)Entwicklungen in der Zeitarbeit?, S. 15.

che sozialversicherungspflichtige Monatsentgelt von Leiharbeitnehmern in der Zeit von 1999 bis 2006 sogar um etwa 7 % bzw. 118 € gesunken.

4.1.2 Vergleich der durchschnittlichen sozialversicherungspflichtigen Monatsentgelte von Zeitarbeitnehmern und Nicht-Zeitarbeitnehmern

Wie dargestellt, führte die Tarifbindung in der Leiharbeitsbranche nicht nur zu einer faktischen flächendeckenden Standardisierung der Arbeitsentgelte und anderer Arbeitsbedingungen im Verleihsektor, sondern auch, wie gleich gezeigt wird, zu einer „Zementierung der relativen Schlechterstellung" der Leiharbeitnehmer gegenüber den Stammbeschäftigten.[59] Nachfolgend wird dargestellt, dass das für die Leiharbeit charakteristische *„wage gap"*, der Lohnabstand zur übrigen Wirtschaft, durch die Einführung von Tarifverträgen in der Leiharbeitsbranche in 2004 nicht geschlossen oder reduziert werden konnte.[60]

Wie aus der nachfolgenden Abbildung ersichtlich ist, kann der durchschnittliche sozialversicherungspflichtige Monatsbruttolohn bei einem Zeitarbeitnehmer im Vergleich zu dem bei einem Nicht-Zeitarbeitnehmer sehr stark abweichen. Zudem variiert die Höhe der Abweichung je nachdem in welcher Branche die jeweilige Person eingesetzt ist.

[59] *Promberger* in: *Keller/Seifert*, Atypische Beschäftigung – Flexibilität und soziale Risiken, S. 137.

[60] Ministerium für Arbeit, Gesundheit und Soziales des Landes NRW, Studie zur Zeitarbeit in Nordrhein-Westfalen, S.3.

Abbildung 4: Durchschnittliches sozialversicherungspflichtiges Monatsentgelt von Zeitarbeitnehmern und Nicht-Zeitarbeitnehmern nach Berufsgruppen in NRW im Vergleich[61]

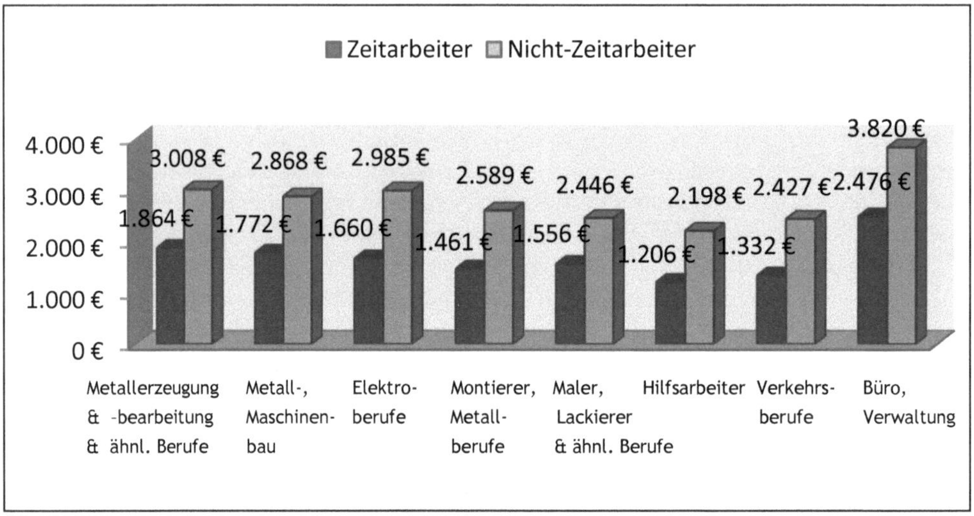

Wie aus der Abbildung ersichtlich ist, bestehen in sämtlichen Branchen gravierende Unterschiede zwischen der Entlohnung der Leiharbeitnehmer und der Entlohnung der Stammmitarbeiter. Die geringste relative Lohndifferenz besteht für die Leiharbeiter, die in qualifizierteren Tätigkeitsbereichen wie im Bereich der Bürotätigkeiten und der Verwaltung eingesetzt sind. Hier verdient ein durchschnittlicher Leiharbeitnehmer etwa 1.344 € weniger, was einem Lohnabschlag gegenüber seinen Kollegen aus der Stammbelegschaft in Höhe von 35,1 % entspricht. Die relativ schlechteste Entlohnung für Leiharbeitnehmer besteht in den Bereichen der Hilfsarbeiten und bei den Verkehrsberufen. Hier müssen die Leiharbeitnehmer gegenüber den Stammbeschäftigen Abschläge in Höhe von 992 € bzw. 1.095 € hinnehmen, was in beiden Berufsgruppen einem prozentualen Abschlag in Höhe von etwa 45,1 % entspricht. In der Regel ist festzustellen, dass je höher und regional gefragter eine bestimmte Qualifikation ist, sich umso eher die Entgelte von Zeitarbeitnehmern und Beschäftigten in den Entleihunternehmen angleichen.[62]

In der Tendenz stiegen während 1999 und 2006 die Differenzen zwischen den durchschnittlichen sozialversicherungspflichtigen monatlichen Bruttoentgelten von Zeitarbeitnehmern und Nicht-Zeitarbeitnehmern in allen Berufsgruppen an.

---

[61] Ministerium für Arbeit, Gesundheit und Soziales des Landes NRW, Studie zur Zeitarbeit in Nordrhein-Westfalen, S. 77.

[62] Ministerium für Arbeit, Gesundheit und Soziales des Landes NRW, Zeitarbeit in Nordrhein-Westfalen, S. 79.

Das basierte aber vor allem darauf, dass bei den Nicht-Zeitarbeitnehmern ein wesentlich höherer Anstieg der durchschnittlichen Monatsbruttoentgelten zu verzeichnen war als bei den Zeitarbeitnehmern.[63]

4.2 Rechtliche Grundlagen

Seit Änderung des Arbeitnehmerüberlassungsgesetzes durch das *Job-AQTIV Gesetz*[64] zum 1.1.2002 gilt für die Zeitarbeit in Deutschland der sogenannte Gleichbehandlungsgrundsatz (auch: „Equal Treatment"/„Equal Pay"). Dieser Grundsatz galt zunächst nur für Beschäftigungsverhältnisse ab dem 13. Überlassungsmonat. Durch eine weitere Reform des AÜG durch das *Erste Gesetz für moderne Dienstleistungen am Arbeitsmarkt vom 23.12.2002*[65] wurde die Geltung dieses Grundsatzes schließlich auf den ersten Tag der Überlassung vorverlagert. Inhaltlich folgt aus dem Gleichbehandlungsgrundsatz, dass dem Leiharbeitnehmer grundsätzlich die gleichen wesentlichen Arbeitsbedingungen zu gewähren sind, wie einem vergleichbaren Arbeitnehmer des Entleihers. Gesetzessystematisch wird dieser Grundsatz dadurch umgesetzt, dass zum einen die Einhaltung des Gleichbehandlungsgrundsatzes Voraussetzung ist für die Erlaubnis zu gewerbsmäßiger Arbeitnehmerüberlassung (§ 3 I Nr. 3 AÜG). Zum anderen normiert § 9 Nr. 2 AÜG, dass Vereinbarungen zwischen Leiharbeitgebern und Leiharbeitnehmern grundsätzlich unwirksam sind, soweit sie zum Nachteil des Leiharbeitnehmers vom Gleichbehandlungsgrundsatz abweichen. Wurde eine solche - unwirksame - Vereinbarung geschlossen, kann der Leiharbeitnehmer gemäß § 10 IV AÜG von dem Verleiher die im Betrieb des Entleihers für einen vergleichbaren Arbeitnehmer des Entleihers geltenden Arbeitsbedingungen einfordern.

Gegen die Verfassungsmäßigkeit des Gleichbehandlungsgrundsatzes wurden von Beginn an Bedenken geäußert. So wurde vertreten, der Gleichbehandlungsgrundsatz verstoße gegen die Tarifautonomie, da er zu der Möglichkeit eines „Tarifdiktats durch die Gewerkschaften"[66] führe. Weiter läge eine Verletzung von Art. 9 III GG insofern vor, dass der Gleichbehandlungsgrundsatz eine staatliche Lohnfindung darstelle, was die Regelungszuständigkeit der Tarifparteien beeinträchtige.[67] Zudem bestünde für die Verleiher faktisch ein Zwang, sich einer Koalition anzuschließen, so dass ein Verstoß gegen die negative

63 Z.B. nahm das durchschnittliche Monatsbruttogehalt von Zeitarbeitern, die im Bereich Organisation und Verwaltung tätig waren, im Zeitraum 1999-2006 lediglich um 0,5 % zu (2.463 € in 1999 und 2.476 € in 2006). Im Vergleich dazu stieg der durchschnittliche Monatslohn bei Nicht-Zeitarbeitnehmer in der Berufsgruppe im selben Zeitraum um 15,3% (3.318 € in 1999 und 3.820 € in 2006); vgl. Ministerium für Arbeit, Gesundheit und Soziales des Landes NRW, Zeitarbeit in Nordrhein-Westfalen, S. 79.

64 Job-AQTIV Gesetz v. 10.12.2001, BGBl. 2001 I, S. 3443 ff..

65 BGBl. 2002 I, S. 4618.

66 *Bauer/Krets*, NJW 2003, 537 (539); *Hümmerich/Holthausen/Weslau*, NZA 2003, 7 (10).

67 *Thüsing*, DB 2003, 446 (450).

Koalitionsfreiheit vorläge.[68] Letztlich würde durch den Gleichbehandlungsgrundsatz für die Zeitarbeitsbranche die Arbeitsvertragsfreiheit teilweise aufgehoben.[69] Wirtschaftlicher Hintergrund der geäußerten Einwände war letztlich, dass zum Zeitpunkt der Einführung des Equal Treatment bzw. Equal Pay-Grundsatzes die gesamte Branche, insbesondere die Verleiher, befürchteten, dass die gesetzliche Neuregelung zu einer immensen Verteuerung der Leiharbeit führen würde. Vielfach wurde auf der Basis dieser Annahme die Existenz der Branche als gefährdet angesehen.[70]

Nur etwa ein Jahr später stellte sich heraus, dass sich die düsteren Prognosen der Gegner des Gleichbehandlungsgrundsatzes in keiner Weise bewahrheitet hatten. Im Gegenteil wurde die Leiharbeitsbranche entgegen aller Erwartungen, wie dargelegt,[71] in weiten Bereichen zum „Billiglohnsektor".[72] Das Bundesverfassungsgericht hat, freilich bereits in Kenntnis der tatsächlichen Reaktion der Branche auf die Einführung des Gleichbehandlungsgrundsatzes, mit Beschluss vom 29.12.2004[73] die Verfassungsbeschwerden von Verleihunternehmen und Arbeitgeberverbänden nicht zur Entscheidung angenommen, mit der Begründung, dass die eingereichten Beschwerden weder eine grundsätzliche verfassungsrechtliche Bedeutung hätten, noch eine Aussicht auf Erfolg. Für die Praxis hat sich damit die Frage der Verfassungsmäßigkeit des Gleichbehandlungsgrundsatzes - jedenfalls vorläufig - erledigt.

4.2.1 Auswirkungen des Gleichbehandlungsgrundsatzes

Die gesetzgeberische Anordnung der Gleichbehandlung führt zu allererst konkret dazu, dass das Gebot „Gleicher Lohn für gleiche Arbeit"[74] verwirklicht wird. Die Leiharbeitnehmer, die im Betrieb des Entleihers die gleiche Arbeit erbringen wie die Stammarbeiter, sollen im Ergebnis nach der gesetzgeberischen Grundkonzeption finanziell nicht schlechter stehen als vergleichbare Arbeitnehmer des Stammbetriebes. Dabei beschränkt sich der Grundsatz des Equal Pay nicht nur auf das laufende Entgelt, das die erbrachten Arbeitsleistungen unmittelbar abbedingt. Vielmehr muss der Verleiher auch alle sonstigen in Hinblick auf das bestehende Arbeitsverhältnis gewährten Geld- oder Sachleistungen, die als Arbeitsentgelt im weitesten Sinne über die periodische Abgeltung der Arbeitsleistung hinausgehen,

---

[68] *Hümmerich/Holthausen/Weslau*, NZA 2003, 7 (10); *Kämmerer/Thüsing*, Leiharbeit und Verfassungsrecht, S. 27.

[69] *Kämmerer/Thüsing*, Leiharbeit und Verfassungsrecht, S. 69; *Rieble/Klebeck*, NZA 2003, 23 (29).

[70] *Hümmerich/Holthausen/Weslau*, NZA 2003, 7 (10); *Rieble/Klebeck*, a.a.O..

[71] Siehe 4.1.; vgl auch zur Analyse der Tarifsituation: 4.3.4..

[72] *Schüren*, RdA 2006, 303 (305).

[73] BVerfG v. 29.12.2004, BB 2005, 495 (495).

[74] Siehe die Gesetzesbegründung zum Entwurf eines Ersten Gesetzes für moderne Dienstleistungen am Arbeitsmarkt v. 5.11.2002, BT-Drs. 15/25, S. 38; Lembke, BB 2003, 98 (100).

an den Leiharbeitnehmer leisten. Erfasst sind daher auch Zuschläge, Ansprüche auf Entgeltfortzahlung und Sozialleistungen sowie andere Lohnbestandteile.[75]

Aus der Formulierung des Gesetzgebers in den §§ 3 I Nr. 3, 9 Nr. 2 AÜG („wesentliche Arbeitsbedingungen einschließlich des Arbeitsentgeltes") geht hervor, dass sich der Gleichbehandlungsgrundsatz nicht in einer gleichen Entlohnung erschöpft. Welche Arbeitsbedingungen konkret erfasst sein sollen, ist im AÜG nicht ausdrücklich definiert. Auch die Gesetzesbegründung hilft bei der Auslegung nur teilweise weiter. So heißt es in der Gesetzesbegründung, dass „alle nach dem allgemeinen Arbeitsrecht vereinbarten Bedingungen" erfasst seien.[76] Umfasst seien insbesondere „die Dauer der Arbeitszeit, des Urlaubs und die Nutzung der sozialen Einrichtungen".[77] Ob sich ein vollständiger Katalog von erfassten Arbeitsbedingungen bestimmen lässt, wird nicht einheitlich beurteilt. Jedenfalls dürften diejenigen Arbeitsbedingungen erfasst sein, die in § 2 I 2 Nr. 1 bis 10 NachwG, auf den § 11 I AÜG verweist, aufgelistet sind.[78] Hiernach fallen nicht nur die essentialia negotii eines Arbeitsvertrages, sondern fast sämtliche Bedingungen, die üblicherweise in Arbeitsverträgen geregelt werden, unter den Gleichbehandlungsgrundsatz.[79] Neben den bereits benannten Arbeitsbedingungen sind daher insbesondere auch Regelungen über den Arbeitsort wesentliche Arbeitsbedingungen.

Vergleichsmaßstab für die Gleichbehandlung sind nach der Regelung des AÜG diejenigen Bedingungen, die einem „vergleichbaren" Arbeitnehmer des Entleihers gewährt werden. Ein vergleichbarer Arbeitnehmer ist ein Arbeitnehmer des Entleihers, der dieselbe oder zumindest eine ähnliche Tätigkeit wie der Leiharbeitnehmer ausführt.[80] Soweit für den Entleihbetrieb Tarifverträge oder Betriebsvereinbarungen gelten, ist im Regelfall hiernach festzustellen, welcher tariflich festgelegten Tätigkeit die Tätigkeit des Leiharbeitnehmers entspricht.[81] Gibt es entsprechende Regelungen nicht, bedarf es einer Einzelfallbetrach-

---

[75] Gesetzesbegründung, a.a.O.; *Guenoub*, Equal Pay und Equal Treatment im Leiharbeitsverhältnis, S. 80; *Lembke*, a.a.O. (101); *Steuer*, Die Arbeitnehmerüberlassung als Mittel zur Förderung des Arbeitsmarktes in Deutschland, S. 159; *Thüsing/Mengel*, AÜG, § 9 Rn. 31.

[76] Gesetzesbegründung, a.a.O..

[77] Gesetzesbegründung, ebenda.

[78] *Guenoub*, Equal Pay und Equal Treatment im Leiharbeitsverhältnis, S. 79; *Lembke*, BB 2003, 98 (101); *Steuer*, Die Arbeitnehmerüberlassung als Mittel zur Förderung des Arbeitsmarktes in Deutschland, S. 160; *Thüsing/Mengel*, AÜG, § 9 Rn. 30.

[79] *Guenoub*, a.a.O..

[80] Gesetzesbegründung, BT-Drs. 15/25, S. 38; *Guenoub*, Equal Pay und Equal Treatment im Leiharbeitsverhältnis, S. 74; *Steuer*, Die Arbeitnehmerüberlassung als Mittel zur Förderung des Arbeitsmarktes in Deutschland, S. 156; *Thüsing/Mengel*, AÜG, § 9 Rn. 24.

[81] *Guenoub*, Equal Pay und Equal Treatment im Leiharbeitsverhältnis, S. 74 f.; *Steuer*, a.a.O..

tung.[82] In der Praxis gestaltet sich die Ermittlung des vergleichbaren Arbeitnehmers durchaus nicht unproblematisch.[83] So besteht etwa eine Rechtsunsicherheit bei der Bestimmung des Vergleichsmaßstabes, wenn im Betrieb des Entleihers keine Stammarbeitnehmer beschäftigt sind, die die von dem Leiharbeiter zu verrichtenden Tätigkeiten ausführen. Gleiches gilt für die Fälle, in denen im Betrieb des Entleihers zwar mehrere Arbeitnehmer beschäftigt sind, die die gleiche Tätigkeit ausführen wie der Leiharbeitnehmer, die jedoch unterschiedlich entlohnt werden.

Da nach § 9 Nr. 2 AÜG eine Vereinbarung von Arbeitsbedingungen mit dem Verleiher nur dann unwirksam ist, wenn die Bedingungen für den Leiharbeitnehmer ungünstiger sind als die im Betrieb des Entleihers, folgt hieraus zugleich, dass der Leiharbeitnehmer durch den Gleichbehandlungsgrundsatz nicht schlechter gestellt werden kann, als er nach den mit dem Verleiher vereinbarten Vertragsbedingungen stünde.[84] Die mit dem Verleiher vereinbarten Bedingungen stellen somit „Mindestarbeitsbedingungen" dar.[85] In der Praxis werden die Löhne im Verleihbetrieb aber kaum jemals höher sein, als im Entleihbetrieb.[86] Ganz abgesehen davon, dass angesichts der nachfolgend geschilderten Möglichkeiten einer Umgehung des Gleichbehandlungsgebotes, dieses ohnehin fast keine Anwendung findet,[87] bleibt somit für das Günstigkeitsprinzip faktisch kein Raum.

4.2.2 Ausnahmetatbestände

Der Grundsatz der Gleichbehandlung erfährt Einschränkungen, die teilweise für die Praxis von außergewöhnlich großer Bedeutung sind. Die sich aus dem Gesetz ergebenden bzw. in der Literatur befürworteten Ausnahmetatbestände sollen im Folgenden dargestellt werden.

4.2.2.1 Abweichung kraft Sachgrundes

Teilweise wird in der Literatur angenommen, dass nach allgemeinen Grundsätzen eine Abweichung vom Gleichbehandlungsgrundsatz bereits dann möglich ist, wenn dies durch einen sachlichen Grund gerechtfertigt erscheint.[88] Zur Begründung wird auf § 4 I, II TzBfG Bezug genommen, in welchem eine entsprechende Ausnahmeregelung für Teilzeitbeschäf-

---

[82] *Steuer*, ebenda.

[83] *Steuer*, ebenda.

[84] *Bauer/Krets*, NJW 2003, 537 (538); *Guenoub*, Equal Pay und Equal Treatment im Leiharbeitsverhältnis, S. 84; *Steuer*, Die Arbeitnehmerüberlassung als Mittel zur Förderung des Arbeitsmarktes in Deutschland, S 162; *Thüsing/Mengel*, AÜG, § 9 Rn. 34; *Thüsing*, DB 2003, 446 (447).

[85] *Bauer/Krets*, a.a.O.; *Guenoub*, a.a.O..

[86] *Steuer*, Die Arbeitnehmerüberlassung als Mittel zur Förderung des Arbeitsmarktes, in Deutschland, S. 162.

[87] Siehe 4.2.2.4.3..

[88] *Thüsing/Mengel*, AÜG, § 9 Rn. 47; *Lembke*, BB 2003, 98 (103).

tigte und befristet beschäftigte Arbeitnehmer normiert ist.[89] Zudem wird auf Art. 5 I des ursprünglichen Richtlinienentwurfes vom 20.3.2002[90] verwiesen, der ausdrücklich die Möglichkeit einer unterschiedlichen Behandlung für den Fall des Vorliegens eines sachlichen Grundes vorsah.[91]

Im Ergebnis kann dieser Literaturauffassung nicht zugestimmt werden. Die Annahme einer Abweichungsmöglichkeit vom Grundsatz der Gleichbehandlung, die über die gesetzlich normierten Ausnahmetatbestände hinausgeht und das Vorliegen eines sachlichen Grundes für eine Ungleichbehandlung ausreichen lässt, findet keine hinreichende gesetzliche Grundlage.[92] Ein Abstellen auf den ursprünglichen Richtlinienentwurf ist schon deswegen nicht erkenntnisbringend, weil dieser nach den Änderungsvorschlägen des Europäischen Parlamentes durch die Kommission dahingehend geändert wurde, dass ein Abweichen vom Gleichbehandlungsgrundsatz im Falle eines sachlichen Grundes gerade nicht mehr vorgesehen sein sollte.[93] Auch vermag der Verweis auf § 4 TzBfG nicht zu überzeugen. Der Grundsatz des Equal Pay/Equal Treatment ist nicht ohne weiteres mit dem relativen Diskriminierungsverbot nach dem TzBfG vergleichbar, welches schon dann eine Differenzierung zulässt, wenn hierfür ein sachlich rechtfertigender Grund vorliegt. Zwar handelt es sich bei dem Gleichbehandlungsgrundsatz nicht um ein absolutes Diskriminierungsverbot. Er stellt jedoch ein besonderes Diskriminierungsverbot dar.[94] Dieses besondere Diskriminierungsverbot ist ein strengeres, nahezu absolutes Diskriminierungsverbot, welches allenfalls dann nicht eingreift, wenn ein bestimmtes Merkmal eine unverzichtbare Voraussetzung für eine Gleichbehandlung ist.[95] Keinesfalls kann ein besonderes Diskriminierungsverbot bereits durch jeden sachlichen Grund ausgehebelt werden. Da sich weder aus dem Wortlaut der §§ 3 I Nr. 3, 9 Nr. 2 AÜG, noch aus den Gesetzesmaterialien irgendwelche Anhaltspunkt dafür ergeben, dass der Gesetzgeber sachlich gerechtfertigte Unterscheidungen zulassen wollte, muss es daher bei den ausdrücklich normierten Ausnahmen vom Gleichbehandlungsgrundsatz verbleiben.

---

[89] *Lembke*, a.a.O..

[90] Richtlinienentwurf der Kommission vom 20.3.2002, KOM (2002) 149 endg., ABL. 2002, C 203 v. 27.8.2002.

[91] *Lemke*, BB 2003, 98 (103).

[92] *Guenoub*, Equal Pay und Equal Treatment im Leiharbeitsverhältnis, S. 94; *Thüsing*, DB 2003, 446 (447); *Ulber*, AÜG, § 9 Rn. 113.

[93] Vgl. den geänderten Vorschlag für eine Richtlinie des Europäischen Parlaments und des Rates über die Arbeitsbedingungen von Leiharbeitern vom 28.11.2002, KOM (2002) 701 endg..

[94] *Guenoub*, Equal Pay und Equal Treatment im Leiharbeitsverhältnis, S. 95.

[95] *Guenoub*, a.a.O.; *Thüsing*, ZfA 2002, 249 (255).

4.2.2.2 Vergütung für zuvor Arbeitslose in den ersten sechs Wochen

Insofern ist zunächst die sowohl in § 3 I Nr. 3 AÜG als auch in § 9 Nr. 2 AÜG geregelte Ausnahme zu berücksichtigen, wonach ein Verleiher und ein Leiharbeitnehmer einmalig für insgesamt sechs Wochen vereinbaren können, dass der Leiharbeitnehmer nur ein Nettoentgelt erhält, das mindestens die Höhe des zuletzt bezogenen Arbeitslosengeldes erreicht. Nach dem Gesetzeswortlaut ("Letzteres gilt nicht, wenn mit demselben Verleiher bereits ein Leiharbeitsverhältnis bestanden hat") ist eine Wiederholung der benannten 6-Wochenvereinbarung nach zwischenzeitlicher Kündigung des Arbeitsverhältnisses und Neueinstellung beim gleichen Verleiher eindeutig ausgeschlossen. Gleichgültig ist dabei, wie viel Zeit zwischen der Erst- und der Zweitanstellung vergangen ist.[96] Unterbrechungen der ersten sechs Wochen und eine Aufteilung auf Beschäftigungen bei verschiedenen Entleihern sind möglich.[97]

Sinn und Zweck der genannten Ausnahmebestimmung ist es, Verleihern einen Anreiz zu geben, vormals Arbeitslose einzustellen, um diesen den Wiedereinstieg in den Arbeitsmarkt zu erleichtern.[98] Ob das gesetzgeberische Ziel durch die geschaffene Ausnahmebestimmung tatsächlich erreicht werden kann, erscheint äußerst fraglich. So wurde die Vorschrift von den Verleihern von Beginn an als wenig praktikabel eingestuft.[99] Auch mit zuvor arbeitslosen Leiharbeitnehmern wird daher zur Vermeidung des Gleichbehandlungsgrundsatzes regelmäßig eine tarifliche Regelung getroffen.[100]

4.2.2.3 Zwischenzeiten ohne Überlassung

Eine weitere, sich aus dem Gesetz ergebende Ausnahme vom Gleichbehandlungsgrundsatz gilt für diejenigen Zeiträume, in denen der Leiharbeitnehmer nicht überlassen wird. Für diese Zeiten hat der Gesetzgeber dem Verleiher ein zweites, reduzierte Lohnniveau erlaubt, da sich aus der Formulierung in den §§ 3 I Nr. 3, 9 Nr. 2 AÜG ergibt, dass der Gleichbe-

---

[96] *Guenoub*, a.a.O.; *Schüren* in: *Schüren/Hamann*, AÜG, § 9 Rn. 148; *Steuer*, a.a.O.; *Ulber*, AÜG, § 9 Rn. 60; a.A.: *Thüsing/Mengel*, AÜG, § 9 Rn. 36.

[97] Gesetzesbegründung, BT-Drs. 15/25, S. 38; *Guenoub*, Equal Pay und Equal Treatment im Leiharbeitsverhältnis, S. 97; *Thüsing/Mengel*, AÜG, § 9 Rn. 38; a.A: *Schüren* in: *Schüren/Hamann*, AÜG, § 9 Rn. 149.

[98] Gesetzesbegründung, BT-Drs. 15/25, S. 38; *Guenoub*, Equal Pay und Equal Treatment im Leiharbeitsverhältnis, S. 97; *Steuer*, Die Arbeitnehmerüberlassung als Mittel zur Förderung des Arbeitsmarktes in Deutschland, S. 169; *Thüsing/Mengel*, AÜG, § 9 Rn. 35; *Ulber*, AÜG, § 9 Rn. 58.

[99] *Steuer*, Die Arbeitnehmerüberlassung als Mittel zur Förderung des Arbeitsmarktes in Deutschland, S. 344; *Wank*, NZA 2003, 14 (19).

[100] *Steuer*, a.a.O..

handlungsgrundsatz nur *„für die Zeit der Überlassung"* gilt.[101] Die Grenze für die individuelle Vertragsfreiheit bildet in diesen Fällen der Lohnwucher (§ 138 BGB).[102]

4.2.2.4 Abweichende Regelung durch Tarifvertrag

Die mit Abstand bedeutendste und die gesamte Lohnsituation der Zeitarbeitsbranche prägende Ausnahme ist die Möglichkeit der Abweichung vom Grundsatz des Equal Pay / Equal Treatment durch Tarifvertrag. Die §§ 3 I Nr. 3, 9 Nr. 2 AÜG bestimmen insofern, dass durch (wirksamen) Tarifvertrag abweichende Regelungen zugelassen werden können und dass im Geltungsbereich eines solchen Tarifvertrages nicht tarifgebundene Arbeitgeber und Arbeitnehmer die Anwendung von tariflichen Regelungen vereinbaren können. Ein Tarifwerk im Sinne der Ausnahmeklausel kann sich dabei über sämtliche wesentlichen Arbeitsbedingungen oder nur über einzelne Arbeitsbedingungen oder bestimmte Sachgruppen von Arbeitsbedingungen verhalten. Bleiben einzelne wesentliche Arbeitsbedingungen ungeregelt, gilt insofern der gesetzliche Grundsatz der Gleichbehandlung fort.[103]

4.2.2.4.1 Inhaltliche Anforderungen an abweichende Tarifregelungen

Inwiefern an die Tarifverträge, die vom Gleichbehandlungsgrundsatz abweichende Regelungen enthalten, inhaltliche Anforderungen zu stellen sind, ist umstritten. Da dieser Frage sowohl für die Bestandsaufnahme der aktuellen Tarifsituation, als auch für die Frage der Gebotenheit einer etwaigen Allgemeinverbindlicherklärung eines Tarifvertrages weitreichende Bedeutung zukommt, soll die in der Literatur entstandene Kontroverse im Folgenden kurz dargestellt werden.

Teilweise wird vertreten, dass das Gleichstellungsprinzip nur durch Tarifverträge durchbrochen werden könne, die sich im Rahmen der gesetzlichen Wertentscheidung, nämlich der Gleichstellung, halten, d.h. zumindest annähernd gleiche Arbeitsbedingungen vorsehen.[104] Der gesetzliche Rahmen könne „gestaltet, aber nicht verlassen werden".[105] Eine Nichtbeachtung des gesetzlichen Schutzgedankens des Equal Pay und des Equal Treatment führe zur Unwirksamkeit der tariflichen Regelung. Zur Begründung wird darauf verwiesen,

---

[101] Gesetzesbegründung, BT-Drs. 15/25, S. 38; *Guenoub*, Equal Pay und Equal Treatment im Leiharbeitsverhältnis, S. 95; *Schüren* in: *Schüren/Hamann*, AÜG, § 9 Rn. 155.

[102] *Guenoub*, Equal Pay und Equal Treatment im Leiharbeitsverhältnis, S. 96; *Schüren*, a.a.O.; *Ulber*, NZA 2009, 232 (233).

[103] *Schüren* in: *Schüren/Hamann*, AÜG, § 9 Rn. 148; *Steuer*, Die Arbeitnehmerüberlassung als Mittel zur Förderung des Arbeitsmarktes in Deutschland S. 173; *Thüsing/Mengel*, AÜG, § 9 Rn. 41; *Ulber*, AÜG, § 9 Rn. 85; ders., NZA 2009, 232 (235).

[104] *ErfK/Franzen*, TVG, § 1 Rn. 14; *ErfK/Wank*, AÜG, § 3 Rn. 22; *Fuchs*, NZA 2009, 57 (62); *Reim*, ZTR 2003, 106 (110); *Schüren/Behrend*, NZA 2003, 521 (525); *Thüsing/Pelzner*, AÜG, § 3 Rn. 82; *Ulber*, ArbuR 2003, 7 (11); ders., AÜG, § 9 Rn. 226 ff.; ders., NZA 2009, 232 (236).

[105] *Schüren/Behrend*, a.a.O..

dass es dem gesetzgeberischen Ziel der Verbesserung der Arbeitsbedingungen für Leiharbeitnehmer zuwider liefe, wenn keine Angleichung der Arbeitsbedingungen in Richtung auf eine Gleichbehandlung mit den im Entleiherbetrieb beschäftigten Arbeitnehmern erfolge.[106] Dass es der Wille des Gesetzgebers war, die Arbeitsbedingungen für Leiharbeitnehmer nicht einschränkungslos zur Disposition der Tarifparteien zu stellen, ergäbe sich auch aus der Gesetzesbegründung, in welcher die Wahrung eines „angemessenen Schutzniveaus" ausdrücklich als Zulässigkeitsvoraussetzung für eine abweichende Tarifregelung bestimmt wurde.[107] Außerdem wird eine Parallele zur Rechtsprechung zu § 4 EFZG gezogen.[108] Auch § 4 EFZG, der seinem Wortlaut nach uneingeschränkt tarifdispositiv ausgestaltet sei, sei im Ergebnis nur durch eine tarifliche Regelung abdingbar, die die gesetzliche Grundentscheidung (dort: die Entgeltfortzahlung) berücksichtige.

Eine andere Auffassung[109] lehnt eine inhaltliche Nähe zur Gleichbehandlung als Wirksamkeitsvoraussetzung tariflicher Ausnahmeregelungen zum Grundsatz des Equal Pay / Equal Treatment ab. Den Tarifverträgen komme eine Richtigkeitsvermutung zu, nach der davon auszugehen sei, dass die Tarifparteien als gleichwertige Verhandlungspartner ein sachgerechtes Ergebnis ausgehandelt haben.[110] Eine rechtliche Begrenzung sei in Hinblick auf den Inhalt der Vereinbarung allein durch den Tatbestand der Sittenwidrigkeit aus § 138 BGB gegeben.[111] Die rechtliche Überprüfung der Angemessenheit des Verhandlungsergebnisses stelle eine unzulässige Tarifzensur und damit einen verfassungswidrigen Eingriff in die durch Art. 9 III GG geschützte Tarifautonomie dar.[112]

Auch wenn es höchst zweifelhaft erscheint, ob die im Tarifrecht grundsätzlich anerkannte Richtigkeitsvermutung zugunsten tarifvertraglicher Regelungen auf die Zeitarbeitsbranche tatsächlich Anwendung findet,[113] wird im Ergebnis der zuletzt genannten Auffassung zu folgen sein. Ein Vergleich mit der Tariföffnungsklausel des § 4 EFZG ist schon deswegen nicht möglich, weil sich schon aus dem Anwendungsbereich der Tariföffnungsklausel er-

---

[106] *Reim*, ZTR 2003, 106 (110).

[107] Gesetzesbegründung, BT-Drs. 15/25, S. 24; *Fuchs*, NZA 2009, 57 (61).

[108] ErfK/*Franzen*, TVG, § 1 Rn. 14; *Schüren/Behrend*, NZA 2003, 521 (525) unter Bezugnahme auf BAG v. 13.3.2002, NZA 2002, 744 (745).

[109] *Böhm*, DB 2003, 2598 (2599); *Guenoub*, Equal Pay und Equal Treatment im Leiharbeitsverhältnis, S. 177; *Hanau*, ZIP 2003, 1573 (1577); ders. in: *Schäfer/Bieback/Kocher/Dieterich/Hanau*, Tarifgestützte Mindestlöhne, S. 131; *Raab*, ZfA 2003, 389 (409 f.); *Thüsing/Lembke*, ZfA 2007, 87 (96); *Thüsing/Mengel*, AÜG, § 9 Rn. 44.

[110] *Thüsing/Lembke*, ZfA 2007, 87 (96); *Thüsing/Mengel*, AÜG, § 9 Rn. 44.

[111] *Guenoub*, Equal Pay und Equal Treatment im Leiharbeitsverhältnis, S. 178; *Thüsing/Lembke*, a.a.O. (97); *Thüsing/Mengel*, a.a.O..

[112] *Guenoub*, Equal Pay und Equal Treatment im Leiharbeitsverhältnis, S. 177.

[113] Ausführlich hierzu: Siehe 6.1.2.2.2..

hebliche Unterschiede zur Ausgangssituation im Rahmen des EFZG ergeben.[114] So kann sich eine etwaige Tarifregelung für die Zeitarbeitsbranche auch auf überlassungsfreie Zeiträume erstrecken, also solche Zeiträume, in denen der Gleichbehandlungsgrundsatz ohnehin keine Anwendung findet. Das (gleichbleibende) Tarifentgelt stellt insofern einen Ausgleich zwischen Einsatzzeiten und Zeiten ohne Einsatz dar. Schon diese Besonderheit verbietet es, eine Rechtsprechung, die zu § 4 EFZG ergangen ist, auf die Leiharbeitsbranche zu übertragen.[115]

Richtigerweise wird die Frage, ob der Tariföffnungsklausel aus den §§ 3 I Nr. 3, 9 Nr. 2 AÜG eine inhaltliche Beschränkung der Regelungsbefugnis immanent ist, durch Auslegung zu beantworten sein. Eine solche an den Grundsätzen der grammatikalischen, systematischen und gesetzeshistorischen Auslegung orientierte Prüfung führt im Ergebnis dazu, dass sich eine inhaltliche Beschränkung im Sinne einer inhaltlichen Bindung an den Gleichbehandlungsgrundsatz nicht aus der Tariföffnungsklausel ergibt. Insofern ist zunächst zu berücksichtigen, dass sich aus dem Gesetzeswortlaut keinerlei Beschränkungen der tariflichen Regelungsbefugnis ergeben.[116] Die bereits angesprochene Systematik der Öffnungsklausel, nämlich, dass sich die Tarifregelungsbefugnis der Parteien nicht nur auf Zeiten der Überlassung, sondern auch auf die vom Gleichbehandlungsgrundsatz ausgenommenen Zeiten der Nichtüberlassung bezieht, spricht ebenfalls gegen eine Bindung an den Gleichbehandlungsgrundsatz. Würde man eine inhaltliche Bindung bejahen wollen, so müsste im Rahmen einer inhaltlichen Überprüfung des Tarifergebnisses differenziert werden, in welchem Umfang verleihfreie Zeiten in dem einheitlich ausgehandelten Tarifentgelt enthalten wären, was faktisch nur schwer möglich sein dürfte.

Weiter ergeben sich auch aus den Gesetzgebungsmaterialien keine Hinweise auf eine inhaltliche Bindung von Tarifregelungen an den Gleichbehandlungsgrundsatz. Zwar findet sich in der Gesetzesbegründung ein Hinweis darauf, dass ein „angemessenes Schutzniveau" für die Leiharbeitnehmer gewährleistet bleiben muss.[117] Wie ein solches Schutzniveau ausgestaltet sein muss, ist jedoch nicht näher definiert. Insbesondere hat der Gesetzgeber auch in der Gesetzesbegründung nicht angedeutet, dass eine inhaltliche Nähe zum Grundsatz der Gleichbehandlung bestehen müsse. Vielmehr ergibt sich aus den weiteren Erwägungen eher Gegenteiliges. So ist in der Gesetzesbegründung weiter ausgeführt, dass „auf der Grundlage der neuen gesetzlichen Grundlagen die Arbeitnehmerüberlassung daher künftig besser als früher die Wettbewerbsfähigkeit der Unternehmen gerade auch in quali-

---

[114] *Guenoub*, a.a.O., S. 167; *Hanau*, ZIP 2003, 1573 (1577).

[115] *Guenoub*, a.a.O.; *Hanau*, a.a.O..

[116] *Guenoub*, Equal Pay und Equal Treatment im Leiharbeitsverhältnis, S. 169; *Hanau* in: *Schäfer/Bieback/Kocher/Dieterich/Hanau*, Tarifgestützte Mindestlöhne, S. 131; *Thüsing/Mengel*, AÜG, § 9 Rn. 44.

[117] Gesetzesbegründung, BT-Drs. 15/25, S. 24.

fikatorisch anspruchsvollen Bereichen stärken"[118] kann. Zudem soll es das Ziel sein, mittels Arbeitnehmerüberlassung „das trotz Massenarbeitslosigkeit fortbestehende große Volumen bezahlter Überstunden zumindest teilweise abzubauen und auf diese Weise sogar zusätzlich dauerhafte Arbeitsplätze zu schaffen und insoweit Arbeitslosigkeit abzubauen".[119] Mit den gewählten Formulierungen hat der Gesetzgeber klargestellt, dass es offenbar jedenfalls auch die Aufgabe der Tarifparteien sein soll, Arbeitsbedingungen so attraktiv zu gestalten, dass neue Arbeitsplätze entstehen können.[120] Da dies bei der Leiharbeit in erster Linie über das Arbeitsentgelt möglich sein dürfte,[121] erscheint die Annahme, der Gesetzgeber habe den Tarifparteien von vornherein inhaltlich strikte Grenzen setzen wollen, nicht naheliegend.

Im Ergebnis ist daher der Auffassung zu folgen, die nicht von einer inhaltlichen Bindung der Tarifparteien an den Gleichbehandlungsgrundsatz ausgeht. Dies entspricht der Handhabung der Tarifparteien der Zeitarbeitsbranche.

4.2.2.4.2 Möglichkeiten der Geltungserstreckung von Tarifregelungen

Um für ein konkretes Leiharbeitsverhältnis eine Tarifwirkung zu erlangen, gibt es grundsätzlich zwei Möglichkeiten:

Zunächst kommt eine Wirkung aufgrund einer beiderseitigen Tarifbindung nach den §§ 3 I, 4 I 1 TVG in Betracht. Da jedoch der Organisationsgrad auf Seiten der Leiharbeitnehmer außergewöhnlich gering ist, spielt diese Variante allenfalls eine untergeordnete Rolle. Die Gründe für den geringen Anteil gewerkschaftlich organisierter Leiharbeitnehmer sind vielschichtig. So haben die Gewerkschaften von Beginn an mit den ungewöhnlichen Rahmenbedingungen der Zeitarbeit zu kämpfen gehabt. Dadurch, dass Leiharbeitnehmer häufig und kurzfristig ihre Einsatzorte wechseln, sind diese für die Gewerkschaften schwierig zu erreichen, was die Mitgliederwerbung erschwert.[122] Zudem folgt bereits aus der weitgehenden Separierung der Leiharbeitnehmer und der weitreichenden Streuung auf unterschiedliche Betriebe, dass das typische „Wir-Gefühl" als grundlegende Motivation für den Entschluss zur kollektiven Selbsthilfe durch ein gewerkschaftliches Engagement bei Zeitarbeitern nicht aufkeimt.[123] Dieser Effekt wird noch dadurch verstärkt, dass viele Leiharbeitnehmer ihre

---

[118] Gesetzesbegründung, a.a.O..

[119] Gesetzesbegründung, a.a.O..

[120] *Guenoub*, Equal Pay und Equal Treatment im Leiharbeitsverhältnis, S. 176.

[121] *Guenoub*, a.a.O..

[122] *Dieterich* in: *Schäfer/Bieback/Kocher/Dieterich/Hanau*, Tarifgestützte Mindestlöhne, S. 106.

[123] *Dieterich*, a.a.O..

Tätigkeit nur als (unliebsame) Übergangsposition in ihrer eigenen Lebensbiografie verstehen.[124]

Letztlich kommt erschwerend hinzu, dass die Situation einer gesetzlich angeordneten tarifdispositiven Gleichbehandlung dazu führt, dass für Leiharbeiter eine wirtschaftlich vergleichsweise günstige Lohnsituation bereits dann vorliegt, wenn es bei der gesetzlichen Vergütung bleibt. Wie noch zu zeigen sein wird,[125] stellte sich die Tarifwirklichkeit nach Einführung des Gleichbehandlungsgrundsatzes so dar, dass es nicht um eine Verbesserung der Lohnsituation der Leiharbeitnehmer ging, sondern dass vielmehr sämtliche Tarifabschlüsse erheblich unterhalb des aus dem Gleichbehandlungsgrundsatz folgenden Lohnniveaus blieben. Dass das Interesse eines Zeitarbeiters, einer Gewerkschaft beizutreten, die für ihn ungünstigere Bedingungen aushandelt, als ihm bereits nach der gesetzlichen Grundkonzeption zustehen, nicht allzu groß ist, ist nachvollziehbar. Entsprechend dürftig stellt sich die Mitgliedersituation für die Gewerkschaften dar. Zuverlässige Zahlen hinsichtlich des tatsächlichen Anteils gewerkschaftlich organisierter Zeitarbeiter existieren - auch aufgrund einer geringen Auskunftsbereitschaft der Gewerkschaften - nicht. In der Literatur wird die Alternative einer Abweichung vom Gleichbehandlungsgrundsatz aufgrund beiderseitiger Tarifbindung als kaum bedeutend, teilweise gar als faktisch irrelevant bezeichnet.[126]

Aufgrund des dargestellten geringen Organisationsgrades der Leiharbeitnehmer kommt der sowohl in § 3 I Nr. 3 AÜG als auch in § 9 Nr. 2 AÜG verankerten Bezugnahmeklausel eine dominierende Bedeutung zu. Hiernach werden tarifvertragliche Ausnahmeregelungen zum Equal Pay/Equal Treatment wirksam, wenn in Leiharbeitsverhältnissen mit mindestens einer nicht tarifgebundenen Partei die Geltung der tariflichen Regelung individualvertraglich vereinbart wird. Zulässig ist dabei mangels entgegenstehender gesetzlicher Regelung auch eine teilweise Inbezugnahme hinsichtlich bestimmter, sachlich zusammenhängender Arbeitsbedingungen.[127] Eine Inhaltskontrolle nach dem Recht der Allgemeinen Geschäftsbedingungen gem. der §§ 307 ff. BGB findet aufgrund der Privilegierung tarifvertraglicher Vereinbarungen in § 310 IV BGB nicht statt.[128]

---

[124] *Dieterich*, ebenda.

[125] Siehe 4.3..

[126] *Guenoub*, Equal Pay und Equal Treatment im Leiharbeitsverhältnis, S. 107; *Lembke*, BB 2005, 495 (499); *Riederer Freifrau v. Paar/Schüren*, ArbuR 2004, 241 (242).

[127] *Guenoub*, Equal Pay und Equal Treatment im Leiharbeitsverhältnis, S. 109; *Thüsing/Mengel*, AÜG, § 9 Rn. 41; a.A.: *Schüren* in: *Schüren/Hamann*, AÜG, § 9 Rn. 160.

[128] A.A.: *Ulber*, NZA 2009, 232 (238).

4.2.2.4.3 Praktische Bedeutung der Tarifdispositivität

Der Gesetzgeber hat den Gleichbehandlungsgrundsatz tarifdispositiv ausgestaltet, weil er den Tarifvertragsparteien ermöglichen wollte, die Arbeitsbedingungen flexibel auszugestalten und beispielsweise Pauschalierungen beim Arbeitsentgelt zuzulassen und Leistungen für Zeiten des Verleihs und des Nichtverleihs in einem Gesamtkonzept zu regeln.[129] Der Gesetzgeber hat in seiner Gesetzesbegründung dabei ausdrücklich klargestellt, dass vom Grundsatz der Gleichbehandlung sowohl zugunsten als auch zuungunsten der Leiharbeitnehmer abgewichen werden kann.[130] Ob die aktuelle Entwicklung der Tarifsituation vom ursprünglichen Regelungswillen des Gesetzgebers noch umfasst ist, erscheint zweifelhaft. Soweit die gesetzgeberische Grundkonzeption so zu verstehen ist, dass es sich bei dem Grundsatz der Gleichbehandlung um ein Leitbild für die Zeitarbeitsbranche handelt, kommt jedenfalls dieser Funktion keinerlei Bedeutung mehr zu.

In der Praxis erfolgt fast ausnahmslos eine Verdrängung des Gleichbehandlungsgrundsatzes durch eine arbeitsvertragliche Bezugnahme auf Tarifwerke.[131] Die Anzahl der Leiharbeitsverhältnisse, auf welche der Gleichbehandlungsgrundsatz mit dem Willen der Vertragsparteien tatsächlich Anwendung findet, ist verschwindend gering.[132] Der Anwendungsbereich des Gleichbehandlungsgrundsatzes insgesamt wird selbst in großzügigen Analysen auf etwa 5 % geschätzt.[133] Beim Abschluss des Arbeitsvertrages mit dem Verleiher werden potentiellen Arbeitnehmern in der Regel Formulararbeitsverträge vorgelegt, welche auf Tarifwerke Bezug nehmen, auf deren Entstehung der Arbeitnehmer keinen Einfluss hatte und über deren Bedingungen in aller Regel eine Verhandlung nicht mit Erfolg möglich ist. Entgegen ursprünglichen Erwartungen bewegen sich die heute in Bezug genommenen Tarifergebnisse auch nicht in der Nähe des Gleichbehandlungsgrundsatzes oder gar darüber. Vielmehr hat die Tariföffnung für die Zeitarbeitsbranche zu einem erheblich niedrigeren Lohnniveau geführt, als es dem Grundsatz des Equal Pay entsprechen würde.[134] Wie bereits

---

[129] Gesetzesbegründung, BT-Drs. 15/25, S. 38.

[130] Gesetzesbegründung, a.a.O..

[131] *Guenoub*, Equal Pay und Equal Treatment im Leiharbeitsverhältnis, S. 107; *Riederer Freifrau v. Paar/Schüren*, a.a.O.; *Schüren* in: *Schüren/Hamann*, AÜG, § 9 Rn. 113; Ulber, AÜG, § 9 Rn. 71.

[132] *Dieterich* in: *Schäfer/Bieback/Kocher/Dieterich/Hanau*, Tarifgestützte Mindestlöhne, S. 106; *Guenoub*, Equal Pay und Equal Treatment im Leiharbeitsverhältnis, S. 108; *Schüren* in: *Schüren/Hamann*, AÜG, § 9 Rn. 104; ders., RdA 2006, 303 (306); ders., RdA 2007, 231 (232); *Steuer*, Die Arbeitnehmerüberlassung als Mittel zur Förderung des Arbeitsmarktes in Deutschland, S. 171.

[133] *Wandel*, Zeitarbeit in Deutschland und Frankreich, S. 43; bekannte Tarifverträge, die die Geltung des Gleichbehandlungsgrundsatzes vorsehen, sind etwa der Haustarifvertrag von FERCHAU mit der IG-Metall, sowie der Haustarifvertrag Netzwerk Lippe Detmold mit der IG Metall.

[134] *Dieterich* in: *Schäfer/Bieback/Kocher/Dieterich/Hanau*, Tarifgestützte Mindestlöhne, S. 106 f.; *Fuchs*, NZA 2009, 57 (62); *Guenoub*, Equal Pay und Equal Treatment im Leiharbeitsverhältnis, S. 108; *Lembke*, BB 2005, 495 (499); *Schüren*, RdA 2007, 231 (232); *Thüsing/Lembke*, ZfA 2007, 87 (91).; *Ulber*, NZA 2009, 232 (233).

im Rahmen der Ausführungen zur Lohnsituation dargestellt, liegt nach den Berechnungen des BMAS die Lohndifferenz zwischen 35% und 45%.[135]

Die derzeitige Tarifsituation, die Ausgangspunkt für die Frage ist, ob für die Zeitarbeitsbranche die Einführung eines Mindestlohns geboten ist, soll im Folgenden näher erläutert werden.

4.3 Tarifsituation in der Zeitarbeit

4.3.1 Historische Entwicklung

Die Leiharbeit war eine lange Zeit eine Branche, die „weitestgehend außerhalb des traditionellen Systems der industriellen Beziehungen stand", dabei existierten nur in wenigen Betrieben Betriebsräte.[136] Ebenso war die Leiharbeit mit Ausnahme von einigen Haustarifverträgen untarifiert.[137] Grund hierfür war die jahrzehntelange Ablehnung von Gewerkschaften, Tarifverträge in der Leiharbeitsbranche abzuschließen. Zudem mangelte es auch an einem entsprechenden Bedürfnis auf Arbeitgeberseite.[138] Das Gehalt wurde zwischen dem Zeitarbeitsunternehmen und dem Leiharbeitnehmer frei ausgehandelt.[139] Das führte unter anderem dazu, dass Leiharbeitskräfte zu einem erheblich niedrigeren Lohn vergütet wurden als die regulär Beschäftigten. Je nach Tätigkeitsfeld und Qualifikation betrug die Differenz 30 % bis 40 %.[140] Laut einer Studie von *Jahn* lag der Lohn der Leiharbeitnehmer beispielsweise im Jahr 2002 im Durchschnitt um 42,2 % unter dem Lohn anderer Beschäftigter, korrigiert um personen- und berufsspezifischer Besonderheiten betrug der Unterschied immerhin noch 30 %.[141]

Tabelle 2: Einkommensschere zwischen Leiharbeit und Gesamtwirtschaft für Westdeutschland[142]

Jahr	1980	1990	1995	2001
Entgeltdifferenz	22,6 %	28,3%	36,6 %	41,2 %

[135] Siehe 4.1.2..

[136] *Weinkopf*, Mindestbedingungen für die Zeitarbeitsbranche?, S. 8.

[137] *Düwell/Dahl*, DB 2009, 1070 (1071).

[138] *Guenoub*, Equal Pay und Equal Treatment im Leiharbeitsverhältnis, S. 6.

[139] *Wandel*, Zeitarbeit in Deutschland und Frankreich, S. 41.

[140] *Wandel*, a.a.O.; vgl. *Däubler*, KJ 2003, 17 (17).

[141] *Jahn* in: *Van Aaken/Grözinger*, Ungleichheit und Umverteilung, S. 225, 230.

[142] *Linne/Vogel*, Leiharbeit und befristete Beschäftigung, S. 33.

Ende 2002 erfuhr das AÜG aufgrund des Ersten Gesetzes für moderne Dienstleistungen am Arbeitsmarkt[143] einen Paradigmenwechsel, bei dem das Arbeitnehmerüberlassungsrecht liberalisiert wurde. Kernelement der Reform des AÜG war das bereits dargestellte Gleichbehandlungsgebot in den §§ 3 I Nr. 3, 9 Nr. 2 AÜG mit der Möglichkeit tarifvertraglicher Durchbrechung. In Anbetracht dessen gingen die Arbeitgeber ursprünglich davon aus, dass die Gewerkschaften sich weigern würden, Tarifverträge abzuschließen, da nur dadurch eine Gleichbehandlung von Leiharbeitnehmern gesichert werden könne.[144] Sie befürchteten zudem, dass die Gewerkschaften ansonsten durch die schlichte Drohung mit dem ohne tarifliche Regelung einzusetzenden Gleichbehandlungsgrundsatz die Tarifbedingungen würden diktieren können.[145] Der mit der Reformierung einhergehende Kostendruck aufgrund des Gleichbehandlungsgrundsatzes erhöhte sich auf die Beteiligten jedoch derart, dass die Tarifvertragsparteien letztlich nicht anders konnten, als in ernsthafte Tarifverhandlungen einzutreten.[146]

Die von den beiden im Zeitpunkt der Reform bestehenden Arbeitgeberverbänden, dem iGZ und dem BZA, und den Mitgliedergewerkschaften des DGB aufgenommenen Einigungsbemühungen gestalteten sich zuerst nicht leicht. Der DGB war zunächst nicht bereit, seinen Vorbehalt, die Arbeitnehmerüberlassung bewirke das „*Ausbluten*“ der Stammbelegschaft, abzulegen.[147] Zwar wurde am 20.2.2003 zwischen dem BZA und der DGB-Tarifgemeinschaft ein „Eckpunktepapier“ vereinbart, das für einfache Arbeit einen Stundenlohn von etwa 11 € zuzüglich Branchenzuschläge vorsah.[148] Diesem schloss sich der iGZ jedoch nicht an und bestand in zähen Verhandlungen auf deutlich geringere Lohnsätze.[149]

Bewegung ins Tarifgeschehen brachte letztlich ein Haustarifvertrag, der zwischen einem Verleiher und der Tarifgemeinschaft Christliche Gewerkschaften Zeitarbeit und PSA (CGZP) abgeschlossen wurde.[150] Danach folgte im März 2003 der erste Verbandstarifvertrag der Arbeitnehmerüberlassung zwischen dem neuen Arbeitgeberverband Interessengemeinschaft Nordbayerischer Zeitarbeitsunternehmen (INZ) und der CGZP, der sodann eine

---

[143] Gesetz vom 23.12.2002, BGBl. 2002 I, 4607.

[144] *Weinkopf*, Mindestbedingungen für die Zeitarbeitsbranche?, S. 8.

[145] *Ulber*, AÜG § 9, Rn. 71; *Wandel*, Zeitarbeit in Deutschland und Frankreich, S. 42.

[146] *Schüren* in: *Wißmann*, JArbR 2003, 49 (51); *Guenoub*, Equal Pay und Equal Treatment im Leiharbeitsverhältnis, S. 6.

[147] *Düwell/Dahl*, DB 2009, 1070 (1071).

[148] *Dieterich* in: *Bieback/Dieterich/Hanau/Kocher/Schäfer*, Tarifgestützte Mindestlöhne, S. 107; vgl. *Urban-Crell/Schulz*, Arbeitnehmerüberlassung und Arbeitsvermittlung, S. 43.

[149] *Dieterich*, a.a.O..

[150] *Düwell/Dahl*, DB 2009, 1070 (1071).

„Vorreiterrolle" einnahm.[151] Dieser Tarifvertragsabschluss, der Einstiegslöhne von lediglich 5,20 € zur Folge hatte, besaß daraufhin Signalwirkung.[152] Denn durch die von der CGZP abgeschlossenen Dumpingtarifverträge und dem daraus entstehenden Konkurrenzdruck wurden die DGB-Gewerkschaften faktisch gezwungen, massive Abstriche bei bereits erzielten Verhandlungsergebnissen zu machen, um überhaupt noch einen Tarifvertrag zustande zu bringen.[153] Insbesondere hätte die Ablehnung von Tarifvertragsabschlüssen durch den DGB voraussichtlich zu einer flächendeckenden Anwendung des bestehenden Tarifvertrages der CGZP geführt.[154] Die Folge war schließlich, dass auch die DGB-Gewerkschaften im Mai 2003 Niedriglohntarifverträge mit dem BZA und dem iGZ vereinbarten.[155] Diese enthielten im Gegensatz zu den CGZP-Tarifverträgen aber ein leicht höheres Lohnniveau und einige Vergünstigungen.[156] Nichtsdestotrotz war mit dem ausgehandelten Tarifniveau der Gleichbehandlungspflicht der Boden entzogen.[157] Das Verhandlungsgewicht der Arbeitgeberseite war offenkundig derart übermächtig, dass ein erstaunlich niedriges Lohnniveau alsbald durchgesetzt werden konnte,[158] was sich auch in den weiteren Tarifvertragsabschlüssen wiederspiegelte.

Die CGZP hatte sich des Weiteren auch mit der Mittelstandsvereinigung Zeitarbeit (MVZ) und mit der Bundesvereinigung Deutscher Dienstleistungsunternehmen (BVD) auf Tarifverträge geeinigt. Dabei war der Tarifvertrag mit der BVD grundsätzlich für den Dienstleistungssektor konzipiert, sollte jedoch auch in anderen Wirtschaftsbereichen anwendbar sein. Typisch für die BVD ist, dass dessen Tarifvertragswerk, welches auch B.O.L.E.R.O. genannt wird, schon von Beginn an durch sehr niedrige Stundenentgelte und diverse Absenkungsmöglichkeiten gekennzeichnet war.[159]

Ende 2004 gründeten zudem einige Mitgliedsunternehmen der INZ den Arbeitgeberverband Mercedarius e.V., der sich auf den Bereich der Arbeitnehmerüberlassung im gehobenen Fachkräftesegment konzentrierte. Auch dieser schloss mit der CGZP Tarifverträge ab. Kurz

---

[151] *Dieterich*, a.a.O..

[152] *Weinkopf*, Mindestbedingungen für die Zeitarbeitsbranche?, S. 9.

[153] *Ulber*, AÜG § 9, Rn. 71.

[154] *Weinkopf*, Mindestbedingungen für die Zeitarbeitsbranche?, S. 9.

[155] Vgl. *Ulber*, AÜG § 9, Rn. 71; *Weinkopf*, Mindestbedingungen für die Zeitarbeitsbranche?, S. 9.

[156] *Weinkopf*, Mindestbedingungen für die Zeitarbeitsbranche?, S. 9.

[157] *Guenoub*, Equal Pay und Equal Treatment im Leiharbeitsverhältnis, S. 133.

[158] *Guenoub*, a.a.O..

[159] Z.B. sind im Entgeltrahmentarifvertrag der BVD Absenkungsmöglichkeiten von 10 % vorgesehen sowie Regelungen zur Beschäftigungssicherung, die weitere Absenkungen ermöglichen ohne eine definitive Untergrenze vorzuschreiben; vgl. Stellungnahme des DGB zum geplanten Elften Leiharbeitsbericht der Bundesregierung v. 30.1.2009, S. 15.

darauf nahm Anfang 2005 zusätzlich der AMP, der aus der Fusion von INZ und MVZ hervorging, seine Arbeit auf und traf ebenfalls mit der CGZP ein Tarifabkommen. Zwischen der Industriegewerkschaft Bauen-Agrar-Umwelt (IG BAU), die dem Deutschen Gewerkschaftsbund angehört, fand letztlich darüber hinaus ein Tarifvertragsabschluss mit dem Unternehmensverband Industrie Service+ Dienstleistungen e.V. (UIS) statt, der seine Tätigkeit auf den Bereich der industriellen Dienstleistungen fokussiert.[160]

Am 30. Mai 2006 vereinbarten der BZA und der iGZ mit der Tarifgemeinschaft Zeitarbeit des Deutschen Gewerkschaftsbundes einen *„Tarifvertrag zur Regelung von Mindestarbeitsbedingungen in der Zeitarbeit"*.[161] Dieser Tarifvertrag sollte zum 01.07.2006, aber frühestens nach Aufnahme der Zeitarbeit ins AEntG und mit dem Erlass einer Rechtsverordnung des Bundesministers für Arbeit und Soziales in Kraft treten, der den Tarifvertrag für allgemeinverbindlich erklärt. Ein Antrag auf Aufnahme der Arbeitnehmerüberlassung ins AEntG erfolgte durch die Tarifvertragsparteien am 27.03.2008.[162] Dieser Antrag blieb jedoch erfolglos, sodass der vereinbarte Tarifvertrag zur Regelung von Mindestarbeitsbedingungen in der Zeitarbeit zum Ende des Jahres 2008 ohne Nachwirkung auslief. Neuverhandlungen über eine Vertragsverlängerung wurden nicht geführt.

Im Ergebnis führte die einmalige gesetzliche Vergütungsregelung im AÜG letztlich dazu, dass relativ schnell eine größere Anzahl von Flächen- und Haustarifverträgen abgeschlossen wurden.[163] Dabei fand teilweise ein regelrechtes Wettrennen zwischen den unterschiedlichen Arbeitgeberverbänden und Gewerkschaften um den Abschluss der ersten Tarifverträge für die Leiharbeitsbranche statt. Auf die Leiharbeitnehmer wurde hierbei kaum Rücksicht genommen.[164] In diesem Zusammenhang wurde sogar von „staatlich veranlasster Landnahme" geredet.[165] Diese Tarifverträge legten mit nur wenigen Ausnahmen ein sehr niedriges Lohnniveau für die einfachen Tätigkeiten von Leiharbeitnehmern fest,[166] sodass insgesamt ein „tarifpolitischer Abwärtssog" entstand.[167] Zeitarbeit entwickelte sich endgültig zum „Billiglohnsektor".[168] Dabei hatte letzten Endes, nach Ansicht von *Ulber,* insbe-

---

[160] *Düwell/Dahl*, DB 2009, 1070 (1071).

[161] *Düwell/Dahl*, DB 2009, 1070 (1073).

[162] Vgl. *Stolz* in: *Schwaab/Durian (Hrsg.)*, Zeitarbeit, S. 301.

[163] *Schüren*, RdA 2007, 231 (231).

[164] Vgl. *Guenoub*, Equal Pay und Equal Treatment im Leiharbeitsverhältnis, S. 132.

[165] *Guenoub*, Equal Pay und Equal Treatment im Leiharbeitsverhältnis, S. 132; *Ulber*, ArbuR 2003, 7 (15).

[166] *Schüren*, RdA 2007, 231 (231).

[167] *Dieterich* in: *Bieback/Dieterich/Hanau/Kocher/Schäfer*, Tarifgestützte Mindestlöhne, S. 107; vgl. *Wandel*, Zeitarbeit in Deutschland und Frankreich, S. 44.

[168] *Guenoub*, Equal Pay und Equal Treatment im Leiharbeitsverhältnis, S. 133.

sondere die CGZP mit ihren Abschlüssen eine Art Leitfunktion in Form einer „Tariflohnbremse“ für die Arbeitsbedingungen von Leiharbeitnehmern übernommen.[169]

4.3.2 Gewerkschaften und Arbeitgeberverbände in der Zeitarbeitsbranche

Nachfolgend wird ein kurzer Überblick über die einzelnen Tarifvertragsparteien in der Zeitarbeitsbranche gegeben, dabei wird insbesondere auf deren Gründung und deren Mitgliederstatus eingegangen.

4.3.2.1 Die Arbeitgeberverbände in der Leiharbeitsbranche

In Deutschland gibt es zurzeit sechs Branchenverbände für Zeitarbeitsunternehmen,[170] wobei insbesondere die drei größten unter ihnen verstärkt bei den Zeitarbeitsfirmen konkurrieren: Der BZA, der iGZ und der AMP.[171]

Den ältesten aller Arbeitgeberverbände in der Zeitarbeitsbranche stellt der BZA dar, der 1976 aus der Fusion des 1969 gegründeten Unternehmensverbands Zeitarbeit (UZA) für überwiegend im kaufmännischen Sektor tätige Leiharbeitsunternehmen mit dem 1971 entstandenen Verband Leiharbeit (VLA, nachher Bundesverband Personal-Leasing, BPL) für Unternehmen, die im technischen Sektor tätig waren, hervorging.[172] Der BZA, der von den Großunternehmen der Branche dominiert wird,[173] verfügt nach eigenen Angaben über circa 2200 Mitgliedsunternehmen.[174] Sein bisheriger Tarifvertragspartner war der DGB, mit dem er im Mai 2003 den ersten flächendeckenden Tarifvertrag abschloss.[175]

Der iGZ wurde 1998 infolge eines Versuchs der Abwehr von Beitragssteigerungen und erschwerten Herabsetzungsbedingungen in der Unfallversicherung der Verwaltungsberufsgenossenschaft gegründet.[176] Dieser Branchenverband vertritt laut eigenen Angaben die Interessen von etwa 1.300 überwiegend kleinen und mittelständischen Mitgliedsunterneh-

---

[169] *Ulber*, AÜG § 9, Rn. 71.

[170] *Düwell/Dahl*, DB 2009, 1070 (1071).

[171] *Oberste-Beulmann*, Chancen für Unternehmen und Arbeitssuchende durch eingliederungsorientierte Arbeitnehmerüberlassung, S. 32.

[172] *Oberste-Beulmann*, Chancen für Unternehmen und Arbeitssuchende durch eingliederungsorientierte Arbeitnehmerüberlassung, S. 32.

[173] *Dieterich* in: *Bieback/Dieterich/Hanau/Kocher/Schäfer*, Tarifgestützte Mindestlöhne, S. 107; so sind z.B. die großen Zeitarbeitsfirmen wie Adecco, Manpower und DIS Mitglieder im BZA.

[174] http://www.bza.de/45.html, zuletzt abgerufen am: 14.7.2009.

[175] *Weinkopf*, Mindestbedingungen für die Zeitarbeitsbranche?, S. 9.

[176] *Oberste-Beulmann*, a.a.O..

men.[177] Ebenso wie der BZA schloss auch der iGZ im Mai 2003 mit dem DGB Tarifverträge ab.[178]

Im September 2004 wurde der AMP gegründet. Dieser ging, wie bereits dargestellt wurde, aus der Fusion der beiden Verbände MVZ und einigen Mitgliedsunternehmen der INZ hervor.[179] Der erste Tarifvertragsabschluss mit seinem Tarifpartner, der CGZP, fand bereits im November 2004 statt. Laut eigenen Angaben verfügt der AMP derzeit über circa 1.100 kleine und mittelständische Mitgliedsunternehmen aus allen Sparten der Personaldienstleistung.[180]

Die drei übrigen Arbeitgeberverbände der Zeitarbeitsbranche (der UIS, die BVD und der Mercedarius e.V.) spielen aufgrund ihrer geringeren Mitgliederanzahl eine wesentlich geringere Rolle in der Zeitarbeitsbranche.[181]

4.3.2.2 Die Gewerkschaften

In der Leiharbeitsbranche existieren derzeit zwei tarifvertragsschließende Parteien auf der Seite der Leiharbeitnehmer. Eine dieser beiden Gewerkschaften ist die Tarifgemeinschaft der DGB-Gewerkschaften, in der alle acht Mitgliedsgewerkschaften des DGB vereinigt sind.[182] Diese Tarifgemeinschaft wurde zur Stärkung der Verhandlungsfähigkeit der DGB-Gewerkschaften gegenüber der Arbeitgeberseite durch den DGB gebildet.[183] Die Tarifgemeinschaft erhoffte sich dadurch, akzeptable Arbeitsbedingungen für die Leiharbeitsbranche aushandeln zu können.[184] In 2003 schloss die Tarifgemeinschaft der DGB-Gewerkschaften erstmals mit den großen Interessenverbänden der Verleiher Tarifverträge

[177] http://www.ig-zeitarbeit.de/node/31, zuletzt abgerufen am: 14.7.2009; vgl. *Dieterich* in: *Bieback/Dieterich/Hanau/Kocher/Schäfer*, a.a.O..

[178] *Weinkopf*, Mindestbedingungen für die Zeitarbeitsbranche?, S. 9.

[179] http://www.amp-info.de/Geschichte.42.0.html, zuletzt abgerufen am: 14.7.2009.

[180] http://www.amp-info.de/Geschichte.42.0.html , zuletzt abgerufen am: 14.7.2009.

[181] Z.B. gilt der BVD-Tarifvertrag lediglich für 4.000 Beschäftigte in der Zeitarbeitsbranche, wohingegen die Tarifverträge des iGZ, des BZA und der AMP mit etwa 495.000 Beschäftigten schon 80 % der Zeitarbeitsbranche abdecken; vgl. Tagesspiegel v. 5.2.2009, „Zeitarbeit soll sich lohnen"; vgl. Antrag auf Aufnahme der Arbeitnehmerüberlassung in das Arbeitnehmer-Entsendegesetz von dem BZA, dem iGZ und der DGB-Tarifgemeinschaft Zeitarbeit v. 27.3.2008, S. 4.

[182] Unter dem Dach des DGB sind folgende Einzelgewerkschaften versammelt: IG Metall (36,1%), ver.di (34,2%), IG Bergbau, Chemie, Energie (11%), IG Bauen-Agrar-Umwelt (5,3%), Gewerkschaft Erziehung und Wissenschaft (4 %), TRANSNET (3,6%), Gewerkschaft Nahrung-Genuss-Gaststätten (3,2%), Gewerkschaft der Polizei (2,6%). Vgl. http://www.dgb.de/dgb/mitgliederzahlen /mitglieder.htm, zuletzt abgerufen am 14.7.2009.

[183] *Dieterich* in: *Bieback/Dieterich/Hanau/Kocher/Schäfer*, Tarifgestützte Mindestlöhne, S. 107.

[184] *Dieterich* a.a.O.

ab.[185] Der DGB selbst, der als Dach aller acht Mitgliedsgewerkschaften agiert, existiert bereits seit Oktober 1949.[186] Seine Mitgliedsgewerkschaften verfügen über eine erhebliche Mitgliederanzahl.[187] Trotz der ernsthaften Mitgliederbasis in fast allen Wirtschaftszweigen, fehlt den DGB-Gewerkschaften dennoch gerade in der Leiharbeit eine breite Basis, die die Tarifpolitik im eigenen Interesse maßgeblich beeinflusst.[188] Nach *Schüren* kann selbst die Tatsache, dass Leiharbeitnehmer bei den DGB-Gewerkschaften in den Tarifkommissionen sitzen, eine fehlende Mitgliederbasis aus zukünftig tarifunterworfenen Arbeitnehmern nur begrenzt ersetzen, sodass eine echte Interessenvertretung der Leiharbeitnehmer bei den DGB-Gewerkschaften seiner Meinung nach als zweifelhaft angesehen werden kann.[189]

Die andere Gewerkschaft, die in der Leiharbeit Tarifverträge abschließt, ist die CGZP. Sie besteht unter dem Dach des Christlichen Gewerkschaftsbundes Deutschlands (CGB) und verfügt selbst über vier Mitgliedsgewerkschaften[190]. Zwar besitzen sie in bestimmten Bereichen wie der Metallindustrie über ihr Mitglied, der CGM, über eine hinreichende Mitgliederbasis, jedoch ist ihre Mitgliederzahl unter den Leiharbeitnehmern laut *Ulber* wenn überhaupt nur sehr begrenzt. Auch *Schüren* verneint einen ernsthaften Mitgliederbestand. Seiner Meinung nach gibt es weder unter Leiharbeitnehmern noch unter anderen Arbeitnehmern eine Mitgliederbasis, die die Tarifpolitik ernsthaft kontrollieren kann, was letztlich dazu führt, dass die Funktionsträger weitgehend „frei" agieren können und Tarifverträge entsprechend den Wünschen der Arbeitgeberseite abschließen.[191] Wie schon dargelegt,[192] sind bislang keine eindeutigen Mitgliederzahlen bekannt, sodass schon allein deswegen Zweifel an der Tariffähigkeit der Gewerkschaft aufkommen.[193]

---

[185] *Schüren*, RdA 2007, 231, (235).

[186] http://www.dgb.de/dgb/geschichte/geschichte.htm, zuletzt abgerufen am 14.7.2009.

[187] Vgl. *Schüren/Hamann*, AÜG, § 9 Rn. 115; nach eigenen Angaben des DGB verfügt dieser zum 31.12.2008 über 5.548.053 Gewerkschaftsmitglieder, vgl. die Darstellung unter: http://www.dgb.de/dgb/mitgliederzahlen/popit?dok=arbeiter2008.htm&append=auswahlformular, zuletzt abgerufen am 14.7.2009.

[188] *Schüren/Hamann*, AÜG, § 9 Rn. 115.

[189] *Schüren/Hamann*, AÜG, § 9 Rn. 115; vgl. *Schüren*, RdA 2007, 231, (235).

[190] Der CGZP gehören derzeit folgende Mitgliedsgewerkschaften an: Christliche Gewerkschaft Metall (CGM), Gewerkschaft Öffentlicher Dienst und Dienstleistungen (GÖD), Christliche Gewerkschaften Postservice und Telekommunikation (CGPT) und die DHV- Die Berufsgewerkschaft e.V. im CGB; vgl. http://www.cgb.info/cgzp.php, zuletzt abgerufen am 14.7.2009.

[191] *Schüren*, RdA 2007, 231, (235).

[192] Siehe 4.2.2.4.2..

[193] BAG v. 1.4.2009, NZA 2009, 740 (746); vgl. die ausführliche Darstellung unter 4.3.5.1..

4.3.3 Tarifverträge in der Leiharbeitsbranche

Aufgrund der Novellierung des AÜG Ende 2002 kam es, wie bereits erläutert, zu einer rasanten Tarifierungsbewegung im engen Segment der Leiharbeit. Es entstand eine Tarifvielfalt, wie sie in anderen von den DGB-Gewerkschaften bestimmten Wirtschaftszweigen bisher nicht bekannt ist.[194] Zum 30.6.2004 gaben hochgerechnet 80 % der im IAB-Betriebspanel befragten Betriebe mit knapp 90 % der Beschäftigten im Wirtschaftszweig Leiharbeit an, dass sie unter ein einschlägiges Tarifabkommen fallen. Das war weitaus häufiger als in der Gesamtwirtschaft.[195] Nach Einschätzung des iGZ ist die Zahl der Leiharbeitskräfte, die auf Basis tariflicher Vereinbarungen entlohnt werden, mittlerweile sogar auf etwa 95 % gestiegen.[196]

Zurzeit existieren für reine Leiharbeitsfirmen[197] folgende sechs Tarifverträge:[198]

- Tarifverträge zwischen dem BZA und der Tarifgemeinschaft Zeitarbeit des DGB
- Tarifverträge zwischen dem iGZ und der Tarifgemeinschaft Zeitarbeit des DGB
- Tarifverträge zwischen dem AMP und der CGZP
- Tarifverträge zwischen dem Arbeitgeberverband Mercedarius e.V. und der CGZP
- Tarifverträge zwischen der BVD und der CGZP[199]
- Tarifverträge zwischen dem UIS und der IG Bauen-Agrar –Umwelt.

Für Mischbetriebe, die neben einem anderen Betriebszweck auch Beschäftigte an andere Unternehmen überlassen, bestehen oftmals nur regionale Zusatzverträge zum AÜG.[200] Neben diesen und den sechs Branchentarifverträgen gibt es zudem noch diverse Haustarif-

---

[194] *Guenoub*, Equal Pay und Equal Treatment im Leiharbeitsverhältnis, S. 133.

[195] *Möller/Walwei*, Handbuch Arbeitsmarkt 2009, S. 393; *Promberger* in: *Keller/Seifert*, Atypische Beschäftigung – Flexibilität und soziale Risiken, S. 136; Für die Gesamtwirtschaft als solche lag die Tarifbindung an Branchentarifverträge in 2007 bei 52% der Beschäftigten in Westdeutschland bzw. 33 % der Beschäftigten in Ostdeutschland, siehe hierzu: *Kohaut/Ellguth*, IAB Kurzbericht 16/2008, 1 (1).

[196] *Stolz* in: *Schwaab/Durian (Hrsg.)*, Zeitarbeit, S. 297; *Weinkopf*, Mindestbedingungen für die Zeitarbeitsbranche?, S. 7 f.; *Antoni/Jahn*, IAB-Kurzbericht Nr. 14/2006, 1 (3).

[197] D.h. ohne Mischbetriebe, die neben einem anderen Betriebszweck auch Beschäftigte an andere Unternehmen überlassen.

[198] *Düwell/Dahl*, DB 2009, 1070 (1071).

[199] Der Tarifvertrag zwischen der BVD und der CGZP ist auch unter dem Namen B.O.L.E.R.O. bekannt.

[200] Z.B. existieren in Baden-Württemberg Zusatzverträge zum AÜG zwischen dem Handwerk Metallbau und Feinwerktechnik sowie der IG Metall oder zwischen Südwestmetall und der IG Metall.

verträge, die zwischen Zeitarbeitsunternehmen und ihren Tarifpartnern geschlossen wurden. Nach eigenen Angaben hatte die CGZP allein etwa 200 Haustarifverträge mit Leiharbeitsunternehmen vereinbart.[201] Heute haben die Haustarifverträge jedoch zahlenmäßig eine nicht mehr so große Relevanz[202], da sich die CGZP laut *Schröder* von der Mehrzahl der Haustarifvertragspartner bis August 2008 trennen wollte.[203] Ende August 2008 gab es laut des AMP-Hauptgeschäftsführers *Hetz* nur noch 46 Haustarifverträge in der Leiharbeitsbranche.[204]

Abbildung 5: Tarifverträge zwischen Leiharbeitsorganisationen und Gewerkschaften (Eigenerstellung)

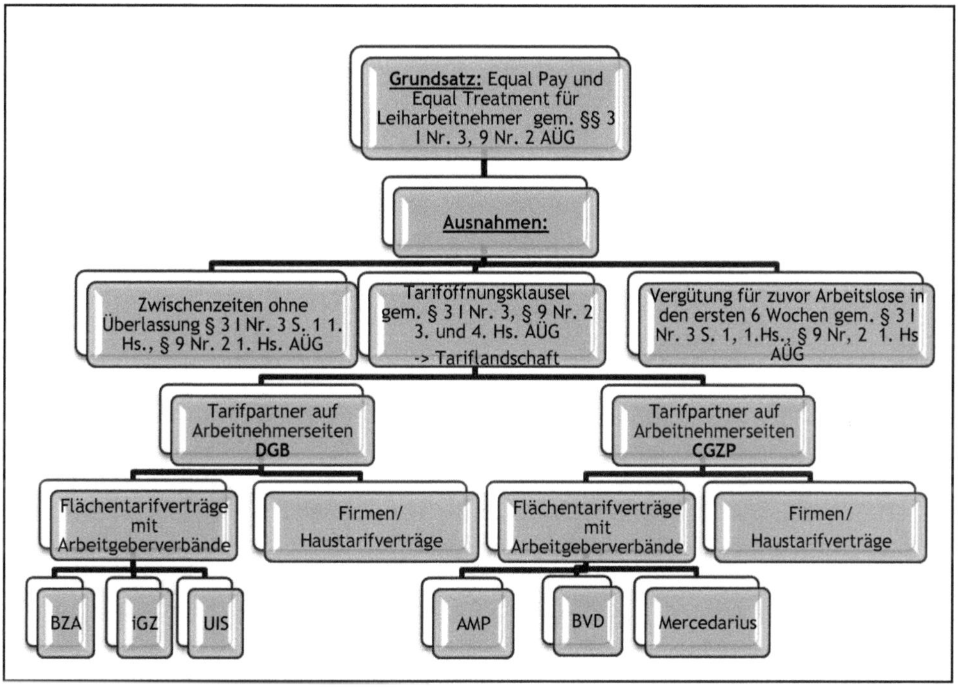

[201] *Dauser* in: *Schwaab/Durian (Hrsg.)*, Zeitarbeit, S. 189; vgl. *Weinkopf/Vanselow*, (Fehl-) Entwicklungen in der Zeitarbeit?, S. 13.

[202] *Weinkopf*, Mindestbedingungen für die Zeitarbeitsbranche?, S. 14.

[203] *Schröder*, Zeitarbeit, S. 124.

[204] Handelsblatt v. 28.10.2008, „Verdi und Berliner Senat klagen gegen Tarifkonkurrenz: Machtkampf in der Zeitarbeit eskaliert“.

4.3.4 Vergleich einzelner Tarifverträge

Im Folgenden werden einzelne Tarifvertragswerke näher untersucht. Dabei soll nur ein Vergleich der Entgelt- und Entgeltrahmentarifverträge der drei größten Arbeitgeberverbände, BZA, iGZ und AMP, erfolgen. Unter ihre Tarifverträge fällt die Mehrzahl aller beschäftigten Leiharbeitnehmer. Laut eigenen Angaben sind rund 2/3 aller Beschäftigten der Leiharbeitsbranche in Betrieben beschäftigt, die Mitglieder des BZA bzw. des iGZ sind. Zusammen mit der AMP wurde die Tarifbindung für 2007 auf etwa 80 % geschätzt.[205]

4.3.4.1 Analyse der Entgeltrahmentarifverträge

Im Folgenden werden die Entgeltrahmentarifverträge[206] der drei großen Tarifvertragsgruppen in der Zeitarbeit BZA/DGB, iGZ/DGB und AMP/CGZP näher erläutert. Es werden zunächst die verschiedenen Entgeltgruppen dargestellt und im Anschluss daran wird auf die einsatzbezogenen Zulagen eingegangen.

4.3.4.1.1 Entgeltgruppen

Alle Entgeltrahmenabkommen und Entgelttarifverträge sehen eine Differenzierung nach Tätigkeiten und Qualifikation in neun Entgeltgruppen vor.[207] Diesen Gruppen wird im Entgelttarifvertrag ein entsprechendes Entgelt zugeordnet. Die Entgeltgruppen beginnen zunächst mit den geringsten Anforderungen an fachlicher Qualifikation, Ausbildungs- und Berufserfahrung. Je höher die studentische oder berufliche Qualifikation einer Person ist, desto höher ist auch seine Entgeltgruppe. Die nachfolgende Tabelle 3 stellt einen Überblick über die jeweiligen Anforderungen dar, die erfüllt sein müssen, damit ein Beschäftigter einer jeweiligen Entgeltgruppe zugeordnet werden kann.

Aus der Tabelle kann man erkennen, dass neben den neun Entgeltgruppen auch eine sogenannte Entgeltgruppe M im Tarifvertrag des BZA und des iGZ existiert. Diese umfasst Tätigkeiten, die keinerlei Anlernzeit benötigen. Die Entgeltgruppe M wurde nachträglich eingeführt und sollte ein Mindestentgelt für die Leiharbeitnehmer darstellen, welches nur dann in Kraft treten sollte, wenn der „Tarifvertrag zur Regelung von Mindestarbeitsbedingungen in der Zeitarbeit“ in Form der Rechtsverordnung nach dem Arbeitnehmer-

---

[205] Antrag auf Aufnahme der Arbeitnehmerüberlassung in das Arbeitnehmer-Entsendegesetz von dem BZA, dem iGZ und der DGB-Tarifgemeinschaft Zeitarbeit v. 27.3.2008, S. 4; http://www.bza.de/fileadmin/bilder/2008/03/iGZ-BZA-DGB-Antrag-ML.pdf., zuletzt abgerufen am 14.7.2009.

[206] AMP/CGZP-Entgeltrahmentarifvertrag, http://www.amp-info.de/fileadmin/user_upload/ Tarifvertraege/Entgeltrahmentarifvertrag_090708.pdf, zuletzt abgerufen am 19.8.2009; Tarifverträge Zeitarbeit des BZA und der DGB-Tarifgemeinschaft, http://www.bza.de/fileadmin /bilder/2007/03/Tarifvertraege_BZA_Stand_300506.pdf, zuletzt abgerufen am 19.8.2009; iGZ/DGB-Tarifwerk für die Zeitarbeitsbranche, http://www.ig-zeitarbeit.de/system/files/iGZ-Tarifvertrag-neu.pdf, zuletzt abgerufen am 19.8.2009.

[207] *Promberger*, Leiharbeit im Betrieb, S. 49.

Entsendegesetz wirksam werden würde. Dieser lief jedoch bereits am 31.12.2008 ohne Nachwirkung aus, sodass abzuwarten bleibt, ob und gegebenenfalls wann ein solcher Tarifvertrag neu vereinbart wird.

Tabelle 3: Übersicht über die Entgeltgruppen der wichtigsten Tarifverträge und die ihnen entsprechenden Qualifikationsprofile (Eigenerstellung)[208]

<table>
<tr><th rowspan="2">EG</th><th colspan="3">Entgeltrahmentarifverträge zwischen...</th></tr>
<tr><th>BZA/DGB</th><th>iGZ/DGB</th><th>AMP/CGZP</th></tr>
<tr><td>M</td><td colspan="2">Tätigkeiten ohne Anlernzeit</td><td>-</td></tr>
<tr><td>1</td><td colspan="3">einfache gleich bleibende Tätigkeiten mit kurzer Einweisung oder Anlernzeit</td></tr>
<tr><td>2</td><td>Tätigkeiten mit erhöhter Anlernzeit & Einarbeitung</td><td colspan="2">Einfache Tätigkeiten mit Einarbeitung oder fachspezifische Qualifikation mit Berufserfahrung/ berufl. Grundkenntnissen</td></tr>
<tr><td>3</td><td>Berufsausbildung oder mehrjährige Berufserfahrung</td><td>2-jährige Berufsausbildung; fachspezifische Qualifikation & mehrjähriger Berufserfahrung</td><td>grundsätzlich erforderliche Berufserfahrung/ausbildung</td></tr>
<tr><td>4</td><td>3-jährige Berufsausbildung & mehrjährige Berufserfahrung</td><td>3-jährige Berufsausbildung & aktuelle Arbeitskenntnisse</td><td>einschlägige Berufsausbildung</td></tr>
<tr><td>5</td><td colspan="2">3-jährige Ausbildung, Spezialkenntnisse, langjährige & fachspezifische Berufserfahrung</td><td>mehrjährige Berufserfahrung, einschlägige Ausbildung</td></tr>
<tr><td>6</td><td>Meistertitel oder Technikerausbildung</td><td>zusätzlich zu EG 5 spezielle Qualifikationsmaßnahmen</td><td>Meister- oder Fachschulausbildung</td></tr>
<tr><td>7</td><td>mehrjährige, fachspezifische Berufserfahrung, Meistertitel oder Technikerabschluss</td><td>Meister-, Fachschul-, Fachhochschulausbildung</td><td>Qualifiziertes Hochschulstudium oder schwierige, verantwortungsvolle, selbständige Tätigkeiten</td></tr>
<tr><td>8</td><td>Fachhochschulstudium</td><td>Fachhochschulstudium, mehrjährige Berufserfahrung oder Hochschulstudium</td><td>Qualifiziertes Hochschulstudium mit geringer Berufserfahrung</td></tr>
<tr><td>9</td><td>Hochschulabschluss oder Fachhochschulabschluss mit mehrjähriger Berufserfahrung</td><td colspan="2">Hochschulabschluss mit mehrjähriger fachspezifische Berufserfahrung</td></tr>
</table>

[208] Punkt 3 des AMP/ CGZP-Entgeltrahmentarifvertrages, § 3 des iGZ/DGB-Entgeltrahmentarifvertrages, § 3 des BZA/DGB-Entgeltrahmentarifvertrages Zeitarbeit.

Nach der Beschreibung der einzelnen Entgeltgruppen stellt sich die Frage, wie die 526.000[209] (Stand: Juni 2009) Beschäftigten in der Leiharbeitsbranche auf diese neun Entgeltgruppen aufzuteilen sind. Betrachtet man die Qualifikationsniveaus der Beschäftigten in der Zeitarbeitsbranche, so erkennt man, dass die Mehrheit der Leiharbeitnehmer (knapp über 80 %) einen Hauptschulabschluss, die mittlere Reife oder einen gleichwertigen Abschluss besitzen. Personen mit Fachhochschulreife oder Abitur sind mit einem Anteil von etwa 16 % ebenfalls unter den Leiharbeitnehmern zu finden. Beschäftigte ohne einen allgemeinen Schulabschluss sind nur in Höhe von 3 % vertreten.

Abbildung 6: Allgemeiner Schulabschluss der Leiharbeiter und Erwerbstätige in Gesamtdeutschland 2006[210]

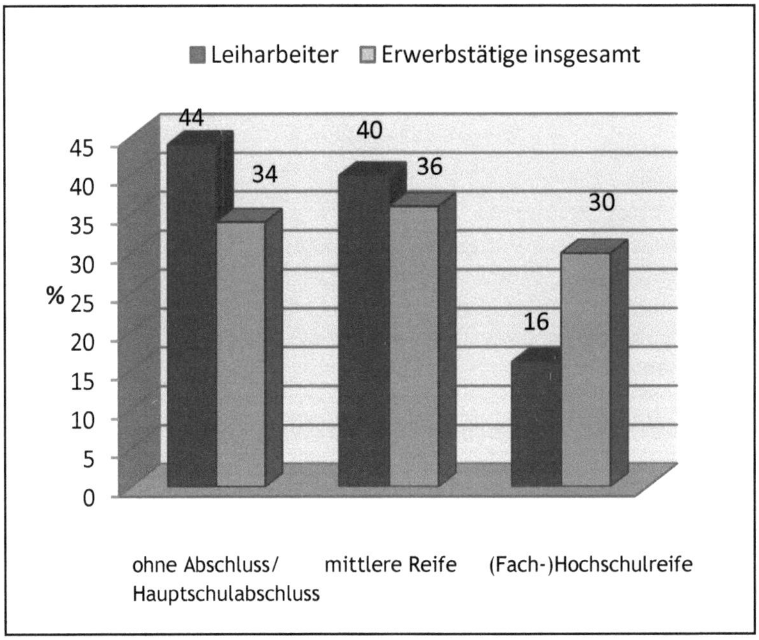

Eine Untergliederung nach Berufsabschlüssen ergibt, dass vor allem Personen mit abgeschlossener Berufsausbildung als Leiharbeitnehmer beschäftigt werden (53,3%). Lediglich 2,9 % der Zeitarbeitnehmer verfügen dagegen sogar über einen (Fach-)Hochschulabschluss. Immerhin ein Anteil von knapp über 28 % der in Zeitarbeitsunternehmen Beschäftigten besitzen keinen Berufsabschluss. Der Vergleich zu den Erwerbstätigen insgesamt zeigt,

[209] Siehe 2..

[210] Puch, Statistischen Bundesamt Deutschland, Zeitarbeit: Ergebnisse des Mikrozensus, S. 3.

dass Leiharbeitnehmer im Durchschnitt eher geringere schulische und berufliche Qualifikationen aufweisen. Bei den allgemeinen Schulabschlüssen ist erkennbar, dass der Anteil der Leiharbeitnehmer mit Abitur oder Fachhochschulabschluss um beinahe die Hälfte niedriger ist, als der Anteil der (Fach-) Hochschulabsolventen an allen Erwerbstätigen. Um ca. 10 %-Punkte höher ist auch der Anteil an Personen, die keinen allgemeinen Schulabschluss oder lediglich einen Hauptschulabschluss besitzen. Zudem sind Personen ohne Berufsabschluss unter den Leiharbeitnehmern deutlich überrepräsentiert, wohingegen Personen mit höheren beruflichen Bildungsabschlüssen klar unterrepräsentiert sind.

Abbildung 7: Berufsabschluss der Leiharbeiter und Erwerbstätige in Gesamtdeutschland 2007 (Stichtag: 30.9)[211]

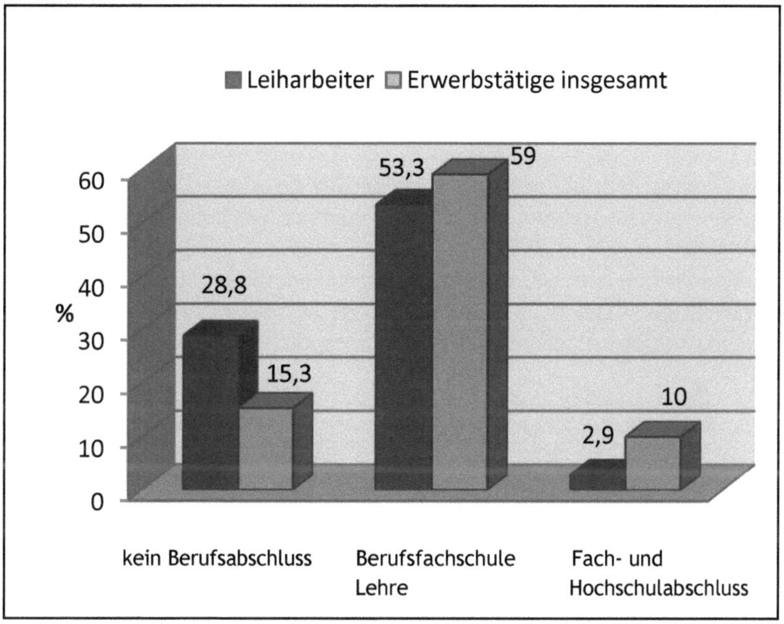

Im Zusammenhang mit der Einordnung in Tarifentgeltgruppen muss zudem berücksichtigt werden, dass ein Leiharbeitnehmer kein verbrieftes Anrecht darauf hat, derjenigen Entgeltgruppe zugeordnet zu werden, die seinem Qualifikationsprofil entspricht. Vielmehr erfolgt eine Einordnung auf der Grundlage der aktuellen Anforderungsprofile der Personal nachfragenden Kundenunternehmen.[212] Die zu Beginn der Zusammenarbeit zwischen Personaldienstleister und Leiharbeitnehmer festgelegte Entgeltgruppe spiegelt demnach nur seine

---

[211] Beschäftigungsstatistik der Bundesagentur für Arbeit, vgl. Ministerium für Arbeit, Gesundheit und Soziales des Landes NRW, Zeitarbeit in Nordrhein-Westfalen, S. 37.

[212] *Schröder*, Zeitarbeit, S. 67.

aktuellen Einsatzmöglichkeiten in den Kundenbetrieben des Verleihers wider und hängt damit von der Zukunftsprognose des Personaldisponenten ab.[213] Vor diesem Hintergrund scheint der Anteil an Hilfstätigkeiten in der Leiharbeitsbranche aussagekräftiger zu sein als die Angaben zur Qualifikation der Leiharbeitnehmer, da auch qualifizierte Leiharbeitnehmer als Hilfskräfte eingesetzt und dementsprechend gemäß einer untersten Entgeltgruppe bezahlt werden können. Aus der untenstehenden Tabelle lässt sich ablesen, dass der Anteil der Helfer in der Leiharbeitsbranche in den letzten Jahren annähernd bei über 30 % lag.

Tabelle 4: Anzahl und Anteil der Helfer an allen Leiharbeitnehmern[214]

	2004	2005	2006	2007
Leiharbeitnehmer insgesamt	399.789	453.389	598.284	731.152
davon Helfer	128.664	145.730	202.131	250.653
Anteil Helfer	32,2 %	32,1 %	33,8 %	34,3 %

Das Ergebnis der Untersuchung zeigt, dass es in der Zeitarbeitsbranche im überdurchschnittlichen Maße zu einer Beschäftigung von gering- bis mittelqualifizierten Arbeitnehmern kommt. Folglich wäre die Mehrheit der Zeitarbeitnehmer den ersteren Entgeltgruppen zuzuordnen. Zu erwähnen sei hier auch die vom DGB in diesem Zusammenhang des Öfteren vorgebrachte Problematik der fehlerhaften Eingruppierung von Leiharbeitnehmern. Danach werden Beschäftigte vielfach als Helfer eingestuft, obwohl die Voraussetzungen für eine höhere Einstufung vorliegen, wodurch der Arbeitgeber letztlich zusätzliche Lohnkosten einspart.[215]

Vergleicht man des Weiteren die Entgeltgruppen in den Tarifverträgen der drei größten Arbeitgeberverbände, so lässt sich festhalten, dass bis inklusive zur Entgeltgruppe 5 die Anforderungen für das Erreichen einer höheren Entgeltgruppe am geringsten im Entgeltrahmentarifvertrag der AMP/CGZP-Tarifvertragsgruppe geregelt sind. Der iGZ/DGB-Entgeltrahmentarifvertrag enthält, wenn auch nur unwesentlich, die höchsten Anforderungen. Einschränkend muss jedoch erwähnt werden, dass ein reiner Vergleich der neun Entgeltgruppen nur dann eine Aussagefähigkeit besitzen kann, wenn alle Entgeltgruppen auch das gleiche Entgelt den Personen zuordnen. Im späteren Verlauf der Ausfertigung werden die Entgelttarifverträge der drei großen Tarifvertragsgruppen der Leiharbeitsbranche analysiert. Dabei wird erkennbar werden, dass jeder Entgeltgruppe eine andere Entgelthöhe zugeordnet wird, je nachdem welche Tarifvertragsgruppe diesen ausgehandelt hat. Das bedeu-

---

[213] *Schröder*, Zeitarbeit, S. 68.

[214] *Dörre/Holst/Thieme*, Leiharbeit in Thüringen, S. 12.

[215] Stellungnahme des Deutschen Gewerkschaftsbundes (DGB) zum geplanten Elften Leiharbeitsbericht der Bundesregierung v. 30.01.2009, S. 10.

tet aber, dass eine Betrachtung der Entgeltgruppen immer nur mit dem dazugehörigen Entgelt sinnvoll ist und ein aussagefähiges Ergebnis liefert.

4.3.4.1.2 Einsatzbezogene Zulagen

Einsatzbezogene Zulagen sind lediglich in den Tarifverträgen der Tarifgemeinschaft Zeitarbeit des DGB vorgesehen. Sie sind im Entgelttarifvertrag des BZA mit der DGB-Tarifgemeinschaft Zeitarbeit und im iGZ/DGB-Entgeltrahmentarifvertrag geregelt. Dabei legen die Vereinbarungen zwischen dem BZA und der Tarifgemeinschaft der DGB-Gewerkschaften fest, dass bei einem ununterbrochenen Einsatz des Zeitarbeitnehmers bei dem gleichen Kunden ein einsatzbezogener Zuschlag zu zahlen ist und zwar in Höhe von 1,5 % nach Ablauf von neun Monaten sowie in Höhe von 3 % nach Ablauf eines Jahres. Laut des iGZ/DGB-Entgeltrahmentarifvertrages wird nach Ablauf von neun Kalendermonaten ununterbrochener Überlassungsdauer an demselben Kundenbetrieb auch hier eine einsatzbezogene Zulage gewährt, wobei diese für die Entgeltgruppen M bis 4 genau 0,20 € pro Stunde sowie für die Entgeltgruppen 5 bis 9 genau 0,35 € pro Stunde beträgt. Des Weiteren muss das Arbeitsverhältnis des Leiharbeitnehmers zumindest vierzehn Kalendermonate ununterbrochen bestanden haben.

Grundsätzlich stellen Zulagen für den Beschäftigten eine attraktive Zusatzvergütung zum normalen Entgelt dar. Jedoch muss dieser Vorteil des Leiharbeitnehmers insofern relativiert werden, als dass der Anspruch auf Zulagengewährung aufgrund der weit überdurchschnittlich kurzen Einsatzdauer von Leiharbeitnehmern in den Entleihbetrieben nur selten erfüllt wird. Nach der Abbildung 9 dauern etwa 56 % der Einsätze in den gleichen Entleihbetrieben maximal 6 Wochen. Außerdem dauern nur 4,5 % der Einsätze mehr als 52 Wochen in dem gleichen Einsatzbetrieb. Daraus wird ersichtlich, dass eine nach den beiden Tarifverträgen erforderliche Mindestüberlassungsdauer von neun ununterbrochenen Monaten von den Beschäftigten eher in der Minderzahl der Fälle erreicht werden kann.

Abbildung 8: Einsatzdauer im Entleihbetrieb[216]

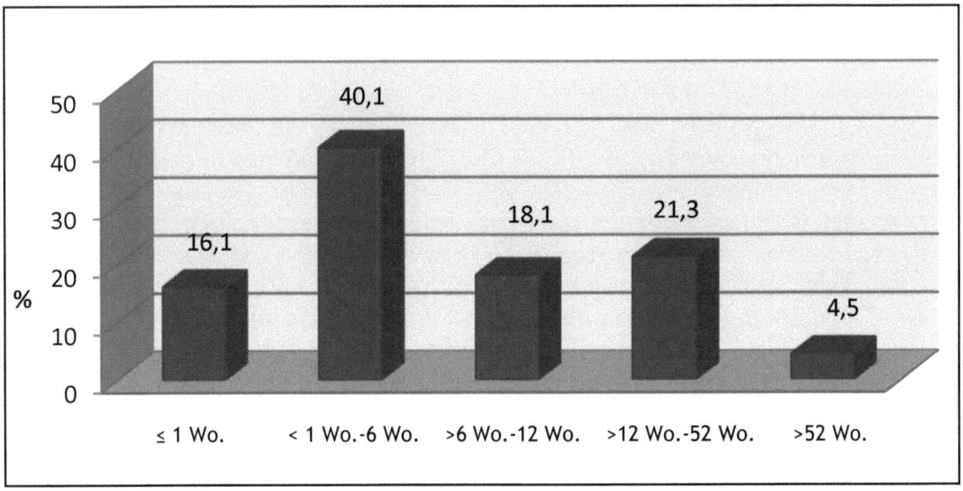

Darüber hinaus fordert der iGZ/DGB-Entgeltrahmentarifvertrag, wie schon erwähnt, das Bestehen eines vierzehnmonatigen Arbeitsverhältnisses zwischen dem Leiharbeitnehmer und dem Verleihbetrieb. Eine Auszahlung der Zulage kommt hier somit noch seltener vor als dies nach dem Entgelttarifvertrag der BZA mit dem DGB der Fall wäre. In diesem Zusammenhang muss insbesondere die hohe Fluktuationsrate der Beschäftigten in der Leiharbeitsbranche berücksichtigt werden. Der Beschäftigungsumschlag ist in dieser Branche laut Angabe des DGB etwa achtmal höher als in der Gesamtwirtschaft.[217] Wie aus der Abbildung ersichtlich ist, waren im 1. Halbjahr 2008 insgesamt 53,1 % der Zeitarbeitnehmer weniger als drei Monate im Verleiherbetrieb beschäftigt. Dabei befinden sich in der Regel nur 13 % der Beschäftigten in der Leiharbeitsbranche ein Jahr oder länger in einem Arbeitsverhältnis.

---

[216] IAB-Betriebspanel 2003, vgl. *Promberger*, Leiharbeit im Betrieb, S. 62, 63.

[217] *Adamy*, AiB 2009, 69 (78); (Stellungnahme des Deutschen Gewerkschaftsbundes (DGB) zum geplanten Elften Leiharbeitsbericht der Bundesregierung v. 30.01.2009, S. 9.

Abbildung 9: Beschäftigungsdauer der Zeitarbeitnehmer im Verleiherbetrieb (1. Halbjahr 2008)[218]

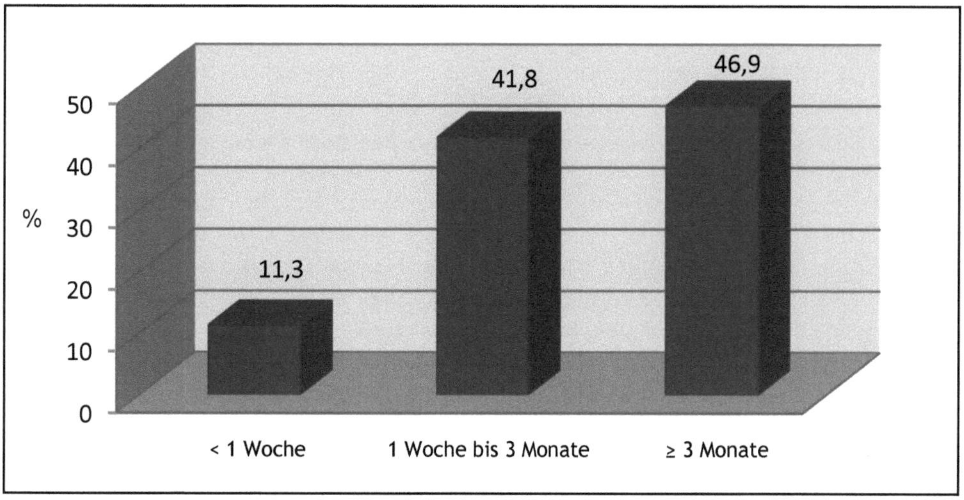

4.3.4.2 Analyse der Entgelttarifverträge

Nachfolgend werden die Entgeltregelungen in den Entgelttarifverträgen[219] der drei großen Tarifvertragsgruppen der Zeitarbeitsbranche näher erläutert. Dabei soll neben einer Darstellung der generellen Unterschiede in den Entgeltvereinbarungen der iGZ/DGB-, der BZA/DGB- sowie der AMP/CGZP-Tarifvertragsgruppen (4.3.4.2.1.) auch die Analyse der Einstiegstarife vorgenommen werden (4.3.4.2.2.).

4.3.4.2.1 Entgelttarife im Vergleich

Wie bereits angesprochen, kann ein Vergleich der Entgeltgruppen nur mit den dazugehörigen Entgelten aussagekräftig sein, wobei die jeweiligen Anforderungen der Entgeltgruppen, die erfüllt sein müssen, zu berücksichtigen sind. Hinsichtlich der Entlohnung ergeben sich

---

[218] Graphik erstellt nach der Statistik der Bundesagentur für Arbeit, Arbeitsmarkt in Zahlen, Arbeitnehmerüberlassung, 1. Halbjahr 2008, Tabelle 4.

[219] AMP/CGZP-Entgelttarifvertrag (Ost), http://www.amp-info.de/fileadmin/user_upload/ Tarifvertraege/ Entgelttarifvertrag_Ost_090708.pdf, zuletzt abgerufen am 19.8.2009; AMP/CGZP-Entgelttarifvertrag (West), http://www.amp-info.de/fileadmin/user_upload /Tarifvertraege/ Entgelttarifvertrag_West_090708.pdf, zuletzt abgerufen am 19.8.2009; Tarifverträge Zeitarbeit des BZA und der DGB-Tarifgemeinschaft, http://www.bza.de/fileadmin /bilder/2007/03/ Tarifvertraege_BZA_Stand_300506.pdf, zuletzt abgerufen am 19.8.2009; iGZ/DGB-Tarifwerk für die Zeitarbeitsbranche, http://www.ig-zeitarbeit.de/system/files/iGZ-Tarifvertrag-neu.pdf, zuletzt abgerufen am 19.8.2009.

Differenzen, zum Teil orientiert an die Dauer des Beschäftigungsverhältnisses, in allen Verträgen räumlich zwischen Ost- und Westdeutschland.[220]

Die folgende Tabelle zeigt die drei Tarifvertragsgruppen und ihre Entgeltstrukturen für Westdeutschland. Der iGZ-Tarifvertrag sieht zunächst für alle Entgeltgruppen eine Eingangsstufe vor. Die Stundenentgelte reichen (ohne Entgeltgruppe M) von 7,51 € bis 17,38 € beim Tarifvertrag der iGZ/DGB-Tarifgemeinschaft. Dieser Stundenlohn kann bei Vorliegen der oben genannten Voraussetzungen durch eine einsatzbezogene Zulage in Höhe von 0,20 € pro Stunde (EG: M–4) bzw. 0,35 € pro Stunde (EG: 5–9) erhöht werden. Die Stundenlöhne beim Tarifvertrag der BZA/DGB-Tarifgemeinschaft reichen (ohne Entgeltgruppe M) von 7,38 € bis 16,69 €. Auch der BZA/DGB-Entgelttarifvertrag sieht, wie erwähnt, die Möglichkeit vor, das Stundenentgelt durch eine einsatzbezogene Zulage zu erhöhen. Demgegenüber weist der AMP/CGZP-Entgelttarifvertrag eine andere Entgeltstruktur auf: Er sieht grundsätzlich Stundensätze zwischen 7,21 € und 16,23 € vor, wobei er die Gewährung einer einsatzbezogene Zulage nicht vorsieht. Stattdessen enthält dieser Tarifvertrag für den Arbeitgeber sogar die Möglichkeit, das Entgelt während der Probe- und Einarbeitungszeit herabzusenken. Innerhalb der ersten sechs Beschäftigungsmonate kann das Entgelt des Zeitarbeitnehmers um 9,5 % gesenkt werden. Ab dem 1.7.2009 gilt diese Absenkungsmöglichkeit für die ersten drei Entgeltgruppen jedoch nur innerhalb der ersten vier Beschäftigungsmonate. Unter Berücksichtigung dieser Absenkungsmöglichkeit liegen die Stundensätze zwischen 6,53 € und 14,69 € bzw. ab dem 1.7.2009 zwischen 6,65 € und 14,98 €.

Tabelle 5: Stundenentgelte der Tarifverträge in der Zeitarbeit (West)

West	iGZ/DGB	BZA/DGB	AMP/CGZP (1.7.2008 - 30.6.2009)		AMP/CGZP (1.7.2009 -30.6.2010)	
EG			1 - 6 Monate	ab 7. Monat	in den ersten 4/6 Monaten[108]	ab dem 5./7. Monat
M	7,31 €	7,31 €				
1	7,51 €	7,38 €	6,53 €	7,21 €	6,65 €	7,35 €
2	7,73 €	7,81 €	7,05 €	7,79 €	7,19 €	7,95 €
3	8,48 €	9,37 €	7,65 €	8,45 €	7,80 €	8,62 €
4	9,52 €	9,91 €	8,21 €	9,07 €	8,37 €	9,25 €
5	10,80 €	11,20 €	9,80 €	10,83 €	10,00 €	11,05 €
6	12,09 €	12,38 €	11,08 €	12,24 €	11,29 €	12,48 €
7	13,36 €	13,46 €	12,92 €	14,28 €	13,19 €	14,57 €
8	14,63 €	14,54 €	13,90 €	15,36 €	14,18 €	15,67 €
9	17,38 €	16,69 €	14,69 €	16,23 €	14,98 €	16,55 €

220 *Promberger*, Leiharbeit im Betrieb, S. 48.

Ein ähnliches Bild ergibt sich bei der Betrachtung der Entgeltstrukturen für Ostdeutschland, wobei die Entgelttarife hier insgesamt etwas niedriger liegen. Auch hier sehen die BZA- und iGZ-Entgelttarifverträge unter bestimmten Voraussetzungen einsatzbezogene Zulagen vor. Für den AMP-Entgelttarifvertrag für die neuen Bundesländer inklusive Berlin gilt auch weiterhin die 9,5%ige Absenkungsmöglichkeit des Entgeltes in den ersten Beschäftigungsmonaten. Dabei wurde aber zusätzlich eine Beschränkung der Absenkung eingeführt. Ab dem 1. Juli 2008 war eine Absenkung für die Entgeltgruppe 1 lediglich auf ein Mindestentgelt von 5,87 € zulässig. Seit Anfang 2009 ist dagegen eine Absenkung der Entgelte in der Entgeltgruppe 1 auf maximal 6 €, in der Entgeltgruppe 2 auf maximal 6,13 € und in der Entgeltgruppe 3 auf maximal 6,47 € zulässig.

Tabelle 6: Stundenentgelte der Tarifverträge in der Zeitarbeit (Ost)

Ost	iGZ/DGB	BZA/DGB	AMP/CGZP (1.7.2008 - 30.6.2009)		AMP/CGZP (1.7.2009 -30.6.2010)	
EG			in den ersten 6 Monaten	ab dem 7. Monat	in den ersten 4/6 Monaten[221]	ab dem 5./7. Monat
M	6,36 €	6,36 €				
1	6,50 €	6,42 €	5,87 €[222]	6,00 €	6,00 €	6,15 €
2	6,69 €	6,79 €	6,13 €	6,61 €	6,14 €	6,78 €
3	7,34 €	8,15 €	6,47 €	6,97 €	6,47 €	7,14 €
4	8,23 €	8,62 €	7,19 €	7,94 €	7,37 €	8,14 €
5	9,34 €	9,74 €	7,98 €	8,82 €	8,18 €	9,04 €
6	10,46 €	10,77 €	8,62 €	9,53 €	8,84 €	9,77 €
7	11,56 €	11,71 €	9,41 €	10,40 €	9,65 €	10,66 €
8	12,65 €	12,65 €	10,37 €	11,46 €	10,63 €	11,75 €
9	15,03 €	14,52 €	11,25 €	12,43 €	11,53 €	12,74 €

Nachfolgend wird beispielhaft das tarifliche Monatsentgelt eines Jungfacharbeiters und eines einfachen Hilfsarbeiters in und außerhalb der Zeitarbeitsbranche dargestellt werden. Bei den folgenden Entgeltvergleichen ist insgesamt zu berücksichtigen, dass es sich um einen Vergleich der Grundentgelte handelt, sodass leistungsbezogene sowie andere zusätzliche Entgeltbestandteile dabei außen vor bleiben.

[221] Ab dem 1. Juli 2009 kann das Entgelt in den Entgeltgruppen 1 – 3 innerhalb der ersten vier Beschäftigungsmonate um 9,5% gesenkt werden. In den übrigen Entgeltgruppen besteht die Absenkungsmöglichkeit innerhalb der ersten sechs Beschäftigungsmonate.

[222] Ab 1.1.2009: 6,00 €.

Abbildung 10: Vergleich tariflicher Monatsentgelte bei einfacher Hilfstätigkeit[223]

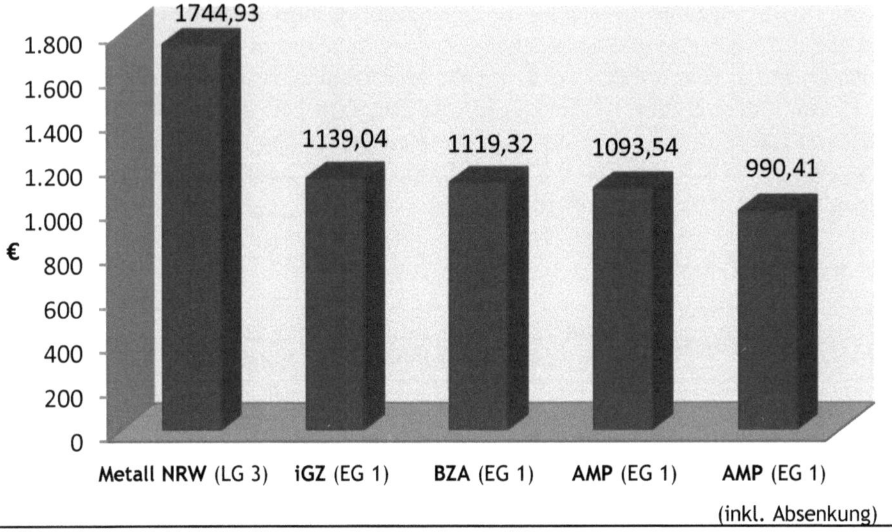

Für einfache Tätigkeiten, die keine vorherigen Arbeitskenntnisse und nur eine kurze Einweisung erfordern, erhält ein Beschäftigter in der Lohngruppe 3 nach dem Lohnabkommen Metall NRW 1.744,93 € monatlich. Im Vergleich dazu erhält ein Leiharbeitnehmer, der dieselbe Tätigkeit ausführt, nach allen drei genannten Tarifverträgen stets eine geringere Vergütung, wobei der iGZ-Entgelttarif hier die geringste Differenz zu den Metall NRW Tarifen von etwa 34,7 % aufweist. Ansonsten verdienen diese Leiharbeitnehmer unter Berücksichtigung der 9,5%igen Absenkung im AMP-Entgelttarifvertrag – je nach Tarifvertrag in der Leiharbeit – zwischen 35 % und 43 % weniger als Beschäftigte, die nach dem Metall-Tarif NRW entlohnt werden.[224]

Die nachfolgende Abbildung zeigt das Entgelt eines Jungfacharbeiters, der nach einem Tarifvertrag in der Leiharbeit entlohnt wird im Vergleich zu dem Entgelt, das ein Jungfacharbeiter in einem tarifgebundenen Metallbetrieb in NRW erhält.

---

[223] Graphik erstellt auf der Grundlage von: Ministerium für Arbeit, Gesundheit und Soziales des Landes NRW, Zeitarbeit in Nordrhein-Westfalen, S. 82.

[224] Ministerium für Arbeit, Gesundheit und Soziales des Landes NRW, Zeitarbeit in Nordrhein-Westfalen, S. 82.

Abbildung 11: Vergleich tariflicher Monatsentgelte bei Jungfacharbeitern[225]

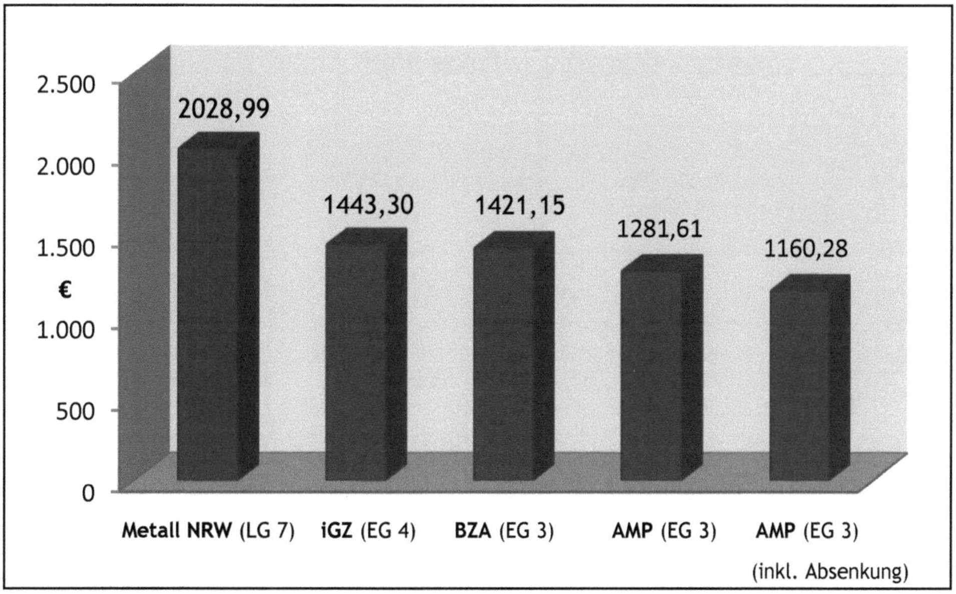

Auch hier verdient der Arbeitnehmer mit dem Metall-Tarif deutlich mehr als ein vergleichbarer Leiharbeitnehmer. In der Zeitarbeit wird die Tätigkeit eines Jungfacharbeiters mit 1.443,90 € (iGZ/DGB-Tarifgemeinschaft) bzw. mit 1.421,15 € (BZA/DGB-Tarifgemeinschaft) vergütet. Der Entgelttarifvertrag des AMP sieht sogar noch niedrigere Monatslöhne vor. Demnach verdient ein Jungfacharbeiter in der Zeitarbeitsbranche zwischen 29% und 43% weniger als ein nach dem Metall-Tarif NRW entlohnter Jungfacharbeiter. Generell gilt, dass je höher die Qualifikation eines Mitarbeiters und damit seine Entgeltgruppe ist, desto geringer sind die Gehaltsunterschiede.[226] Dennoch liegen sie etwa bei der Entgeltgruppe 9 bestenfalls bei rund einem Viertel.[227]

Die nachfolgende Tabelle soll die wesentlichen Inhalte zu den Entgeltrahmen- und Entgelttarifverträge überblicksartig zusammenfassen.

[225] Graphik erstellt auf der Grundlage von: Ministerium für Arbeit, Gesundheit und Soziales des Landes NRW, Zeitarbeit in Nordrhein-Westfalen, S. 82.

[226] *Möller/Walwei*, IAB Handbuch Arbeitsmarkt, 2009, S. 394.

[227] *Möller/Walwei*, a.a.O..

Tabelle 7: Übersicht über die wesentlichen Inhalte im Entgeltrahmen- und Entgelttarifvertrag in der Zeitarbeitsbranche

	iGZ/DGB-Tarifgemeinschaft	BZA/DGB-Tarifgemeinschaft	AMP/CGZP
Entgelt-bereiche	Aufteilung nach „Alten Bundesländern“ und „Neuen Bundesländern einschließlich Berlin“, wobei das Einsatzort-prinzip gilt	wie bei iGZ/DGB, Berlin nur einheitlich Ost-Tarif	Aufteilung nach „Alten Bundesländern“ und „Neuen Bundesländern einschließlich Berlin“; wie zuvor Sitz des Ver-leihers entscheidend
Anzahl von EG	9	9	9
Eingruppierung	aufgrund der Regeltätig-keit bei höherwertiger Tätigkeit Ausgleichszah-lung	aufgrund der Regeltätig-keit bei höherwertiger Tätigkeit Ausgleichszah-lung nach der 6. Woche	aufgrund der Regeltätig-keit bei höherwertiger Tätigkeit Ausgleichszah-lung nach der 2. Woche
Entgeltgruppen	E 1: 7,51 € (6,50 € Ost) E 9: 17,38 € (15,03 € Ost)	E 1: 7,38 € (6,42 € Ost) E 9: 16,69 € (14,52 € Ost)	E 1: 7,35 € (6,15 € Ost) E 9: 16,55 € (12,74 € Ost) Absenkung in den ersten 4/6 Monaten um 9,5 %
Zuschläge bei Dauereinsatz	9 bis 12 Monate: 1,5 % > 12 Monate: 3 %	> 9 Monate E 1 bis E 4: 0,20 €/Std. E 5 bis E 9: 0,35 €/Std.	Generalöffnungsklausel über Betriebsvereinba-rung zur Arbeitszeit, Entgelt etc.
Ecklohn	10,80 € (9,34 € Ost)	9,91 € (8,62 € Ost)	10,83 € (8,82 € Ost) bzw. ab 01.07.2009: 11,05 € (9,04 € Ost)
Laufzeit und Kündigung	Entgelttarifvertrag: bis zum 31.12.2008, künd-bar mit Frist von 6 Monaten Entgeltrahmentarifvert-rag: bis Ende 2008, kündbar mit Frist von 3 Monaten	Entgelttarifvertrag & Entgeltrahmentarifvert-rag: bis zum 31.12.2008, kündbar mit Frist von 6 Monaten	Entgelttarifvertrag Ost/ West & Entgelt-rahmentarifvertrag: bis zum 30.06.2010 kündbar mit Frist von 3 Monaten

Daraus wird ersichtlich, dass sich die Entgelttarifverträge der drei Tarifvertragsgruppen zudem auch in der Höhe und Festlegung des Ecklohns[228] unterscheiden. Ferner enthält ausschließlich der Entgelttarifvertrag der AMP mit der CGZP Regelungen über eine Ausbildungsvergütung, wie aus der Tabelle 7 abzulesen ist.

4.3.4.2.2 Analyse der Einstiegstarife in Zeitarbeitstarifverträgen

Trotz einer fast flächendeckenden Tarifierung der Branche spricht man in der Leiharbeitsbranche oftmals von einem stattfindenden Lohnunterbietungswettbewerb,[229] der dazu führt, dass insbesondere die Entgelte in den unteren Entgeltgruppen weit unterhalb des üblichen Lohnniveaus anderer Branchen liegen. Im Folgenden soll durch einen Vergleich des Niveaus der Einstiegsvergütung in der Leiharbeitsbranche mit dem sogenannten gesamtwirtschaftlichen Medianlohn gezeigt werden, dass die Entgeltgruppen vergleichsweise niedrig liegen. Der Medianlohn ist der mittlere Lohn, der die Arbeitnehmer sozusagen in zwei gleich große Gruppen teilt. Die eine Hälfte erhält weniger, die andere Hälfte mehr als den mittleren Lohn.[230] Mithilfe des Medianlohns kann das relative Lohnniveau in einer Branche im Vergleich zur Gesamtwirtschaft ermittelt werden. Die OECD benutzt diesen Wert, um die Niedriglohnschwelle zu berechnen. Löhne die sich unterhalb von zwei Dritteln des jeweiligen nationalen Medianlohnes befinden, werden als „Niedriglöhne" bezeichnet.[231] Liegt der Lohn unterhalb von 50 % des Medianlohnes, wird er sogar als „Armutslohn" eingestuft.[232]

Die nachfolgende Tabelle zeigt die Höhe der tariflichen Einstiegslöhne (Entgeltgruppe 1) in den drei großen Tarifverträgen in der Leiharbeitsbranche und stellt sie den jeweiligen Medianlöhnen gegenüber. Beim AMP/CGZP-Tarifvertrag muss zusätzlich die 9,5%ige Absenkungsklausel berücksichtigt werden, die in den ersten Beschäftigungsmonaten zur Anwendung kommt. Diese senkt den tariflichen Einstiegslohn in Westdeutschland von 7,21 € brutto auf ca. 6,53 € brutto je Stunde. Im Osten Deutschlands ist der Raum für derartige Abschläge in den unteren Entgeltgruppen begrenzter. Seit dem 1.1.2009 dürfen die Löhne der untersten Entgeltgruppe nur noch auf 6 € abgesenkt werden, wohingegen eine Absenkung zuvor bis 5,87 € möglich war.

---

[228] Der Ecklohn ist der tariflich festgelegte Stundenlohn für normale Facharbeiter (ab 21 Jahre). Aus dem Ecklohn lässt sich durch prozentuale Zu- und Abschläge der Tariflohn aller übrigen Lohngruppen der Branche berechnen; vgl. *Back/Marquard*, POLEC.Lexikon für Politik und Wirtschaft, 1967, S. 270.

[229] Vgl. *Weinkopf/Vanselow*, (Fehl-)Entwicklung in der Zeitarbeit?, S. 13.

[230] *Brenke*, Wochenbericht des DIW Berlin Nr. 6/2007, 73 (76).

[231] Vgl. *Weinkopf*, Mindestbedingungen für die Zeitarbeitsbranche?, S.10; *Jaehrling/Kalina/Vanselow/Voss-Dahm* in: *Sterkel/Schulten/Wiedemuth (Hrsg.)*, Mindestlöhne gegen Lohndumping, S. 116.

[232] *Weinkopf*, Mindestarbeitsbedingungen für die Zeitarbeitsbranche?, S.10.

Tabelle 8: Einstiegstarife in Zeitarbeitstarifverträgen 2008/2009 (brutto pro Stunde und relativ zum derzeitigen Medianlohn)[235]

Tarifvertrag zwischen	Westdeutschland		Ostdeutschland	
	Brutto pro Std.	Relation zum Medianlohn (14,17 €)	Brutto pro Std.	Relation zum Medianlohn (10,41 €)
AMP/CGZP (1.7.2008-30.6.2009) in den ersten 6 Monaten	7,21 € 6,53 €	50,9 % 46,1 %	6,00 € 5,87 €[233]	57,6 % 56,4 %
AMP/CGZP (1.7.2009-30.6.2010) in den ersten 4 Monaten	7,35 € 6,65 €	51,9 % 46,9 %	6,15 € 6,00 €	59,1 % 57,6 %
iGZ/DGB-Tarifgemeinschaft	7,51 €	53,0 %	6,50 €	62,4 %
BZA/DGB-Tarifgemeinschaft	7,38 €	52,1 %	6,42 €	61,7 %
Mindestlohntarifvertrag (BZA/iGZ/DGB-Tarifgemeinschaft)	7,31 €	51,6 %	6,36 €	61,1 %
Vorgeschlagener Mindestlohn durch vormaligen Arbeitsminister *Scholz*[234]	7,30 €	51,5 %	6,30 €	60,5 %

Berechnungen für die Einstiegslöhne in den verschiedenen Leiharbeitstarifverträgen weisen gegenübergestellt zum Medianlohn in West- als auch in Ostdeutschland ausnahmslos recht geringere Werte auf. Anhand der Tabelle erkennt man, dass alle tariflichen Einstiegsentgelte in der Leiharbeitsbranche dem Niedriglohnbereich zuzuordnen sind, denn nach der Definition der OECD darf das Bruttoentgelt nicht unterhalb von zwei Dritteln des Medianlohns liegen. Die Niedriglohnschwellen liegen nach Berechnungen auf der Basis des Sozio-oekonomischen Panels (SOEP)[236] derzeit bei 9,45 € brutto je Stunde in Westdeutschland und bei 6,94 € brutto pro Stunde in Ostdeutschland.[237] Die Tabelle zeigt, dass sich die Einstiegslöhne in Westdeutschland lediglich zwischen 46,1 % und 53 % bewegen, was laut internationalen Standards als „Armutslohn“ identifiziert wird. Demgegenüber ist das tarifli-

[233] Ab 1.1.2009: 6,00 €.

[234] Tagesspiegel v. 30.4.2009, „Koalition kann sich nicht mehr auf 7,30 € einigen“; vgl. http://www.gleichearbeit-gleichesgeld.de/leiharbeit-kampagne/aktuelles/merkel-erwartet-keine-einigung-zum-mindestlohn, zuletzt abgerufen am 11.8.2009.

[235] Graphik erstellt auf Grundlage der Angaben in den Entgelttarifverträgen der drei Tarifvertragsparteien AMP/CGZP, iGZ/DGB-Tarifgemeinschaft und BZA/DGB-Tarifgemeinschaft und auf Grundlage der Angaben zum Medianlohn nach: Pressemitteilung der Hans Böckler Stiftung v. 26.2.2009, „Leiharbeit und befristete Beschäftigte tragen besonders hohe Arbeitsmarkt-Risiken“.

[236] Repräsentative Langzeiterhebung, in welcher seit 1984 die Mitglieder privater Haushalte in Deutschland befragt werden.

[237] Pressemitteilung der Hans Böckler Stiftung v. 26.2.2009, „Leiharbeit und befristete Beschäftigte tragen besonders hohe Arbeitsmarkt-Risiken“.

che Einstiegsentgelt in Ostdeutschland mit der Höhe von 6 € bis 6,50 € vergleichsweise geringer. Jedoch ist hier das relative Niveau durchgängig viel höher (57,6 % - 62,4 %), was vor allem darauf zurückzuführen ist, dass der als Vergleichsmaßstab fungierende Medianlohn in Ostdeutschland nur etwa 73 % des westdeutschen Medianlohnwertes ausmacht. In Ostdeutschland verdienen Zeitarbeitnehmer also in der untersten Entgeltgruppe absolut betrachtet zwar etwas weniger als Zeitarbeitnehmer aus dem Westen, sie verdienen aber gleichwohl im Vergleich zum Lohnniveau in Ostdeutschland insgesamt relativ mehr.[238]

Auch ein Vergleich der vereinbarten Entgelte des ehemaligen Mindestlohntarifvertrages mit dem Medianlohn zeigt, dass selbst eine Wirkungserstreckung des Tarifvertrages zur Regelung von Mindestarbeitsbedingungen in der Zeitarbeit nur geringfügig zu einem Anstieg der Einstiegslöhne verhelfen könnte. Das gleiche Ergebnis hätte die Festlegung eines Mindestlohns im AÜG in der Höhe des letzten Vorschlags des vormaligen Bundesministers für Arbeit und Soziales, Olaf Scholz, gehabt. Beide vorgeschlagenen Stundensätze liegen sowohl absolut als auch relativ zum Medianlohn etwa auf dem Niveau der bisherigen Entgelttarifverträge. Es würden sogar gegenüber dem BZA-, und dem iGZ-Entgelttarifvertrag leichte Entgeltsenkungen verwirklicht werden, und gegenüber den AMP-Entgelttarifverträgen käme es allenfalls zu moderaten Steigungen in den Entgelten. Das im AMP/CGZP-Tarifvertrag geregelte Einstiegsentgelt, das aufgrund der Absenkungsklausel im Tarifvertrag der Christlichen Gewerkschaften in den ersten sechs bzw. vier Beschäftigungsmonaten nur reduziert ausgezahlt wird, würde sich bestenfalls um knapp 12 % (ab 1.7.2009: etwa um 9 %) in Westdeutschland und seit dem 1.1.2009 um 5% bis 6 % in Ostdeutschland erhöhen. Allerdings liegen die Einstiegslöhne in einigen anderen Tarifverträgen, die mit den Christlichen Gewerkschaften abgeschlossen wurden, teilweise noch niedriger. Dies betrifft beispielsweise das Tarifvertragswerk B.O.L.E.R.O. mit dem Arbeitgeberverband BVD und insbesondere einige Haus- sowie Konzerntarifverträge.[239]

4.3.4.3 Mindestentgelttarifvertrag des BZA und des iGZ mit der Tarifgemeinschaft Zeitarbeit des DGB

Im Zusammenhang mit der derzeitigen Diskussion über die Etablierung von Mindestlöhnen ist die von dem BZA, dem iGZ und der DGB-Tarifgemeinschaft vorgeschlagene Ausdehnung des AEntG auf die Zeitarbeitsbranche unter gleichzeitiger Erstreckung ihres soeben bereits benannten Mindestentgeltarifvertrages vom 30.5.2006 auf die Branche durch eine Rechtsverordnung gem. § 7 I AEntG n.F. von besonderer Bedeutung.[240] Hiermit sollte nach der Präambel des Tarifvertrages ein Mindestlohn zum Zwecke der Vermeidung von sozialer

---

[238] Vgl. auch die Berechnungen von *Weinkopf*, Mindestbedingungen für die Zeitarbeitsbranche?, S.10.

[239] Vgl. *Weinkopf*, Mindestbedingungen für die Zeitarbeitsbranche, 2006, S.12; Stellungnahme des Deutschen Gewerkschaftsbundes (DGB) zum geplanten Elften Leiharbeitsbericht der Bundesregierung, 30.01.2009, S. 15.

[240] *Guenoub*, Equal Pay und Equal Treatment im Leiharbeitsverhältnis, S. 135.

Verwerfung sowie von gespaltenen Arbeitsmärkten in der Leiharbeitsbranche implementiert werden. Gleichzeitig wurde in der Präambel die gemeinsame Auffassung der Tarifvertragsparteien ausgedrückt, dass der Tarifvertrag nicht dazu geeignet sei, eine Abweichung vom gesetzlichen Gleichbehandlungsgrundsatz aus den §§ 3 I Nr. 3, 9 Nr. 2 AÜG zu begründen.[241]

Der Mindestentgelttarifvertrag sah wie dargestellt zuletzt Mindestentgelte für Leiharbeitnehmer in Höhe von 7,31 € (2008) in den alten Bundesländern und 6,36 € (2008) in den neuen Bundesländern einschließlich Berlin vor. Damit lagen die für die Leiharbeit vorgesehenen Mindestlöhne nicht nur weit unter dem Lohnniveau in den Branchen des Entleihers, sondern auch weit unter den Mindestlöhnen, die bisher über das AEntG in anderen Branchen implementiert wurden.[242] Neben den Mindestentgeltsätzen und den Überstundensätzen enthielt der Mindestentgelttarifvertrag Regelungen zu der Urlaubsdauer, zum Urlaubsentgelt und zu zusätzlichem Urlaubsgeld. Nach den §§ 1, 7 des Mindestengelttarifvertrages sollte dieser aber erst dann Wirkung entfalten, wenn die Arbeitnehmerüberlassung in den sachlichen Anwendungsbereich des AEntG aufgenommen und zudem eine Rechtsverordnung nach § 1 III a AEntG a.F. erlassen werden würde. Dies war bis zum Auslaufen des Tarifvertrages am 31.12.2008 nicht geschehen.

Die Meinungen zum Mindestlohntarifvertrag sind sehr gespalten. Für einige Literaten diente dieser vorrangig als Mittel zur Verdrängung der unerwünschten Konkurrenz und weniger der Verfolgung von Arbeitnehmerinteressen.[243] Dagegen halten andere ihn für unerlässlich. In Anbetracht der zuvor erwähnten Zahlen wäre es beispielsweise für *Hanau* geradezu „widersprüchlich und gleichheitswidrig", die genannten Mindestlöhne für die Leiharbeit als überhöht von der Einbeziehung ins AEntG auszuschließen.[244]

---

[241] Diese Klausel hat teilweise für Irritationen gesorgt (vgl. *Guenoub*, Equal Pay und Equal Treatment im Leiharbeitsverhältnis, S. 137; *Thüsing/Lembke*, ZfA 2007, 87 (120)). Tatsächlich soll die Klausel klarstellen, dass nicht etwa allein die Anwendbarkeit des Mindestlohntarifvertrages ausreicht, um eine Abweichungsmöglichkeit vom Gleichbehandlungsgrundsatzes zu eröffnen. Vielmehr bedarf es hierfür zusätzlich noch der Anwendung eines weiteren tariflichen Regelungswerkes wie etwa eines der großen Flächentarifverträge.

[242] Das Bauhauptgewerbe in den alten Bundesländern sah beispielsweise schon 2003 ein Mindestentgelt von 10,36 € vor und ein Arbeitnehmer im Gebäudereinigerhandwerk verdiente 2007 zumindest 7,87 € bzw. 6,36 €; vgl. *Hanau* in: *Bieback/Dieterich/Hanau/Kocher/Schäfer*, Tarifgestützte Mindestlöhne, S. 144 f.; *Guenoub*, Equal Pay und Equal Treatment im Leiharbeitsverhältnis, S. 136.

[243] *Guenoub*, Equal Pay und Equal Treatment im Leiharbeitsverhältnis, S. 135.

[244] *Hanau* in: *Bieback/Dieterich/Hanau/Kocher/Schäfer*, Tarifgestützte Mindestlöhne, Tarifgestützte Mindestlöhne, S. 145.

4.3.5 Bedenken hinsichtlich der Wirksamkeit der Verträge

Fraglich ist, ob die dargestellten Tarifwerke formell wirksam sind und materielle Wirkung entfalten.

4.3.5.1 Verträge der CGZP

Hinsichtlich der Wirksamkeit der seitens der CGZP abgeschlossenen Tarifverträge wurden in Wissenschaft, Presse und Politik von Beginn an Bedenken geäußert. Hintergrund der Bedenken ist, dass ein Tarifvertrag dann nichtig ist, wenn eine der beteiligten Tarifparteien nicht als tariffähig angesehen werden kann.[245] Gleiches gilt, wenn einer der Beteiligten die Tarifzuständigkeit fehlt.[246]

4.3.5.1.1 Folgen der Einordnung der CGZP als Spitzenorganisation

Um die Frage der Tariffähigkeit und Tarifzuständigkeit der CGZP zu beantworten, bedarf es zunächst einer Auseinandersetzung mit der Frage, inwiefern auf die CGZP selbst und inwiefern auf die Mitgliedsorganisationen abgestellt werden muss. In der CGZP haben sich die Christliche Gewerkschaft Metall (CGM), die Gewerkschaft Öffentlicher Dienst und Dienstleistungen (GÖD), die Christliche Gewerkschaft Postservice und Telekommunikation (CGPT) sowie die „Die Berufsgewerkschaft e.V. im CGB" (DHV) vereinigt. In der von Vertretern sämtlicher benannter Organisationen unterzeichneten Satzung der CGZP heißt es unter § 1:

> „Die Tarifgemeinschaft vertritt die tariflichen Interessen ihrer Mitgliedsgewerkschaften als Spitzenorganisation nach § 2 III TVG und schließt für deren Mitglieder Tarifverträge ab (…)"[247]

Weiter heißt es in § 7 der Satzung:

> „Tarifvertragsschließende Partei in der Zeitarbeit kann nur die Tarifgemeinschaft Christlicher Gewerkschaften für Zeitarbeit und Personalserviceagenturen (CGZP) sein. Die Mitgliedsgewerkschaften haben durch ihren Beitritt zur Tarifgemeinschaft ihre Tarifhoheit für die Branche der Zeitarbeit an die Tarifgemeinschaft abgetreten."[248]

---

[245] BAG v. 15.11.2006, NZA 2007, 448 (451); ErfK/*Franzen*, § 2 TVG Rn 5; *Henssler*, Soziale Mächtigkeit und organisatorische Leistungsfähigkeit als Voraussetzung der Tariffähigkeit von Gewerkschaften, S. 13.

[246] *Däubler/Peter* § 2 TVG Rn 172; *Lembke* NZA 2007, 1333 (1336); *Ulber*, NZA 2008, 438 (442).

[247] Satzung der Tarifgemeinschaft christlichen Gewerkschaften für Zeitarbeit und Personalserviceagenturen, vgl. Darstellung des ArbG Berlin v. 1.4.2009, NZA 2009, 740 (741).

[248] Satzung der Tarifgemeinschaft christlichen Gewerkschaften für Zeitarbeit und Personalserviceagenturen, a.a.O..

Gemäß der benannten ausdrücklichen Bestimmungen in der Satzung der CGZP dürfte im Ergebnis unzweifelhaft sein, dass es sich bei der CGZP - entgegen dem Wortlaut „Tarifgemeinschaft“ - um eine eigenständige Spitzenorganisation i.S.v. § 2 III TVG handelt. Unter Berücksichtigung dieser Einordnung wurde in der Literatur von *Lembke*[249] der Versuch unternommen, eine Wirksamkeit der von der CGZP abgeschlossenen Tarifverträge dadurch zu begründen, dass hinsichtlich der Tarifzuständigkeit ausschließlich auf den Umstand verwiesen wurde, dass diese sich aus der Satzung der Spitzenorganisation ergäbe. Zur Begründung der Tariffähigkeit wurde hingegen auf die Tariffähigkeit der Mitglieder abgestellt. Nachdem von einer Tariffähigkeit jedenfalls der CGM[250] und der DHV[251] auszugehen sei, reiche dies zur Begründung der Tariffähigkeit der Spitzenorganisation CGZP aus.[252] Dass sämtliche Mitglieder einer Spitzenorganisation tariffähig seien, wie dies noch in der Rechtsprechung des BAG in einer Entscheidung vom 2.11.1960[253] vertreten wurde, sei nicht erforderlich.[254]

Gegen diesen Ansatz bestehen gravierende Bedenken. Zwar ist der oben dargestellten Auffassung zuzugeben, dass zumindest zweifelhaft erscheint, ob es tatsächlich erforderlich ist, dass sämtliche Mitgliedsverbände tariffähig sind, soweit es sich bei der Spitzenorganisation um eine solche nach § 2 III TVG handelt. Denn eine solche Spitzenorganisation schließt Tarifverträge in eigenem Namen. Zwar wird auch insofern angesichts der Legaldefinition der Spitzenorganisation („Zusammenschlüsse von Gewerkschaften und von Vereinigungen von Arbeitgebern“) zu fordern sein, dass mindestens zwei der Mitgliedsvereinigungen tariffähig sind. Dass darüber hinaus die Tariffähigkeit sämtlicher Mitglieder erforderlich ist, wie es das BAG in der zitierten Entscheidung - ohne nähere Begründung - zugrundegelegt hat, erscheint ohne weiteres nur plausibel für eine Spitzenorganisation nach § 2 II TVG, also eine solche, die ausdrücklich im Namen ihrer Mitglieder Tarifverträge schließt.

Unabhängig von der benannten Problematik liegt der von *Lembke* vertretenen Auffassung jedoch ein entscheidender systematischer Fehler zugrunde. Tariffähigkeit und Tarifzuständigkeit sind keine getrennt voneinander zu beurteilenden Eigenschaften. Vielmehr kann eine Tariffähigkeit stets nur unter Berücksichtigung des konkret beanspruchten Zuständig-

---

[249] *Lembke*, NZA 2007, 1333 (1337).

[250] Beschluss des BAG v. 28.3.2006, NZA 2006, 1112 (1112), mit dem die Rechtsbeschwerde gegen den die Tariffähigkeit feststellenden Beschluss des LAG Baden-Württemberg v. 1.10.2004 - 4 TaBV 1/04 - zurückgewiesen wurde; Henssler, Soziale Mächtigkeit und organisatorische Leistungsfähigkeit als Voraussetzung der Tariffähigkeit von Gewerkschaften, S. 75.

[251] *Lembke*, NZA 2007, 1333 (1337) unter Bezugnahme auf eine nichtveröffentlichte Entscheidung des LAG Hamburg v. 18.02.1997, Az.: 2 Ta 9/95.

[252] *Lemke*, a.a.O. (1336).

[253] BAG v. 2.11.1960, DB 1961, 275 (275).

[254] *Lembke*, NZA 2007, 1333 (1337).

keitsbereiches festgestellt werden.[255] Insofern ist es unzulässig, eine „abstrakte" Tariffähigkeit von Mitgliedsverbänden, ohne Betrachtung von deren Tarifzuständigkeit, und zusätzlich eine Tarifzuständigkeit der Spitzenorganisation ohne Betrachtung von deren Tariffähigkeit insgesamt ausreichen zu lassen, um der Spitzenorganisation insgesamt das Recht zum Abschluss von Tarifverträgen für eine bestimmte Branche zuzubilligen. Konsequenterweise muss sich eine Legitimation des Spitzenverbandes vielmehr entweder daraus ergeben, dass sowohl Tarifzuständigkeit als auch Tariffähigkeit auf der Ebene der Spitzenorganisation selbst gegeben sind, oder es muss eine entsprechende vollständige Legitimation auf der Ebene der Mitgliedsverbände feststellbar sein.[256]

4.3.5.1.2 Eigene Tarifzuständigkeit und Tariffähigkeit der Spitzenorganisation

Fraglich ist, ob sich eine ausreichende Legitimation der CGZP zum Abschluss von Tarifverträgen allein auf der Ebene der Spitzenorganisation selbst feststellen lässt.

Von einer Tarifzuständigkeit der CGZP für die Zeitarbeitsbranche dürfte aufgrund der dargestellten Satzungsbestimmung auszugehen sein. Für die Bestimmung der Tarifzuständigkeit einer Spitzenorganisation ist die Bestimmung des Organisationsbereiches in der Satzung der Spitzenorganisation maßgeblich.[257] In der Ausgestaltung des eigenen Organisationsbereiches ist die Spitzenorganisation grundsätzlich frei.[258] Insbesondere besteht keine Bindung an den Zuständigkeitsbereich der Mitgliedsgewerkschaften.[259] Insofern kann die Frage der Tarifzuständigkeit der Mitgliedsorganisationen dahinstehen.

Fraglich ist, ob die CGZP als Spitzenorganisation auch tariffähig ist. Der Begriff der Tariffähigkeit ist gesetzlich nicht definiert. Sie wird vielmehr in den §§ 2a I Nr. 4, 97 I, V 1 ArbGG als Eigenschaft vorausgesetzt. Die Voraussetzungen der Tariffähigkeit sind in Ausfüllung dieses unbestimmten Rechtsbegriffs richterrechtlich entwickelt worden und heute in den Grundzügen allgemein anerkannt. Danach muss sich eine Arbeitgebervereinigung als satzungsgemäße Aufgabe die Wahrnehmung der Interessen ihrer Mitglieder gesetzt haben und willens sein, Tarifverträge abzuschließen. Sie muss frei gebildet, gegnerfrei, unabhängig und auf überbetrieblicher Grundlage organisiert sein und das geltende Tarifrecht als verbindlich anerkennen.[260] Zudem ist Voraussetzung, dass die Vereinigung ihre Aufgabe

---

[255] *Ulber*, NZA 2008, 438 (440).

[256] *Ulber*, NZA 2008, 438 (440).

[257] BAG v. 6.5.2003, NZA 2004, 562 (564).

[258] BAG a.a.O..

[259] *Lembke*, NZA 2007, 1333 (1336); a.A.: *Ulber*, NZA 2008, 438 (442); offengelassen in ArbG Berlin v. 1.4.2009, NZA 2009, 740 (745).

[260] BAG v. 25.11.1986, DB 1987, 947 (948); BAG v. 28.3.2006, NZA 2006, 1112 (1124); LAG Baden-Württemberg v. 1.10.2004, NZA-RR 2005, 85 (89).

als Tarifpartnerin sinnvoll erfüllen kann. Hierzu ist zum einen Durchsetzungskraft gegenüber dem sozialen Gegenspieler und zum anderen die Leistungsfähigkeit der Organisation selbst erforderlich.[261]

Angesichts des Umfanges der bisherigen Tätigkeit der CGZP bestehen an deren Tarifwilligkeit keine Zweifel. Anhaltspunkte, die dafür sprechen würden, dass die CGZP das deutsche Tarifrecht missachten würde, bestehen nicht. Da Arbeitgeber oder Arbeitgebervereinigungen nicht Mitglied der CGZP sind, ist diese auch gegnerfrei.

Angesichts journalistischer Beiträge vom 10.12.2007[262] und 7.4.2008[263] über das Zusammenwirken der CGZP bzw. von deren Mitgliedsgewerkschaften mit der Arbeitgeberseite wurden in der Literatur zuletzt Zweifel am Vorliegen des Merkmals der Gegnerunabhängigkeit geäußert.[264] Die in den Medien dargestellten Praktiken wurden als kollektivarbeitsrechtlich höchst bedenkliche „Gegnerfinanzierung“ [265] bewertet. In der Tat ist schwerlich von der Hand zu weisen, dass gewichtige Zweifel an einer Unabhängigkeit von der Arbeitgeberseite bestünden, wenn das Anwerben von Mitarbeitern, welches für die Gewerkschaften in der Zeitarbeitsbrache aus den bereits dargelegten Gründen[266] im besonderen Maße schwierig ist, von der Arbeitgeberseite übernommen würde. Zu naheliegend wäre der Verdacht, dass für eben jene Gefälligkeit ein besonderes Entgegenkommen in den Tarifverhandlungen als Gegenleistung vereinbart worden sein könnte. Im Ergebnis ist jedoch der öffentliche Vorwurf einer Instrumentalisierung der CGZP durch die Arbeitgeberseite trotz

---

[261] BAG a.a.O.; LAG Baden-Württemberg a.a.O..

[262] Magazin Report Mainz v. 10.12.2007, im Internet unter: http://www.swr.de/report/-/id=233454/did=2769040/pv=video/gp1=2919824/nid=233454/15vwugk/index.html, zuletzt abgerufen am 15.7.2009. In diesem Beitrag wurde ein Fall geschildert, in dem ein Arbeitgeber einer potentiellen Zeitarbeitnehmerin in deren Bewerbungsgespräche sogleich eine Beitrittserklärung zu einer - später noch zu bestimmenden - Einzelgewerkschaft der CGZP zur Unterschrift vorlegte. Zugleich war im Arbeitsvertrag aufgenommen worden, dass der Arbeitgeber den zukünftigen Gewerkschaftsbeitrag unmittelbar vom Lohn abziehen und an die Gewerkschaft weiterleiten sollte.

[263] Magazin Report Mainz v. 7.4.2008, im Internet unter: http://www.swr.de/report/-/id=233454/nid=233454/did=3220422/1hwd30t/index.html, zuletzt abgerufen am 15.7.2009. Geschildert wurden Verhandlungen über einen Haustarifvertrag eines Pflegeheimes mit der DHV (Mitgliedsgewerkschaft der CGZP), in denen die Arbeitgebervertreter mit dem Vertreter der DHV zunächst Arbeitsbedingungen vereinbart haben, die für die Arbeitnehmer weit ungünstiger waren, als dies der Branchenüblichkeit entsprach. Erst nachfolgend wurde angesichts des Umstandes, dass sich im Betrieb des Arbeitgebers kein einziges Mitglied der DHV befand, vereinbart, dass die Arbeitgeberseite zunächst gezielt eigene Arbeitnehmer anspricht, damit diese der DHV beitreten. Zudem wurde vereinbart, dass eben diese Mitglieder später zu teuren - arbeitgeberfinanzierten - Schulungen der DHV durch den Arbeitgeber geschickt werden sollten.

[264] *Schüren*, NZA 2008, 453 (456).

[265] So *Park/Riederer Freifrau v. Paar/Schüren*, NJW 2008, 3670 (3671).

[266] Siehe 4.2.2.4.2..

der seit langem andauernden Diskussion noch von keiner Seite aus konkret und mit für ein gerichtliches Feststellungsverfahren verwertbaren Mitteln bewiesen worden. Aus einem Fernsehbeitrag über einen konkreten Einzelfall einer Vermittlung durch einen Arbeitgeber, auch wenn die CGZP - soweit ersichtlich - zu diesem Beitrag in keiner Weise Stellung genommen hat, sichere Feststellungen über ein branchenweites Zusammenwirken von Arbeitnehmer- und Arbeitgeberseite herzuleiten, ist nicht möglich. Erst Recht wäre es unzulässig, aus einem Verhalten einer Mitgliedsgewerkschaft der CGZP - zudem in einer anderen Branche als der Zeitarbeitsbranche - Rückschlüsse auf die Tariffähigkeit der CGZP zu ziehen. Im Ergebnis soll daher im Folgenden eine Gegnerunabhängigkeit unterstellt werden. Auf das Merkmal der Freiwilligkeit des Beitrittes hat die Vermittlungspraxis, die Gegenstand des Pressebeitrages vom 10.12.2007 war, schon deswegen keinen Einfluss, weil für die Frage der Tariffähigkeit der CGZP nur der Beitritt der Einzelgewerkschaften zur CGZP und nicht der Betritt von einzelnen Arbeitnehmern in die Mitgliedsgewerkschaften der CGZP maßgeblich sein dürfte.

Fraglich ist, ob im Falle der CGZP von einer ausreichenden Durchsetzungskraft gegenüber der Arbeitgeberseite ausgegangen werden kann, um der CGZP die Berechtigung zum Abschluss wirksamer Tarifverträge zuzusprechen. Das Erfordernis einer ausreichenden Durchsetzungskraft rechtfertigt sich daraus, dass ein angemessener und sozial befriedigender Interessensausgleich nur zustande kommen kann, wenn die Arbeitnehmervereinigung mindestens soviel Druck ausüben kann, dass sich die Arbeitgeberseite veranlasst sieht, sich auf Verhandlungen über eine tarifliche Einigung über Arbeitsbedingungen einzulassen. Die Arbeitnehmervereinigung muss dabei von ihrem sozialen Gegenspieler ernst genommen werden, so dass Arbeitsbedingungen nicht einseitig von der Arbeitgeberseite diktiert, sondern tatsächlich ausgehandelt werden.[267] Ob tatsächlich von einer ausreichenden Durchsetzungsfähigkeit einer konkreten Arbeitnehmervereinigung auszugehen ist, muss stets unter Berücksichtigung aller Umstände des Einzelfalls festgestellt werden.[268]

Im Falle der CGZP dürfte die erforderliche soziale Mächtigkeit zunächst nicht bereits daraus abzuleiten sein, dass diese bereits zahlreiche Flächen- und Haustarife abgeschlossen hat. Zwar ist in der Rechtsprechung anerkannt, dass der Umstand, dass eine Arbeitnehmervereinigung schon in nennenswertem Umfang Tarifverträge geschlossen hat, regelmäßig deren Durchsetzungskraft belegt.[269] Diese Rechtsprechung ist auf die Zeitarbeitsbranche jedoch nicht übertragbar. Der in der Rechtsprechung entwickelten Indizwirkung liegt die Annahme zugrunde, dass sich eine Arbeitgebervereinigung, die sich bereit gefunden hat,

---

[267] BAG v. 25.11.1986, DB 1987, 947 (948); BAG v. 14.12.2004, BB 2005, 1054 (1056); BAG v. 28.3.2006, NZA 2006, 1112 (1118); LAG Baden-Württemberg v. 1.10.2004, NZA-RR 2005, 85 (89).

[268] BAG a.a.O.; LAG Baden-Württemberg a.a.O..

[269] BAG v. 14.12.2004, BB 2005, 1054 (1056); BAG v. 28.3.2006, NZA 2006, 1112 (1118); *Henssler*, Soziale Mächtigkeit und organisatorische Leistungsfähigkeit als Voraussetzung der Tariffähigkeit von Gewerkschaften, S. 78; *Schüren*, NZA 2008, 453 (454).

mit einer Arbeitnehmervereinigung im Rahmen von Tarifverhandlungen verbindliche Arbeitsbedingungen zu vereinbaren, regelmäßig selbst der Möglichkeit beraubt, durch Individualvertrag arbeitgeberfreundlichere Bedingungen zu vereinbaren. Die Arbeitgeber verschlechtern somit ihre Situation. Tun sie dies, so wird dem regelmäßig zugrunde liegen, dass sie der Durchsetzungskraft der Arbeitnehmervereinigung, insbesondere deren Macht, durch Maßnahmen des Arbeitskampfes Forderungen durchzusetzen, Rechnung tragen.

Diese Überlegung greift im Falle der Zeitarbeit nicht, da die wirtschaftliche Ausgangssituation eine völlig andere ist. Wie bereits dargelegt,[270] besteht für den Bereich der Arbeitnehmerüberlassung der Equal Pay-Grundsatz. Durch tarifdispositives Gesetzesrecht ist somit bereits ein für die Leiharbeitnehmer hohes Lohnniveau gesichert. Vor diesem Hintergrund kann daher das Bestreben der Arbeitgeber, auf die Arbeitnehmer zuzugehen, um abweichende Arbeitsbedingungen zu vereinbaren, nicht ohne weiteres als Nachgeben vor der wirtschaftlichen Macht der Gewerkschaft bewertet werden. Die Arbeitgeber haben ein ureigenstes Interesse daran, den ihnen lästigen Gleichbehandlungsgrundsatz durch Tarifvereinbarungen zu unterlaufen. Ein Rückschluss vom Abschluss von Tarifverträgen in der Zeitarbeit auf die soziale Mächtigkeit der Arbeitnehmervereinigung wäre daher allenfalls dann gerechtfertigt, wenn das Ergebnis der Tarifverhandlungen eine Entlohnung wäre, die für die Leiharbeitnehmer gegenüber der arbeitsrechtlichen Gleichbehandlung mit Stammarbeitnehmern noch vorteilhafter ist.[271] Wie ausgeführt,[272] sind die tatsächlichen Tarifabschlüsse der CGZP hiervon weit entfernt.

Die soziale Mächtigkeit der CGZP für die Zeitarbeitsbranche kann auch nicht allein daraus hergeleitet werden, dass ihre Position ohnehin durch den Gleichbehandlungsgrundsatz ausreichend gestärkt wäre, weil sich die Arbeitnehmerseite im Rahmen von Tarifverhandlungen auf diese gesetzliche „Rückfallposition“ stets berufen könne.[273] Die Bestimmung des § 9 Nr. 2 AÜG regelt, dass vom Grundsatz des Equal Pay/Equal Treatment nur durch einen Tarifvertrag abgewichen werden darf. Dieser Ausnahmebestimmung liegt die Annahme zugrunde, dass nur einem Tarifvertrag aufgrund seiner breiten Anbindung an den Arbeitsmarkt ein großes „Richtigkeitsvertrauen“ zukommt.[274] Erst die breite Legitimationsgrundlage auf der Arbeitnehmerseite rechtfertigt den Schluss, dass ein ausgehandeltes Ergebnis den wirtschaftlichen Gegebenheiten der Zeitarbeitsbranche besser gerecht wird, als die Regelung des dispositiven Gesetzesrechts.[275] Würde man das Erfordernis eines

---

[270] Siehe 4.2..

[271] *Schüren*, NZA 2008, 453 (455).

[272] Siehe 4.3.4..

[273] So die Argumentation der AMP im Beschlussverfahren vor dem ArbG Berlin, siehe die Darstellung des Parteivorbringens im Beschluss v. 1.4.2009, NZA 2009, 740 (746).

[274] ArbG Berlin, a.a.O.; *Schüren*, ArbuR 2008, 239 (240).

[275] ArbG Berlin a.a.O..

großen personellen Rückhaltes der Arbeitnehmervereinigung angesichts der gesetzlichen Ausgangssituation völlig aufgeben, so wäre es wohl nur eine Frage der Zeit, bis ein Arbeitgeberverband eine (beliebig kleine) Gruppe von Arbeitnehmern findet, die bereit ist, die Vorstellungen der Arbeitgeber zur Grundlage eines Tarifvertrages zu machen. Berücksichtigt man zusätzlich, dass die Öffnungsklausel des § 9 Nr. 2 AÜG eine Abweichung vom Gleichbehandlungsgrundsatz auch durch bloße Bezugnahme auf einen Dritttarifvertrag ermöglicht, wird offenkundig, dass ein Verzicht auf eine bestimmte Mitgliederstärke der Arbeitnehmervereinigung die gesetzgeberische Intention bei der Schaffung des Gleichbehandlungsgrundsatzes für die Zeitarbeitsbranche vollständig unterlaufen würde. Die für eine Tariffähigkeit erforderliche soziale Mächtigkeit der CGZP muss sich daher jedenfalls auch aus der Mitgliederstärke ergeben.

Dass dies der Fall wäre, ist aufgrund der bis jetzt bekannt gewordenen Daten nicht festzustellen. Für die Bestimmung der Mitgliederstärke ist naturgemäß eine Mitwirkung der betroffenen Arbeitnehmervereinigung erforderlich. Da es sich bei der CGZP um eine Spitzenorganisation handelt, kann sich die relevante Mitgliederstärke nicht aus der Anzahl der koalierenden Mitgliedsvereinigungen, sondern nur aus der Anzahl der Arbeitnehmer, die den Mitgliedsvereinigungen beigetreten sind und daher durch die Spitzenorganisation mittelbar vertreten werden, ergeben. Da sich die Tarifzuständigkeit der CGZP gemäß ihrer eigenen Satzung ausschließlich auf die Zeitarbeitsbranche beschränkt, wäre somit relevant, wie viele Zeitarbeitnehmer Mitglieder der CGM, der GÖD, der CGPT sowie der DHV sind. Mangels ausreichender Informationen durch die benannten Verbände ist eine entsprechende Feststellung indes nicht möglich. Auf den Internetseiten der Verbände sind keine Zahlen über den jeweiligen Bestand an Leiharbeitern veröffentlicht. Im Rahmen des Beschlussverfahrens hinsichtlich der Tariffähigkeit der CGZP sind die Verbände aufgefordert worden, zu ihren Mitgliederbestandszahlen vorzutragen. Angaben über den Anteil der Leiharbeiter haben weder die CGZP noch die Mitgliedsvereinigungen gemacht. Auf dieser Grundlage muss davon ausgegangen werden, dass keine ausreichende Anzahl von Leiharbeitern durch die Mitgliedsverbände der CGZP vertreten werden, um von einer sozialen Mächtigkeit der CGZP im Bereich der Zeitarbeitsbranche auszugehen.[276]

Darüber hinaus wäre von der CGZP für die Bejahung einer Tariffähigkeit zu fordern, dass diese ausreichend leistungsfähig ist. Von einer ausreichenden Leistungsfähigkeit ist nur dann auszugehen, wenn eine Vereinigung aufgrund ihres organisatorischen Aufbaus in der Lage ist, die ihr gestellten Aufgaben zu erfüllen.[277] Der Aufgabenkreis einer Arbeitnehmervereinigung umfasst insofern zunächst die Vorbereitung von Tarifverhandlungen. Es müssen wirtschaftliche Entwicklungen und sonstige Rahmenbedingungen beobachtet und prognostiziert werden, um hieraus Tarifforderungen zu entwickeln. Ein gefundenes Tarifergebnis muss später hinsichtlich seiner Einhaltung überwacht und abgesichert werden. Zu-

[276] ArbG Berlin v. 1.4.2009, NZA 2009, 740 (747).

[277] BAG v. 14.12.2004, BB 2005, 1054 (1056).

dem muss das Verhandlungsergebnis, welches im Regelfall durch ein wechselseitiges Nachgeben der Tarifparteien ermittelt wurde, verbandsintern vermittelt werden.[278]

Auch insofern scheitert eine konkrete Feststellung an den notwendigen Angaben der CGZP. Im Beschlussverfahren vor dem ArbG Berlin ist die CGZP konkret aufgefordert worden, zu ihrer inneren Organisation vorzutragen. Die CGZP hat sich im Wesentlichen darauf beschränkt, vorzutragen, sie verfüge über eine „hinreichend leistungsfähige Organisationsstruktur“.[279] Im Übrigen hat sie darauf verwiesen, dass jedenfalls ihre Mitgliedsvereinigungen hauptamtliche Mitarbeiter hätten. Dass sie selbst über eigene hauptamtliche Mitarbeiter verfügt, hat die CGZP nicht vorgetragen.[280] Auf der Basis dieses Vorbringens kann eine ausreichende Leistungsfähigkeit der CGZP nicht festgestellt werden. Es ist bereits in keiner Weise ersichtlich, wie die Arbeitsbedingungen, die Gegenstand der zahlreichen abgeschlossenen Haustarifverträge sind, konkret entwickelt wurden.[281] Auch ist nicht nachvollziehbar, dass die CGZP eine ausreichende Kommunikation mit den in der Leiharbeitsbranche naturgemäß weit in die verschiedensten Betriebe verstreuten Zeitarbeitnehmer gewährleisten könnte. Dass die hauptamtlichen Sekretäre der Mitgliedsgewerkschaften, die zuvorderst ihre eigenen Aufgaben erledigen müssen, dies zusätzlich leisten könnten, erscheint kaum lebensnah.

4.3.5.1.3 Tarifzuständigkeit und Tariffähigkeit der Mitgliedsverbände

Wie eingangs dargestellt, könnte sich die Befugnis der CGZP zum Abschluss von Tarifverträgen jedoch daraus ableiten, dass auf der Ebene ihrer Mitgliedsverbände sowohl von einer Tariffähigkeit, als auch von einer Tarifzuständigkeit ausgegangen werden kann. Von beidem dürfte indes nicht auszugehen sein. Hinsichtlich der Tariffähigkeit der Mitgliedsverbände kann auf die obigen Ausführungen verwiesen werden. Da nicht feststellbar ist, dass von diesen eine ausreichende Anzahl Leiharbeiter vertreten werden, fehlt es den Mitgliedsverbänden jedenfalls an einer sozialen Mächtigkeit für die Leiharbeitsbranche.

Auch eine Tarifzuständigkeit ist nicht gegeben. In keiner der Satzungen der Mitgliedsverbände ist die Zeitarbeitsbranche ausdrücklich erwähnt. Dieser Umstand würde allenfalls dann der Tarifzuständigkeit nicht entgegenstehen, wenn es sich bei der Leiharbeitsbranche um ein branchenübergreifendes Phänomen und keine eigene Branche im tarifrechtlichen Sinne handeln würde.[282] Dies ist indes nicht der Fall. Die Tätigkeit der Zeitarbeitsunternehmen bildet innerhalb des Dienstleistungssektors den eigenen Wirtschaftszweig der Ar-

[278] BAG a.a.O..

[279] ArbG Berlin v. 1.4.2009, NZA 2009, 740 (747).

[280] ArbG Berlin a.a.O..

[281] ArbG Berlin ebenda.

[282] So *Lembke*, NZA 2007, 1333 (1337).

beitnehmerüberlassung.[283] Dieser Wirtschaftszweig unterscheidet sich erheblich von anderen Branchen. Die Zeitarbeitsunternehmen überlassen die bei ihnen angestellten Arbeitnehmer anderen Unternehmen verschiedenster Branchen, damit sie dort Arbeitsleistungen erbringen. Die vertraglich geschuldete Hauptleistungspflicht eines Leiharbeitnehmers ist grundsätzlich nicht die Tätigkeit in einem bei Vertragsschluss möglicherweise bereits bestimmten Entleiherunternehmen. Der Arbeitnehmer ist vielmehr regelmäßig verpflichtet, in jedem ihm zugewiesenen Entleiherunternehmen, gleich welcher Branche, die vertraglich vereinbarten Tätigkeiten zu erbringen. Der Wirtschaftszweig der Arbeitnehmerüberlassung stellt an die Beschäftigten somit besondere, von anderen Arbeitsverhältnissen erheblich abweichende, Anforderungen.[284] Der als Leiharbeitnehmer angestellte Arbeitnehmer muss anders als andere Arbeitnehmer bereit sein, wechselnde Arbeitsaufgaben in unterschiedlichsten Unternehmen an neuen Arbeitsorten auszuüben. Auf Arbeitgeberseite besteht anders als in anderen Arbeitsverhältnissen das Risiko fehlender Einsatzmöglichkeiten bei Fortzahlung des vertraglich vereinbarten Arbeitsentgelts.

Insgesamt kann daher festgehalten werden, dass weder auf der Ebene der Spitzenorganisation noch auf der Ebene der Mitgliedsverbände der CGZP eine Tariffähigkeit und -zuständigkeit festgestellt werden kann. Die Tarifgemeinschaft christlichen Gewerkschaften für Zeitarbeit und Personalserviceagenturen ist somit nicht in der Lage, für die Zeitarbeitsbranche wirksam Tarifverträge abzuschließen.[285]

4.3.5.2 Verträge des DGB

Auch hinsichtlich der seitens des DGB geschlossenen Verträge ist keineswegs unproblematisch, inwiefern diese formell wirksam sind und inwiefern diese zum aktuellen Zeitpunkt eine Regelungswirkung entfalten.

4.3.5.2.1 Bedenken hinsichtlich der Tarifzuständigkeit

In der Praxis wird die Tariffähigkeit der DGB-Tarifgemeinschaft bzw. von deren Mitgliedsgewerkschaften kaum in Zweifel gezogen.[286] Einer näheren Überprüfung bedarf es indes, inwiefern den von der DGB-Tarifgemeinschaft geschlossenen Tarifverträgen eine ausreichende Tarifzuständigkeit der handelnden Gewerkschaften zugrundeliegt. Insofern ist zunächst zu berücksichtigen, dass die DGB-Tarifgemeinschaft Zeitarbeit, in welcher sich

---

[283] BAG v. 24.3.2004, NZA 2004, 971 (973); ArbG Berlin v. 1.4.2009, NZA 2009, 740 (744); a.A.: *Franzen*, BB 2009, 1472 (1473).

[284] BAG a.a.O..

[285] Im Ergebnis ebenso: ArbG Berlin v. 1.4.2009, NZA 2009, 740 (744); *Schüren*, NZA 2007, 1213 (1215); ders. ArbuR 2008, 239 (244); ders. NZA 2008, 453 (456).

[286] Die Tariffähigkeit ausdrücklich bejahend: *Guenoub*, Equal Pay und Equal Treatment im Leiharbeitsverhältnis, S: 201; *Riederer Freifrau v. Paar/Schüren*, ArbuR 2004, 241 (243); *Ulber*, AÜG, § 9 Rn. 73.

die IG BCE, die NGG, die IG Metall, die GEW, ver.di, die IG Bau, Transnet und die GdP zusammengeschlossen haben, keine Spitzenorganisation im Sinne von § 2 II, III TVG ist, sondern eine Tarifgemeinschaft. Eine solche Tarifgemeinschaft hat zur Folge, dass jede Mitgliedsgesellschaft selbst unmittelbar Partner des Tarifvertrages wird, wenn auch in Verbundenheit mit den anderen Mitgliedern der Tarifgemeinschaft.[287] Für die Frage der Tarifzuständigkeit ist somit nicht auf die Tarifgemeinschaft selbst, sondern auf die einzelnen Mitgliedsgewerkschaften abzustellen. Fraglich ist, ob für die benannten Gewerkschaften eine Tarifzuständigkeit für die Zeitarbeitsbranche angenommen werden kann.

Die Tarifzuständigkeit einer Gewerkschaft wird von der Gewerkschaft selbst in ihrer autonomen Satzung bestimmt.[288] Die Gewerkschaft kann somit selbst verbindlich festlegen, in welchen Wirtschaftsbereichen sie Tarifverträge schließen können soll. Wie bereits dargelegt, handelt es sich bei der Zeitarbeitsbranche nicht um ein branchenübergreifendes Phänomen, sondern um eine eigenständige Branche.[289] Eine Satzungsregelung müsste daher ausdrücklich die Zeitarbeitsbranche als solche mit einbeziehen, damit von einer Zuständigkeit einer Gewerkschaft zum Abschluss von Tarifverträgen mit Verleihunternehmen oder Vereinigungen von Verleihern ausgegangen werden kann.

Da in sämtlichen Satzungen der Mitgliedsgewerkschaften die Zeitarbeitsbranche nicht ausdrücklich erwähnt ist, könnten daher auf den ersten Blick Zweifel an der Tarifzuständigkeit bestehen. Entsprechend hat das ArbG *Berlin* in seiner Entscheidung vom 1.4.2009[290] eine Tarifzuständigkeit der Gewerkschaft ver.di mit der Begründung verneint, dass die Zeitarbeitsbranche in der Satzung vom 19./25.10.2003 in der Fassung vom 12./14.3.2008 nicht aufgeführt sei. Weder sei die Zeitarbeitsbranche in der Anlage 1 zur Satzung, auf die § 4 II der Satzung ausdrücklich Bezug nimmt, namentlich erwähnt, noch lasse sich die Zeitarbeitsbranche als eigenständiger Wirtschaftsbereich unter den Punkt 1.2.4 der Anlage („Sonstiger privater Dienstleistungsbereich") fassen.[291]

Die Entscheidung des Gerichts lässt jedoch einen wichtigen Passus der Satzung außer Acht. In § 4 III der Satzung der Gewerkschaft ver.di heißt es:

[287] *Guenoub*, Equal Pay und Equal Treatment im Leiharbeitsverhältnis, S. 200; *Löwisch/Rieble*, TVG, § 2 Rn. 165f..

[288] *Boemke/Lembke*, AÜG, § 9 Rn. 133; *Ulber*, AÜG, § 9 Rn. 74.

[289] Siehe 4.3.5.1.3..

[290] ArbG Berlin v. 1.4.2009, NZA 2009, 740 (744).

[291] ArbG Berlin, a.a.O..

> „ver.di anerkennt die satzungsrechtliche Funktion des DGB zur Klärung von Organisationszuständigkeiten zwischen dessen Mitgliedsgewerkschaften“.[292]

Am 5.3.2003 hat der DGB-Bundesausschuss die „Richtlinie über die Organisationszuständigkeit für Arbeitnehmer/innen aus Betrieben der Zeitarbeit- und Leiharbeit (RL Organisationszuständigkeit Zeit- und Leiharbeit)“[293] beschlossen. Nach Ziff. 1 der Richtlinie liegt die Zuständigkeit für Leiharbeitnehmer ausschließlich bei der Mitgliedsgewerkschaft, die für den Entleihbetrieb zuständig ist. Mit dieser Richtlinie hat der DGB satzungsgemäß die Tarifzuständigkeit in der Leiharbeitsbranche verbindlich festgelegt.[294] Die Entscheidung des ArbG Berlin dürfte somit im Ergebnis unrichtig sein, wenngleich nicht ersichtlich ist, ob seitens der Verfahrensbeteiligten die benannte Richtlinie in den Prozess eingeführt wurde.

Da die DGB-Richtlinie nicht nur gegenüber ver.di, sondern auch gegenüber sämtlichen anderen Mitgliedsgewerkschaften gilt, ist im Ergebnis von einer Tarifzuständigkeit sämtlicher Mitgliedsgewerkschaften auszugehen.

4.3.5.2.2 Problem des Zeitablaufes

Hinsichtlich der Frage der Wirksamkeit der Tarifverträge des DGB ist weiter problematisch, dass diese sämtlich bereits zwischenzeitlich durch den DGB fristgerecht gekündigt wurden.[295] Ob die Tarifverträge gleichwohl weiterhin Wirkung entfalten, hängt davon ab, ob den gekündigten Tarifverträgen eine Nachwirkung zukommt, die dazu führt, dass die tariflichen Regelungen, insbesondere auch die Regelungen hinsichtlich des Entgeltes, weiter Gültigkeit haben. Eine solche Nachwirkung - bis zu einer Ersetzung der Tarifregelung durch eine anderweitige Abmachung - folgt grundsätzlich aus § 4 V TVG.[296] Fraglich ist jedoch, ob diese Norm auch auf Tarifverträge der Zeitarbeitsbranche Anwendung findet.

---

[292] Satzung von ver.di vom 19./25.10.2003, http://www.verdi.de/ ver.di_von_a_bis_z/satzung, zuletzt abgerufen am 25.7.2009; so auch abgedruckt im Tatbestand des Beschlusses des ArbG Berlin v. 1.4.2009, NZA 2009, 740 (74).

[293] Richtlinie über die Organisationszuständigkeit der DGB-Mitgliedsgewerkschaften für Arbeitnehmer/innen aus Betrieben der Zeit- und Leiharbeit, http://www.dgb.de/themen/themen_ a_z/abisz_ docs/r/ratgeber_zeitarbeit.pdf, zuletzt abgerufen am 28.10.2009.

[294] *Guenoub*, Equal Pay und Equal Treatment im Leiharbeitsverhältnis, S.201 (Fn. 1278); *Ulber*, AÜG, § 9 Rn. 180.

[295] Diesen Umstand bestätigte der Bezirksleiter für NRW der IG Metall, Herr *Iwanowski*, der Verfasserin mit E-Mail vom 10.8.2009. Eine erneute Aufnahme von Verhandlungen sei derzeit nicht geplant.

[296] Soweit es politische Bestrebungen gibt, die Nachwirkung in der Zeitarbeit gesetzlich einzuschränken (Frankfurter Allgemeine Zeitung v. 14.1.2009, „Mindestlohn für Zeitarbeit“), haben diese jedenfalls noch zu keinen konkreten Gesetzesvorschlägen geführt.

Dies ist insbesondere aufgrund des Umstandes, dass die Tarifverträge der Zeitarbeitsbranche ihre Grundlage im tarifdispositiven Gesetzesrecht haben, umstritten.

Nach der herrschenden Auffassung[297] findet eine Nachwirkung von Tarifverträgen nach § 4 V TVG auch dann statt, wenn durch die tariflichen Regelungen tarifdispositives Gesetzesrecht verdrängt wurde. Zweck der Nachwirkungsklausel sei die kollektivvertragsbezogene Überbrückung des Zeitraumes bis zum Abschluss eines neuen Tarifvertrages.[298] Den Tarifparteien solle die Möglichkeit eingeräumt werden, ohne Zeitdruck über eine neue Tarifregelung zu verhandeln. An dieser Interessenslage ändere sich dadurch nichts, dass durch den Tarifvertrag dispositives Gesetzesrecht verdrängt wurde. Vielmehr ergäbe sich aus dem Umstand, dass eine gesetzliche Regelung tarifdispositiv ausgestaltet wurde, dass nach Auffassung des Gesetzgebers eine tarifliche Regelung sachgerechter als die gesetzliche Hilfsregelung sei.[299] Dies müsse auch für den Fall gelten, dass eine tarifliche Regelung bereits formell ausgelaufen, eine neue Reglung jedoch noch nicht ausgehandelt wurde.

Nach einer anderen Meinung in der Literatur[300] kommt eine Nachwirkung von Tarifverträgen, die dispositives Gesetzesrecht verdrängen, nicht in Betracht. Auch die Tarifverträge der Zeitarbeitsbranche würden demnach keine Nachwirkung entfalten. Die Norm des § 4 V TVG diene dem Arbeitnehmerschutz.[301] Vor diesem Hintergrund müsse lediglich sichergestellt werden, dass nach Kündigung eines Tarifvertrages kein für die Arbeitnehmer nachteiliges „inhaltsloses" Arbeitsverhältnis entstehe.[302] Soweit bei Entfallen der Wirkung eines Tarifvertrages subsidiär wieder die gesetzliche Regelung greife, bestehe schon keine Gefahr eines regelungsfreien Raumes, weswegen es einer Nachwirkung des gekündigten bzw. ausgelaufenen Tarifvertrages nicht bedürfe.[303] Für die Zeitarbeitsbranche führe eine Nachwirkung von Tarifverträgen auch deswegen zu unbilligen Ergebnissen, weil die Befürchtung bestehe, dass die Arbeitgeberseite den Neuabschluss eines Tarifvertrages verhindert und der bisherige Tarifabschluss damit „eingefroren" werden könnte. Da sich indes die Löhne bei den Stammmitarbeitern kontinuierlich verändern (und zwar langfristig regelmäßig zugunsten der Arbeitnehmer), würde sich so faktisch der Lohnunterschied zu den Leih-

---

[297] BAG v. 27.6.1978, BB 1979, 886 (887) in Bezug auf tarifliche Urlaubsregelungen; *Boemke/Lembke*, AÜG, § 9 Rn. 37; ErfK/*Franzen*, TVG, § 4 Rn. 51; ErfK,/*Wank*, AÜG, § 3 Rn. 25; *Hartmann*, BB 2005, 2185 (2188); *Guenoub*, a.a.O., 107.

[298] *Löwisch/Rieble*, TVG, § 4 Rn. 220.

[299] *Guenoub*, Equal Pay und Equal Treatment im Leiharbeitsverhältnis, S. 105.

[300] *Däubler*, Tarifvertragsrecht, Rn. 1461; *Ulber*, AÜG, § 9 Rn. 267.

[301] *Guenoub*, Equal Pay und Equal Treatment im Leiharbeitsverhältnis, S. 106; *Ulber*, a.a.O. (264).

[302] *Ulber*, a.a.O..

[303] *Ulber*, ebenda.

arbeitnehmern zunehmend vergrößern, was dem gesetzgeberischen Ziel der Gleichbehandlung diametral zuwider liefe.[304]

Für die Beantwortung der Frage, welcher der genannten Auffassungen zu folgen ist, sollte als Ausgangspunkt der Wortlaut der maßgeblichen Normen betrachtet werden. Der Wortlaut des § 4 V TVG differenziert nicht danach, ob ein Tarifvertrag tarifdispositives Recht verdrängt oder nicht. Nach § 4 V gelten die Rechtsnormen des Tarifvertrages weiter, ohne dass es auf die rechtliche Grundlage oder die konkreten Auswirkungen der Rechtsnormen ankäme. Auch aus dem Wortlaut der §§ 3 I Nr. 3, 9 Nr. 2 AÜG ist nicht ersichtlich, dass ein Ausschluss des Gleichbehandlungsgrundsatzes durch nachwirkende Verträge nicht möglich sein soll. Eine Differenzierung zwischen bestehenden und nachwirkenden Tarifverträgen, wie sie der Gesetzgeber etwa in § 25 ArbZG zum Ausdruck gebracht hat, findet sich im AÜG nicht. Auch aus der Gesetzesbegründung ergeben sich keine Anhaltspunkte für einen entsprechenden Willen des Gesetzgebers.[305]

Betrachtet man die unterschiedlichen Funktionen der tariflichen Nachwirkung, ergeben sich ebenfalls keine Anhaltspunkte dafür, dass eine vom klaren Wortlaut der bestimmenden Normen abweichende Auslegung geboten wäre. Die Fortdauer eines Tarifvertrages nach Auslaufen oder Kündigung des Vertrages erfüllt zum einen eine Ordnungs- und Überbrückungsfunktion[306], d.h. die Funktion, zwischenzeitliche Regelungslücken bis zu einer „anderen Abmachung" i.S.v. § 4 V TVG zu verhindern. Zudem bewirkt § 4 V TVG einen Inhaltsschutz für die beteiligten Arbeitnehmer.[307] Der status quo soll dem Arbeitnehmer erhalten bleiben und ihm eine geschützte Verhandlungsposition gegenüber dem Arbeitgeber eröffnen. Diesen Funktionen wird eine Nachwirkung in der Zeitarbeitsbranche ebenfalls gerecht. Die abweichende Literaturauffassung übersieht insofern, dass für einen Leiharbeiter in den Zwischenzeiten der Überlassung der Equal Pay Grundsatz nicht gilt.[308] Die Argumentation, ein regelungsfreier Raum entstehe im Falle einer Kündigung des Tarifvertrages gar nicht, weil subsidiär der Gleichbehandlungsgrundsatz Geltung erlange, ist daher teilweise unrichtig. Für die verleihfreien Zeiten besteht für den Zeitarbeitnehmer durchaus das Bedürfnis nach einer übergangsweisen Regelung der Arbeitsbedingungen. Insofern ist es für den Zeitarbeitnehmer auch von Vorteil, den bereits tariflich festgeschrieben status quo als Ausgangsposition für anderweitige Vereinbarungen mit der Arbeitgeberseite, sei es individualvertraglich oder auf der Ebene einer Kollektivvereinbarung, nutzen zu können. Dabei soll im Ergebnis nicht verkannt werden, dass das Bedürfnis nach einer Nachwirkung eines Tarifvertrages in der Zeitarbeitsbranche geringer sein mag, als dies in anderen Bran-

---

[304] *Ulber*, ebenda.

[305] *Guenoub*, Equal Pay und Equal Treatment im Leiharbeitsverhältnis, S. 106 f..

[306] ErfK/*Franzen*, TVG, § 4 Rn. 50.

[307] BAG v. 13.12.1995, NZA 1996, 769 (771); ErfK/*Franzen*, a.a.O..

[308] Siehe 4.2.2.3..

chen der Fall wäre. Dieser Umstand alleine vermag eine Auslegung entgegen dem ausdrücklichen Wortlaut jedoch nicht zu rechtfertigen.

Demzufolge findet § 4 V TVG auch auf die Tarifverträge der Zeitarbeitsbranche Anwendung. Soweit diese zwischenzeitlich gekündigt wurden, steht dies somit einer weiteren Fortgeltung nicht entgegen. Eine zeitliche Begrenzung dieser Nachwirkung ergibt sich aus dem Gesetz nicht.[309]

[309] BAG v. 15.10.2003, NZA 2004, 387 (387); ErfK/*Franzen*, TVG, § 4 Rn. 50.

5 Möglichkeiten der Einführung eines Mindestlohns in der Zeitarbeitsbranche

Nachdem die Lohn- und Tarifsituation in der Zeitarbeitsbranche nunmehr dargestellt wurde, soll weiter der Frage nachgegangen werden, auf welche Weise der Gesetzgeber auf die Gehaltssituation von Zeitarbeitern Einfluss nehmen könnte. Um für eine bestimmte Branche einen Mindestlohn festzulegen, kommen verschiedene gesetzgeberische Maßnahmen in Betracht, die nachfolgend erläutert werden.

5.1 Einführung eines Mindestlohnes unmittelbar durch Gesetz

Zunächst besteht die Möglichkeit, einen branchenweiten Mindestlohn unmittelbar durch eine gesetzliche Regelung einzuführen. Diese Lösung, die in der rechtswissenschaftlichen und wirtschaftswissenschaftlichen Literatur vorrangig für die Einführung eines branchenübergreifenden Mindestlohnes diskutiert wird, ist durchaus nicht unproblematisch. So führt die Einführung eines Mindestlohns unmittelbar durch Parlamentsgesetz zwangsläufig zu der Problematik, dass der Gesetzgeber selbst eine angemessene Höhe festlegen muss. Dass der diesbezüglich erforderliche parlamentsinterne Einigungsprozess steinig sein kann, hat sich in der Vergangenheit, wie bereits dargelegt,[310] eindrucksvoll durch die gescheiterten Bemühungen des ehemaligen Arbeitsministers Scholz, einen konsensfähigen Mindestlohn für die Zeitarbeitsbranche zu finden, gezeigt. Gleichwohl stellt die Einführung eines gesetzlichen Mindestlohns, etwa durch die Ergänzung des AÜG um entsprechende Regelungen, einen gangbaren Weg für die Zeitarbeitsbranche dar, der nach wie vor ernsthaft in Erwägung zu ziehen ist.

5.2 Einführung eines Mindestlohnes auf der Grundlage des MiArbG

Eine weitere gesetzgeberische Möglichkeit zur Einführung eines Mindestlohnes eröffnet das MiArbG vom 11.1.1952. In der bis zum 27.4.2009 gültigen Fassung sah das MiArbG in § 1 II die Möglichkeit der Einführung eines Mindestlohns durch Rechtsverordnung gemäß § 3 I MiArbG a.F. vor, wenn Gewerkschaften oder Arbeitgebervereinigungen für die jeweilige Branche nicht vorhanden waren oder nur eine Minderheit von Arbeitgebern bzw. Arbeitnehmern erfasst waren (§ 1 II a MiArbG a.F.). Weitere Voraussetzungen waren, dass die Festsetzung von Mindestarbeitsbedingungen zur Befriedigung der notwendigen sozialen und wirtschaftlichen Bedürfnisse der Arbeitnehmer erforderlich erschien (§ 1 II b MiArbG a.F.) und dass nicht bereits eine Allgemeinverbindlicherklärung eines Tarifvertrages erfolgt war (§ 1 II c MiArbG a.F.). Nach der ursprünglichen Gesetzesfassung war somit der Erlass einer Rechtsverordnung zur Einführung von Mindestarbeitsbedingungen schon dann ausge-

[310] Siehe 3.1..

schlossen, wenn es in der jeweiligen Branche auch nur relevante Tarifparteien gab, die Regelungen hätten treffen können. Nicht zuletzt deswegen, aber auch wegen des aufwendigen Verfahrens, ist das MiArbG in den Jahrzehnten seines Bestehens nicht ein einziges Mal zu Anwendung gelangt.[311]

Durch das Erste Gesetz zur Änderung des Gesetzes über die Festsetzung von Mindestarbeitsbedingungen vom 22.4.2009[312] hat der Gesetzgeber die bisherige Gesetzesfassung novelliert. Wenngleich die vorgenommenen Änderungen nur gradueller Natur sind, so erscheinen sie doch durchaus geeignet, die Wahrscheinlichkeit der Anwendung des Gesetzes zu erhöhen.[313] So werden durch § 1 II MiArbG n.F. die bisherigen Voraussetzungen für die Festsetzungen von Mindestentgelten dahingehend reduziert, dass es nunmehr bereits ausreicht, wenn in dem jeweiligen Wirtschaftszweig bundesweit die tarifgebundenen Arbeitgeber weniger als 50% der unter den Geltungsbereich der Tarifverträge fallenden Arbeitnehmer beschäftigen. Dies mag die Praktikabilität des Gesetzes erhöhen. Für die Zeitarbeitsbranche ist jedoch festzustellen, dass aufgrund der in erheblichem Umfang bestehenden Tarifbindung[314] eine Anwendbarkeit des MiArbG ausscheidet.

5.3 Allgemeinverbindlicher tariflicher Mindestlohn

Ein weiteres Mittel, um einen Mindestlohn festzulegen, ist eine tarifvertragliche Regelung. Der Inhalt eines Tarifvertrages gilt jedoch im Normalfall nur dann für die Parteien eines Arbeitsvertrages, wenn eine beiderseitige Tarifbindung i.S.v. § 3 TVG vorliegt. Der Arbeitgeber muss entweder selbst Partei eines Entgelttarifvertrages (Haustarifvertrag) oder Mitglied eines Arbeitgeberverbandes sein, der einen Flächentarifvertrag abgeschlossen hat. Gleichzeitig muss der Arbeitnehmer Mitglied einer Gewerkschaft sein, die den jeweiligen Haus- oder Flächentarifvertrag abgeschlossen hat. Eine Geltung tarifvertraglicher Regelungen ohne Vorliegen der benannten Voraussetzungen kommt nur dann in Betracht, wenn ein Tarifvertrag für allgemeinverbindlich erklärt wurde. In Frage kommt insofern zum einen eine Allgemeinverbindlicherklärung auf der Basis des TVG (5.3.1.), zum anderen auf der Basis des AEntG (5.3.2.).

5.3.1 Allgemeinverbindlichkeit auf der Basis des TVG

Die Möglichkeit der Allgemeinverbindlicherklärung auf der Basis des Tarifvertragsgesetzes ist in § 5 I TVG normiert. Hiernach ist der Bundesminister für Arbeit und Soziales zu einer entsprechenden Maßnahme befugt, wenn bestimmte Voraussetzungen vorliegen:

---

[311] *Bayreuther*, DB 2009, 678 (682); *Bispinck/Schulten*, WSI-Mitteilungen 2008, 151 (154); *Thüsing*, ZfA 2008, 590 (592);

[312] BGBl. 2009 I, S. 818.

[313] *Bayreuther*, DB 2009, 678 (682).

[314] Siehe 4.3.3..

- Gegenstand der Allgemeinverbindlichkeitserklärung muss zunächst ein Tarifvertrag sein, der für eine bestimmte Branche geschlossen wurde und den allgemeinen Anforderungen genügt, die an einen Tarifvertrag zu stellen sind. Genügt er diesen Anforderungen nicht, so liegt kein wirksamer Tarifvertrag und folglich kein taugliches Bezugsobjekt für eine Allgemeinverbindlicherklärung vor.[315]
- Die Allgemeinverbindlicherklärung kann nur auf Antrag einer Tarifpartei erfolgen. Eine Ausweitung des Geltungsbereiches eines Tarifvertrages von Amts wegen ist somit ausgeschlossen.
- Nach § 5 I 1 Nr. 1 TVG müssen mindestens 50 % der unter den Geltungsbereich des Tarifvertrages fallenden Arbeitnehmer bei den tarifgebundenen Arbeitgebern beschäftigt sein. Nach dem eindeutigen Wortlaut der Norm kommt es auf den Grad der Tarifbindung der Arbeitnehmer nicht an.[316] Von dem Erfordernis einer 50 prozentigen Beschäftigungsquote kann nach § 5 I 2 TVG nur im Falle des Vorliegens eines sozialen Notstandes abgesehen werden. Ein solcher liegt vor, wenn die in einer Branche gewährten Arbeitsbedingungen zur Befriedigung der notwendigen sozialen Bedürfnisse der Arbeitnehmer nicht ausreichen oder sonstige Arbeitsbedingungen eine unsoziale Ausbeutung oder Gefahr für die Arbeitnehmer darstellen.[317] Dieser Ausnahmevorschrift ist jedenfalls bis heute in der Praxis keinerlei Bedeutung zugekommen.[318]
- Gem. § 5 I 1 Nr. 2 TVG kann ein Tarifvertrag nur dann für allgemeinverbindlich erklärt werden, wenn dies im öffentlichen Interesse geboten ist. Ein öffentliches Interesse ist dann gegeben, wenn die Allgemeinverbindlicherklärung drohende wesentliche Nachteile für die Arbeitnehmer abwenden kann.[319] Dem BMAS kommt insofern ein gerichtlich nur eingeschränkt überprüfbarer Beurteilungsspielraum zu.[320] Soweit nach § 5 I 2 TVG die Möglichkeit besteht, im Falle eines sozialen Notstandes auch vom Erfordernis des öffentlichen Interesses abzuweichen, kommt dem keinerlei Bedeutung zu. Wie aus den dargestellten Definitionen ersichtlich, ist im Fall eines sozialen Notstandes stets auch das Vorliegen eines öffentlichen Interesses zu bejahen.[321]

---

[315] *Andelewski*, DStR 2008, 2114 (2116).

[316] *Büdenbender*, RdA 2000, 193 (196); *Hohenstatt/Schramm*, NZA 2008, 433 (433).

[317] *Andelewski*, DStR 2008, 2114 (2116); ErfK/*Franzen*, § 5 TVG Rn. 14.

[318] ErfK/*Franzen*, a.a.O..

[319] ErfK/*Franzen*, § 5 Rn. 12.

[320] ErfK/*Franzen*, § 5 Rn. 13.

[321] ErfK/*Franzen*, § 5 Rn. 14.

- Weitere und entscheidende Voraussetzung für eine Allgemeinverbindlicherklärung nach dem TVG ist, dass ein Einvernehmen mit einem Tarifausschuss erreicht wird. Dieser Tarifausschuss besteht aus jeweils 3 Vertretern der Spitzenorganisationen der Arbeitgeber- und der Arbeitnehmerverbände. Der Bundesminister für Arbeit und Soziales darf erst tätig werden, wenn dieser Ausschuss mit absoluter Mehrheit, also mit mindestens 4 Stimmen, seine Zustimmung erklärt.[322]

Liegen sämtliche der benannten Voraussetzungen vor, so „kann“ (nicht: „muss“) der BMAS einen Tarifvertrag für allgemeinverbindlich erklären. In der Praxis ist die Bedeutung der Allgemeinverbindlicherklärung gering geblieben.[323] Entscheidend hierfür ist vor allem das aus der Verfahrensregelung des § 5 I TVG hervorgehende Vetorecht der Spitzenverbände.[324]

5.3.2 Allgemeinverbindlichkeit nach dem AEntG

Als Alternative zu einer Allgemeinverbindlicherklärung nach dem TVG kommt eine solche nach § 7 I AEntG n.F. in Betracht. Diese Möglichkeit wurde für die Zeitarbeitsbranche auch in jüngster Zeit auf der politischen Ebene offen diskutiert.

5.3.2.1 Gesetzgeberische Entwicklung des AEntG

Zweck des ursprünglichen Arbeitnehmerentsendegesetzes vom 26.02.1996[325] war die Schaffung zwingender Arbeitsbedingungen für die Bauwirtschaft. Hintergrund war, dass aufgrund der innerhalb der EU geltenden Dienstleistungsfreiheit in Deutschland zunehmend Dienstleistungen von ausländischen Arbeitgebern aus anderen Mitgliedstaaten der Europäischen Union erbracht wurden.[326] Da in den Fällen grenzüberschreitender Arbeitnehmerüberlassung nach Art. 30 II 1 und Art. 14 EGBGB regelmäßig die Vertrags- und Arbeitsbedingungen des Entsendestaates gelten und diese Bedingungen im Verhältnis zu den deutschen Bedingungen überwiegend ungünstiger für die Arbeitnehmer waren, konnten die ausländischen Entsendeunternehmen die Dienstleistungen günstiger anbieten als die deutschen Konkurrenzunternehmen. Dies führte insbesondere in der Bauwirtschaft zu einer Verdrängung inländischer Arbeitnehmer durch entsandte ausländische Arbeitnehmer. Mit der Schaffung des Arbeitnehmerentsendegesetzes wollte der Gesetzgeber für die Baubran-

---

[322] *Andelewski*, DStR 2008, 2114 (2116).

[323] Allgemeinverbindliche Vergütungstarifverträge gibt es lediglich in einigen regionalen Tarifbereichen des Friseurgewerbes, des Wach- und Sicherheitsgewerbes, des Hotel- und Gaststättengewerbes sowie des gesamten Gebäudereinigerhandwerkes. Erfasst sind rund 570.000 Beschäftigte, vgl. die Darstellung bei *Bispinck/Schulten*, WSI-Mitteilungen 2008, 151 (152).

[324] *Gastell*, AuA 2008, 471 (472); *Witteler*, BB 2007, 1620 (1623).

[325] BGBl. 1996 I, S. 227.

[326] Siehe Gesetzesbegründung, BT-Drs. 13/2414, S. 2; *Gastell*, AuA 2008, 471 (472); *Huster*, Die Anwendbarkeit des Arbeitnehmerüberlassungsgesetzes auf inländische Leiharbeitnehmer, S. 1.

che Lohn- und Sozialdumping und zugleich einen damit einhergehenden Anstieg der Arbeitslosenquote verhindern.[327] In der Gesetzesbegründung verwies der Gesetzgeber darauf, dass der Spaltung des Arbeitsmarktes entgegengewirkt werden müsse, um sich daraus ergebende soziale Spannungen zu vermeiden.[328] Der Grundsatz „Gleicher Lohn für gleiche Arbeit am gleichen Ort" sollte für die Baubranche bestimmend werden.[329] Zur Verwirklichung dieser Zielsetzung schuf der Gesetzgeber das Arbeitnehmerentsendegesetz, in welchem die Erstreckung der Regelungswirkung von für allgemeinverbindlich erklärten Tarifverträgen ausdrücklich auch auf Entsendefälle bestimmt wurde.

Nach der ursprünglichen Fassung des Arbeitnehmerentsendegesetzes war grundlegende Voraussetzung für eine Wirkungserstreckung nach dem AEntG, dass zunächst ein für allgemeinverbindlich erklärter Tarifvertrag vorlag. Es musste somit zunächst das Verfahren nach § 5 TVG erfolgreich durchgeführt worden sein. Dies erwies sich nicht als praktikabel. Nachdem im Jahre 1996 die Allgemeinverbindlicherklärung des Tarifvertrages für das Baugewerbe an der fehlenden Zustimmung der Arbeitgeberseite im Tarifausschuss gescheitert war, wurde im Jahre 1998 § 1 IIIa AEntG a.F.[330] eingeführt. Nach dieser Bestimmung wurde dem Bundesminister für Arbeit und Soziales die Befugnis eingeräumt, auf Antrag selbst eine Allgemeinverbindlichkeit eines Tarifvertrages durch Rechtverordnung herbeizuführen. Das Vorgehen nach § 1 IIIa AEntG a.F. stellt seit der Einführung dieser Norm eine alternative Maßnahme gegenüber der Allgemeinverbindlicherklärung nach dem TVG dar, wobei die Variante des Vorgehens durch Rechtsverordnung in seiner praktischen Bedeutung die Möglichkeit einer Allgemeinverbindlicherklärung nach dem TVG weit überflügelte.[331]

In weiteren Gesetzesänderungen hat der Gesetzgeber im Jahre 2007 den Anwendungsbereich des AEntG auf das Gebäudereinigerhandwerk[332] sowie auf die Briefdienstleistungsbranche[333] erweitert. Dabei waren auch bei diesen Gesetzesänderungen – jedenfalls vordergründig – Erwägungen maßgeblich, die auf die Vermeidung von ausländischer Niedriglohnkonkurrenz abzielten. So wies die Begründung des Entwurfes zur ersten Änderung des Arbeitnehmergesetzes vom 25.4.2007[334] ausdrücklich darauf hin, dass das Gebäudereinigerhandwerk ebenso lohnkostenintensiv wie die Baubranche sei und deswegen in gleichem

[327] Siehe die Begründung des Gesetzgebers zum Gesetzesentwurf, BT-Drs. 13/2414, S. 7.

[328] BT-Drs. 13/2414, S. 7.

[329] *Hohenstatt/Schramm*, NZA 2008, 433 (434).

[330] BGBl 1998 I, S. 3843.

[331] ErfK/*Schlachter*, § 1 AEntG Rn. 13.

[332] BGBl. 2007 I, S. 576.

[333] BGBl. 2007 I, S. 3140.

[334] BT-Drs. 16/3064, S. 1.

Maße vor einem Verdrängungswettbewerb gegenüber ausländischen Mitbewerbern geschützt werden müsse. In der Begründung zum Zweiten Gesetz zur Änderung des Arbeitnehmerentsendegesetzes vom 21.12.2007[335] hob der Gesetzgeber hervor, dass nach Wegfall des Postmonopols im Besonderen eine Konkurrenz durch solche Anbieter drohe, die nicht an die deutschen Arbeitsbedingungen gebunden sind.

Die jüngste Gesetzesänderung[336] lässt nunmehr erkennen, dass sich das Gesetzesmotiv für das Arbeitnehmerentsendegesetz grundlegend geändert hat. In der Gesetzesbegründung vom 7.10.2008[337] wird einleitend ausdrücklich ausgeführt, dass das AEntG „einen Rechtsrahmen biete, um tarifvertragliche Mindestlöhne für alle Arbeitnehmer und Arbeitnehmerinnen einer Branche verbindlich zu machen, unabhängig davon, ob der Arbeitgeber seinen Sitz im In- oder Ausland hat“. Der ursprüngliche protektionistische Gesetzeszweck, einen Lohnkostenwettbewerb mit europäischen Mitbewerbern einzuschränken, ist nachrangig geworden. Der Gesetzgeber hat das Arbeitnehmerentsendegesetz, insbesondere die Verordnungs-ermächtigung in § 7 AEntG (§ 1 IIIa AEntG a.F.) als wirksames Instrument der Mindestlohnpolitik erkannt und hat einen entsprechenden Nutzungswillen offenbart. Die zuletzt erfolgte gewichtige Ausweitung des Arbeitnehmerentsendegesetzes auf zahlreiche weitere Branchen unterstreicht dies. Fraglich ist, ob das Arbeitnehmerentsendegesetz in seiner jüngsten Fassung auch für die Zeitarbeitsbranche eine mögliche Grundlage für die Einführung eines branchenweiten Mindestlohns sein könnte.

5.3.2.2 Anwendbarkeit des AEntG auf die Zeitarbeitsbranche

Voraussetzung für eine Allgemeinverbindlicherklärung auf der Basis des Arbeitnehmerentsendegesetzes wäre zunächst, dass dieses auf die Zeitarbeitsbranche anwendbar wäre. Nach § 4 AEntG n.F. gilt das Arbeitnehmerentsendegesetz in seiner aktuellen Fassung lediglich für Tarifverträge

- des Bauhaupt- und des Baunebengewerbes,
- der Gebäudereinigung,
- für Briefdienstleistungen,
- für Sicherheitsdienstleistungen,
- für Bergbauspezialarbeiten auf Steinkohlebergwerken,
- für Wäschereidienstleistungen im Objektkundengeschäft,

---

[335] BT-Drs. 16/7534.

[336] Gesetz über zwingende Arbeitsbedingungen für grenzüberschreitend entsandte und für regelmäßig im Inland beschäftigte Arbeitnehmer und Arbeitnehmerinnen v. 20.4.2009, BGBl 2009 I, S. 799.

[337] BT-Drs. 16/10486, S. 1.

- der Abfallwirtschaft und
- für Aus- und Weiterbildungsdienstleistungen.

Die Zeitarbeitsbranche selbst ist derzeit nicht erfasst. Soweit in § 8 III AEntG n.F. ausdrücklich auch die Anwendbarkeit eines für allgemeinverbindlich erklärten Tarifvertrages auf Leiharbeitnehmer angeordnet ist, stellt diese keine Erstreckung auf die Leiharbeitsbranche als solche dar, sondern sichert nur die Gleichbehandlung von Leiharbeitern, die in einer der oben genannten Branchen eingesetzt werden für den Fall, dass in dieser Branche eine Allgemeinverbindlicherklärung eines Tarifvertrages erfolgt. Für die Allgemeinverbindlicherklärung eines Tarifvertrages, der für die Zeitarbeitsbranche als solche abgeschlossen wurde, bedarf es daher zunächst einer ausdrücklichen Erweiterung des Anwendungsbereiches des AEntG durch eine Aufnahme der Zeitarbeit in den Branchenkatalog des § 4 AEntG n.F.

5.3.2.3 Voraussetzungen

Darüber hinaus formuliert das Arbeitnehmerentsendegesetz einige Voraussetzungen, die erfüllt sein müssen, damit für den Bundesminister für Arbeit und Soziales die Befugnis erwächst, eine Allgemeinverbindlichkeit durch Rechtsverordnung herbeizuführen.

5.3.2.3.1 Gesetzeslage bis zum 20.4.2009

In seiner ursprünglichen Fassung des Arbeitnehmerentsendegesetzes sah § 1 IIIa AEntG dem Wortlaut nach keine materiellen Voraussetzungen für eine Allgemeinverbindlicherklärung vor. Vielmehr bestand lediglich das formelle Erfordernis des Bestehens eines (wirksamen) Tarifvertrages sowie des Vorliegens eines Antrages auf Allgemeinverbindlicherklärung dieses Tarifvertrages. Eine Bindung an eine Entscheidung eines Tarifausschusses bestand nach einhelliger Auffassung nicht.[338] Nach zutreffender h.M. war auch keine Bindung an das 50%-Quorum aus § 5 TVG anzunehmen.[339] Lediglich das Erfordernis eines öffentlichen Interesses i.S.v. § 5 I 1 Nr. 2 TVG wurde überwiegend bejaht.[340] Letzteres folgt bereits daraus, dass der Erlass einer Rechtsverordnung generell ein öffentliches Interesse an der Regelung voraussetzt, wenn auch dem zuständigen Minister hinsichtlich der Beurteilung dieses öffentlichen Interesses ein großer Beurteilungsspielraum zuzubilligen ist. Die gewissenhafte Überprüfung des Vorliegens eines öffentlichen Interessens stellt

---

[338] *Büdenbender*, RdA 2000, 193 (197); *Hohenstatt/Schramm*, NZA 2008, 433 (434); *Klebeck*, NZA 2008, 446 (447); *Kreiling*, NZA 2001, 1118 (1119).

[339] OVG Berlin-Brandenburg v. 10.3.2004, ArbuR 2004, 351 (352); *Klebeck*, a.a.O.; *Kreiling*, a.a.O.; a.A.: *Büdenbender*, a.a.O.; *Hohenstatt/Schramm*, a.a.O..

[340] OVG Berlin-Brandenburg a.a.O.; *Büdenbender*, a.a.O.; *Hohenstatt/Schramm*, a.a.O.; *Klebeck*, a.a.O..

sich insofern als notwendiger Bestandteil der erforderlichen pflichtgemäßen Ausübung des dem Minister zustehenden Ermessens dar.[341]

5.3.2.3.2 Änderungen durch Novellierung des AEntG

Mit Inkrafttreten des novellierten Arbeitnehmerentsendegesetzes am 20.4.2009 wurde der bisherige § 1 IIIa AEntG a.F. in die Norm des § 7 I AEntG n.F. übernommen. Gegenüber der bisherigen Regelung hat der Gesetzgeber in nicht unerheblichen Umfang Modifikationen vorgenommen.

Zunächst ist nunmehr - wenn auch erst im Rahmen der Beschlussfassung vom 23.01.2009 und unter Abänderung des bis dahin vorliegenden Gesetzesentwurfes vom 7.10.2008[342] - ein gemeinsamer Antrag beider Tarifparteien Voraussetzung. Der Erlass einer Rechtsverordnung zur Ausweitung des Anwendungsbereiches eines Tarifvertrages ist somit nicht mehr gegen den Willen einer der Tarifparteien möglich.

Eine weitere wesentliche Neuerung stellt die Regelung in § 7 V AEntG dar. Hiernach ist für den Erlass einer Rechtsverordnung der Tarifausschuss i.S.v. § 5 I 1 TVG zu beteiligen. Stimmt der Ausschuss mehrheitlich (d.h. mit mindestens 4 Stimmen) für den Antrag, so kann die Rechtsverordnung erlassen werden. Auf den ersten Blick scheint die Beteiligung des Tarifausschusses daher ebenso ausgestaltet zu sein wie im Rahmen des Verfahrens nach § 5 TVG. Dies ist indes nicht der Fall.

Schon in der Formulierung des § 7 V 1 AEntG n.F. ist eine erhebliche Schwächung der Position des Tarifausschusses gegenüber dem Verfahren auf Allgemeinverbindlicherklärung nach dem TVG verankert. So regelt diese Bestimmung, dass der Tarifausschuss (nur) dann zu beteiligen ist, wenn „erstmals“ ein Antrag nach § 7 I AEntG n.F. gestellt wird. Gemeint ist damit, auch wenn der Gesetzeswortlaut nicht allzu ergiebig ist, nicht, dass sich die Beteiligung des Tarifausschusses nur gebietet, wenn für einen ganz bestimmten Tarifvertrag erstmals ein Antrag gestellt wird. Eine Beteiligung ist daher nicht etwa nur dann nicht erforderlich, wenn für einen bestimmten Tarifvertrag zum wiederholten Mal ein Antrag gestellt wird, etwa weil der Erstantrag erfolglos geblieben wäre. Vielmehr ergibt sich aus der Gesetzesbegründung, dass eine Beteiligung des Tarifausschusses nur geboten ist, wenn für eine Branche, die neu in das AEntG aufgenommen wurde, erstmals ein Antrag gestellt wird.[343] Wird somit in einer Branche, in der bereits im Vorfeld ein Tarifvertrag auf der Basis des § 7 I AEntG für allgemeinverbindlich erklärt worden ist, erneut ein Antrag auf Allgemeinverbindlicherklärung eines Tarifvertrages gestellt, ist eine Beteiligung des Tarifausschusses nicht vorgesehen, und zwar auch dann nicht, wenn der neue Tarifvertrag einen völlig anderen Inhalt aufweist als der vorangegangene. Im Extremfall würde so eine

---

[341] OVG Berlin-Brandenburg a.a.O.; *Klebeck*, a.a.O..

[342] BT-Drs. 16/10486.

[343] *Bayreuther*, a.a.O. (679); Gesetzesbegründung, BT-Drs. 16/10486, S. 16.

Beteiligung des Tarifausschusses hinsichtlich eines Mindestlohntarifvertrages auch dann entbehrlich, wenn zuvor bereits ein Antrag hinsichtlich eines Tarifvertrages zur Regelung der Dauer des Erholungsurlaubes und des Urlaubsentgeltes (§§ 3, 5 Nr. 2 AEntG n.F.) gestellt worden war. Dies erscheint angesichts des Zweckes der Beteiligung, nämlich der Berücksichtigung gesamtwirtschaftlicher Erwägungen, bedenklich.[344]

Eine weitere Schwächung der Position des Tarifausschusses folgt aus den Regelungen des § 7 V 2, 3 AEntG n.F.. Hiernach kann eine Rechtsverordnung dann erlassen werden, wenn entweder binnen 3 Monaten keine Stellungnahme des Tarifausschusses erfolgt ist oder wenn mindestens 2/3 der Ausschussmitglieder für den Antrag gestimmt hat. Auch wenn nur zwei oder drei Ausschussmitglieder zugestimmt haben, kann jedoch eine Rechtsverordnung erlassen werden, wobei in diesem Fall die Rechtsverordnung jedoch nur durch die Bundesregierung erlassen werden kann. Im Ergebnis hat die Beteiligungsregelung zur Folge, dass weder die Arbeitgeber- noch die Arbeitnehmerseite den Erlass einer Rechtsverordnung nach § 7 I AEntG n.F. alleine verhindern können. Vielmehr wäre ein Erlass rechnerisch erst dann ausgeschlossen, wenn sich mindestens 5 von 6 Mitgliedern des Ausschusses gegen den Antrag wenden oder sich eine entsprechend große Anzahl der Mitglieder enthält.

Auch in materieller Hinsicht sind durch die Neufassung des AEntG einige Änderungen eingetreten. Durch die Bezugnahme auf § 5 I 1 Nr. 2 TVG in § 7 I 2 AEntG n.F. hat der Gesetzgeber die bis dahin bereits vorherrschende Rechtsmeinung im Ergebnis bestätigt und klargestellt, dass für den Erlass der Rechtsverordnung ein öffentliches Interesse vorliegen muss. Zugleich geht aus der selektiven Bezugnahme des Gesetzgebers hervor, dass im Umkehrschluss das 50%-Quorum nach § 5 I 1 Nr. 1 TVG nicht materielle Voraussetzung einer Allgemeinverbindlicherklärung nach dem TVG sein soll.[345]

Im Unterscheid zu § 1 I Nr. 1 AEntG a.F. nimmt § 5 I Nr. 1 AEntG n.F. Mindestentgeltsätze in Bezug, die „nach der Art der Tätigkeit, Qualifikation der Arbeitnehmer und Arbeitnehmerinnen und Regionen differenzieren können". Der Gesetzgeber hat hierdurch Raum geschaffen für Differenzierungsmöglichkeiten bei den Mindestentgelten, die sich in der Praxis bewährt haben.[346] Der genaue Grad einer möglichen Differenzierung geht aus dem Gesetzeswortlaut nicht klar hervor. Angesichts des Gesetzeszweckes, einen Mindestschutz in bestimmten Branchen zu gewährleisten, dürfte eine zu starke Untergliederung im Sinne ausdifferenzierter Lohngruppen jedoch unzulässig sein.[347] Insbesondere dürfte die Erstreckung auf ein ganzes Lohngitter nicht möglich sein.[348] Die durch den Gesetzgeber eröffnete

[344] *Bayreuther*, a.a.O.; *Sittard*, NZA 2009, 346 (348).

[345] *Bayreuther*, DB 2009, 678 (679); *Willemsen/Sagan*, NZA 2008, 1216 (1217).

[346] Gesetzesbegründung, BT-Drs- 16/10486, S. 14.

[347] *Bayreuther*, a.a.O. (678); *Sittard*, NZA 2009, 346 (347).

[348] *Bayreuther*, a.a.O.; Gesetzesbegründung, BT-Drs. 16/10486, S. 14.

Möglichkeit käme den Besonderheiten der Zeitarbeitsbranche durchaus entgegen. Da in der Zeitarbeitsbranche ein Einsatz von Leiharbeitnehmern in unterschiedlichsten Tätigkeitsfeldern erfolgt, würde sich eine grobe Differenzierung nach Art der ausgeübten Tätigkeit anbieten. Auch die in Tarifverträgen häufig vorzufindende Differenzierung hinsichtlich des Lohnniveaus in den neuen und den alten Bundesländern könnte durch eine Rechtsverordnung nach § 7 AEntG n.F. erfasst werden.

Ein weiteres Novum bildet die in § 7 II AEntG n.F. eingefügte Auswahlregelung. Der Gesetzgeber hat nunmehr für den Fall, dass es für eine Branche mehrere Tarifverträge geben sollte, ausdrücklich klargestellt, dass der Verordnungsgeber sich mit der Frage auseinandersetzen muss, ob es gerechtfertigt ist, gerade den Tarifvertrag, für den ein Antrag vorliegt, für allgemeinverbindlich zu erklären. Bei der zu treffenden Auswahlentscheidung soll der Verordnungsgeber neben den in § 1 AEntG n.F. genannten Gesetzeszielen das Merkmal der Repräsentativität der jeweiligen Tarifverträge berücksichtigen. In § 7 II 2 Nr. 1 und 2 AEntG n.F. werden Kriterien aufgestellt, die für die Bestimmung der Repräsentativität vorrangig heranzuziehen sind. So soll der Verordnungsgeber berücksichtigen, wie groß die Zahl der durch die jeweils tarifgebundenen Arbeitgeber beschäftigten und unter den Geltungsbereich des Tarifvertrages fallenden Arbeitnehmer ist. Zudem soll die Zahl der jeweils unter den Geltungsbereich des Tarifvertrages fallenden Mitglieder der vertragsschließenden Gewerkschaft herangezogen werden.

Für den - in der Praxis wohl weitaus wahrscheinlicheren[349] - Fall, dass nicht nur mehrere Tarifverträge für eine Branche bestehen, sondern auch für mehr als einen Tarifvertrag ein Antrag nach § 7 I AEntG n.F. gestellt wurde, bestimmt § 7 III AEntG n.F., dass der Verordnungsgeber mit besonderer Sorgfalt die von der Auswahlentscheidung betroffenen Güter von Verfassungsrang abwägen und die widerstreitenden Interessen zu einem schonenden Ausgleich bringen soll. Der Regelungsgehalt der benannten Vorschrift dürfte nicht allzu hoch eingeschätzt werden. Zum einen dürfte es ohnehin selbstverständlich sein, dass ein Bundesminister (oder im Falle des § 7 V 3 AEntG n.F. die Bundesregierung) bei einer Ermessensentscheidung, die in erheblichem Maße in Grundrechte der beteiligten Gewerkschaften eingreift,[350] besonders sorgfältig vorgeht.[351] Zum anderen dürfte die praktische Umsetzung des mit dem Hinweis auf einen „schonenden Ausgleich“ in Bezug genommenen verfassungsrechtlichen Prinzips der praktischen Konkordanz schwierig möglich sein. Bei der Frage, ob der eine oder der andere Tarifvertrag zu wählen ist, handelt es sich um eine „Alles oder Nichts“-Frage, so dass nicht recht ersichtlich erscheint, wie eine Entscheidung

---

[349] *Bayreuther*, a.a.O. (680).

[350] Siehe 6.1.2.1.4..

[351] *Bayreuther*, DB 2009, 678 (680).

unter besonderer Schonung der Interessen der Partei des im Ergebnis nicht ausgewählten Tarifvertrages getroffen werden könnte.[352]

5.3.2.4 Rechtsfolgen der Allgemeinverbindlicherklärung

Die Wirkung einer Rechtsverordnung nach § 7 I AEntG n.F. ist, dass der in Bezug genommene Tarifvertrag unmittelbar auf alle Arbeitsverhältnisse Anwendung findet, die seinem Geltungsbereich unterfallen (§ 8 I AEntG n.F.). Die betroffenen Arbeitgeber sind verpflichtet, ihren Arbeitnehmern mindestens die in dem Tarifvertrag für den Beschäftigungsort vorgesehenen Arbeitsbedingungen zu gewähren. Dabei kommt es - entsprechend dem ursprünglichen Regelungszweck des AEntG - nicht darauf an, ob der Arbeitgeber seinen Sitz im Inland oder im Ausland hat. Zwar könnte die Anwendbarkeit deutscher Tarifnormen auf ausländische Arbeitgeber zunächst angesichts der Regelung des Art. 30 II Nr. 1 EGBGB zweifelhaft erscheinen. Nach dieser Norm findet - soweit nicht eine Rechtswahl nach Art. 30, 27 EGBGB zu berücksichtigen ist - grundsätzlich das Recht desjenigen Staates Anwendung, in dem der Arbeitnehmer gewöhnlich seine Arbeit verrichtet. Jedenfalls für den Fall, dass ein ausländischer Arbeitnehmer nur für kurze Zeit in Deutschland eingesetzt würde, wäre somit regelmäßig von der Anwendbarkeit der ausländischen Rechtsordnung auszugehen.[353] Eine Ausnahme von diesem Grundsatz ist jedoch in Art. 34 EGBGB normiert. Hiernach sind deutsche Vorschriften unabhängig vom Vertragsstatut gleichwohl anzuwenden, wenn diese „zwingend" sind. Diese Rechtsfolge wird durch die Regelung in den §§ 3 S. 1, 8 I AEntG n.F. herbeigeführt. Der Gesetzgeber hat insofern ausdrücklich klargestellt, dass es sich bei den Regelungen eines nach dem TVG oder dem AEntG für allgemeinverbindlich erklärten Tarifvertrages um solche Vorschriften handelt, deren Anwendung auch für ausländische Arbeitgeber zwingend ist.

Hinsichtlich des personellen Anwendungsbereiches war nach alter Rechtslage höchst streitig, ob aufgrund der Ermächtigungsgrundlage des § 1 III a AEntG eine Rechtsverordnung ergehen konnte, deren Wirkung auch anderweitig tarifgebundene Arbeitnehmer erfasst,[354] oder ob sich die Rechtsverordnungsermächtigung vielmehr auf Arbeitnehmer beschränkte, die in keiner Weise tarifgebunden waren.[355] Insbesondere entzündete sich Streit an der Frage, ob die Formulierung in § 1 IIIa AEntG a.F., dass durch Rechtsverordnung eine Wirkungserstreckung des Tarifvertrages auf alle „nicht tarifgebundenen" Arbeitnehmer erfolgen könne, unter Berücksichtigung des Begriffsverständnisses des TVG so ausgelegt wer-

---

[352] *Sittard*, NZA 2009, 346 (348).

[353] *Huster*, Die Anwendbarkeit des Arbeitnehmerüberlassungsgesetzes auf inländische Leiharbeitnehmer, S. 14.

[354] *Bieback/Kocher* in: *Schäfer/Bieback/Kocher/Dieterich/Hanau*, Tarifgestützte Mindestlöhne, S. 70.; *Greiner*, BB 2008, 840 (841); *Maier*, NVwZ 2008, 746 (749) *Singer/Büsing*, SAE 2003, 35 (36).

[355] *Büdenbender*, RdA 2000, 193 (202); *Hohenstatt/Schramm*, NZA 2008, 433 (437); *Klebeck*, NZA 2008, 446 (449); *Kreiling*, NZA 2001, 1118 (1120); *Willemsen/Sagan*, NZA 2008, 1216 (1217).

den konnte, dass eine Wirkungserstreckung auf alle „nicht an ihn (den Tarifvertrag)“ gebundenen Arbeitnehmer zulässig ist. Der Bundesminister für Arbeit und Soziales hatte im Rahmen der Verordnung über zwingende Arbeitsbedingungen für die Branche Briefdienstleistungen (BriefArbbV) vom 28.12.2007[356] eine weite Auslegung der Ermächtigungsgrundlage im zuletzt genannten Sinne zugrunde gelegt und die Tariferstreckung ausdrücklich auch auf anderweitig Tarifgebundene ausgeweitet. Das VG Berlin[357] sowie das OVG Berlin-Brandenburg[358] haben übereinstimmend die Verordnung aus diesem Grunde für rechtswidrig gehalten. Der Gesetzgeber hat nunmehr reagiert und die grundlegenden Formulierungen in § 7 I, 8 II AEntG n.F. modifiziert. Die Regelungswirkung für alle „nicht an ihn“ gebundenen Arbeitnehmer wurde ausdrücklich im Gesetz verankert. Der bisherige Meinungsstreit ist somit gegenstandslos geworden. Inwiefern die neue Regelung einer verfassungsrechtlichen Überprüfung standhält, insbesondere, ob die Regelung mit der Tarifautonomie anderweitig Tarifgebundener zu vereinbaren ist, soll an späterer Stelle erörtert werden.[359]

Hinsichtlich der konkreten Bedeutung einer Tariferstreckung auch auf anderweitig Tarifgebundene ist darauf hinzuweisen, dass sich aus der Formulierung des § 8 I AEntG n.F. („Arbeitgeber (…) müssen (…) mindestens die in dem für den Beschäftigungsort vorgeschriebenen Arbeitsbedingungen gewähren“) bereits ergibt, dass es irreführend wäre, von einer „Verdrängung“ anderweitiger Tarifverträge zu sprechen. Vielmehr gelten bereits bestehende tarifvertragliche Regelungen weiter fort. Nur soweit diese für die Arbeitnehmer ungünstigere Bedingungen aufweisen, als es in dem für allgemeinverbindlich erklärten Tarifvertrag normiert ist, kommt es zu einer Modifikation nach Maßgabe der in ihrer Wirkung erstreckten Tarifnormen.[360]

---

[356] BGBl. 2007 I, S. 3140.

[357] VG Berlin v. 7.3.2008, NZA 2008, 482 (486).

[358] OVG Berlin-Brandenburg v. 18.12.2008, ArbuR 2009, 46 (46).

[359] Siehe 6.1.2.1.4..

[360] *Maier*, NVwZ 2008, 746 (748); *Sodan/Zimmermann*, ZfA 2008, 526 (535).

6 Rechtliche Probleme der Einführung eines Mindestlohns in der Zeitarbeitsbranche

6.1 Verfassungsmäßigkeit einer Allgemeinverbindlicherklärung nach dem AEntG

Fraglich ist, ob die Allgemeinverbindlicherklärung eines Tarifvertrages der Zeitarbeitsbranche mit deutschem Verfassungsrecht vereinbar wäre. Insofern ist zunächst zu prüfen, ob eine solche Erklärung auf einer wirksamen Ermächtigungsgrundlage basieren würde (6.1.1.). In materieller Hinsicht ist zu prüfen, ob eine Tariferstreckung auf der Basis des AEntG mit dem Grundrecht der Koalitionsfreiheit (6.1.2.), mit der Berufsfreiheit aus Art. 12 I GG (6.1.3.) und mit dem allgemeinen Gleichheitsgrundsatz (6.1.4.) vereinbar ist. Wie zu zeigen sein wird, bedarf es insofern einer genauen Betrachtung der konkreten Gewährleistungsinhalte der betroffenen Grundrechte.

6.1.1 Wirksame Ermächtigungsgrundlage

Ausfluss des in Art. 20 III GG normierten Rechtsstaatsprinzips ist es, dass jeder durch die Staatsgewalt vorgenommene Eingriff in die Rechte von Bürgern einer gesetzlichen Grundlage bedarf. Wie bereits dargelegt, ist nach aktueller Rechtslage die Ermächtigungsgrundlage für eine Allgemeinverbindlicherklärung nach dem Arbeitnehmerentsendegesetz in § 7 I AEntG n.F. (entspricht mit inhaltlichen Änderungen § 1 III a AEntG a.F.) zu finden. Da ein Rechtsakt nur dann verfassungsgemäß sein kann, wenn auch die zugrunde liegende Ermächtigungsgrundlage mit der Verfassung im Einklang steht, ist zunächst eben diese Verfassungsmäßigkeit zu prüfen.

6.1.1.1 Anwendbarkeit von Art. 80 I GG

Prüfungsmaßstab für ein Gesetz, das zum Erlass von Rechtsverordnungen ermächtigt, ist Art. 80 I GG. Auch die Ermächtigungsnormen des AEntG sind an dieser Regelung zu messen. Zwar erscheint die Qualität einer Allgemeinverbindlicherklärung als Rechtsverordnung auf den ersten Blick nicht unzweifelhaft. Berücksichtigt man, dass das Wesen einer Rechtsverordnung gerade in einem eigenen rechtsschöpferischen Gestaltungsakt der Exekutive liegt, so wird man konstatieren müssen, dass die bloße Übernahme einer rechtsschöpferischen Entscheidung von Tarifparteien ohne unmittelbare inhaltliche Einflussnahme zumindest keine typische Rechtsverordnung darstellt.[361] Insofern verwundert es nicht, wenn das BVerfG in einer Grundsatzentscheidung zum TVG[362] eine Allgemeinverbindlicherklärung als Maßnahme sui generis eingeordnet und den Anwendungsbereich von Art. 80 I GG daher nicht als eröffnet angesehen hat. Für eine Allgemeinverbindlicherklärung nach dem

---

[361] *Büdenbender*, RdA 2000, 193 (199).

[362] BVerfG v. 24.5.1977, NJW 1977, 2255 (2257).

AEntG scheidet eine solche Wertung jedoch aus. Der Gesetzgeber hat in Kenntnis der herrschenden Rechtsauffassung der Rechtsprechung zur Allgemeinverbindlicherklärung nach dem TVG in § 7 I AEntG n.F. ausdrücklich bestimmt, dass ein Tarifvertrag „durch Rechtsverordnung" für allgemeinverbindlich erklärt werden kann. Für eine abweichende Auslegung ist daher kein Raum mehr.[363]

6.1.1.2 Die Anforderungen des Art. 80 I GG an Ermächtigungsgesetze

Für ein Gesetz, durch welches der parlamentarische Gesetzgeber die Exekutive zum Erlass einer Rechtsverordnung ermächtigt, bestimmt Art. 80 I 2 GG, dass Inhalt, Zweck und Ausmaß der erteilten Ermächtigung bestimmt werden müssen. Zweck der Bestimmtheitsanforderung ist es dabei, dem Verordnungsgeber eine hinreichende demokratische Legitimation zu verleihen, um die Durchbrechung des Gewaltenteilungsprinzips zu rechtfertigen. Dabei sind angesichts des Zweckes des Art. 80 I GG, den Gesetzgeber zu entlasten, an die Bestimmtheit der Verordnungsermächtigung keine übertriebenen Anforderungen zu stellen. Die präzisen Anforderungen des Art. 80 I GG sind vielmehr flexibel unter Berücksichtigung der Bedeutung der Regelungsmaterie und der Eingriffsintensität zu bestimmen.[364] Zu berücksichtigen ist darüber hinaus, welches Bestimmtheitsniveau angesichts der konkreten Besonderheiten der jeweiligen Regelungsmaterie tatsächlich erreicht werden kann.[365]

6.1.1.3 Gesetzeslage bis zum 20.4.2009

Die Frage, ob die Ermächtigungsgrundlage in der ursprünglichen Fassung des § 1 III a AEntG a.F. diesen Anforderungen genügte, wurde in Literatur und Rechtsprechung nicht einheitlich beurteilt. Während insbesondere die Rechtsprechung[366] von einer Verfassungsmäßigkeit dieser Verordnungsermächtigung ausging, wurden in der Literatur[367] erhebliche Bedenken hiergegen vorgebracht.

Zwar erscheint es auf den ersten Blick mutig, wenn der Gesetzgeber in § 1 III a AEntG die Entscheidung über die Allgemeinverbindlicherklärung an keinerlei materielle Kriterien knüpfte, sondern vielmehr lediglich das Vorliegen eines Antrages auf Allgemeinverbindlicherklärung voraussetzte. Betrachtet man jedoch den Gesamtregelungszusammenhang, so wird deutlich, dass dem Verordnungsgeber durchaus klare Grenzen gesetzt wurden. So wurden in den §§ 1, 7 AEntG a.F. sowohl der angesprochene Personenkreis, als auch die

---

[363] OVG Berlin-Brandenburg v. 18.12.2008, ArbuR 2009, 46 (46); VG Berlin v. 7.3.2008, NZA 2008, 482 (486); *Büdenbender*, RdA 2000, 193 (199).

[364] *Bieback/Kocher* in: *Schäfer/Bieback/Kocher/Dieterich/Hanau*, Tarifgestützte Mindestlöhne, S. 49.

[365] *Bieback/Kocher*; a.a.O.; *Bieback*, RdA 2000, 207 (214); *Büdenbender*, RdA 2000, 193 (200); *Dieterich* in: *Schäfer/Bieback/Kocher/ Dieterich/Hanau*, Tarifgestützte Mindestlöhne, S.115.

[366] BVerfG v. 18.7.2000, NJW 2000, 3704 (3705).

[367] *Büdenbender*, RdA 2000, 193 (200); *Richardi*, ZfA 2003, 655 (672); *Scholz*, RdA 2001, 193 (197).

regelbare Materie abschließend aufgezählt. Zudem ließ sich unter Heranziehung der Gesetzesgeschichte, insbesondere unter Berücksichtigung der langjährigen Diskussionen des Gesetzgebers über die Einführung eines gesetzlichen Mindestlohns und den zahlreichen befürwortenden Beschlüssen der EU-Kommission durch Auslegung des Gesetzes der Zweck der Verordnungsermächtigung, nämlich die Schaffung eines existenzsichernden und „gerechten" Lohnniveaus eindeutig ermitteln.[368] Der verbleibende weite Spielraum des Verordnungsgebers war dabei durchaus gewollt und im Ergebnis auch nicht zu beanstanden. Es entspricht gerade der Natur der Verordnungsermächtigung, die präzise Inhaltsbestimmung dem Verordnungsgeber zu überlassen. In jedem Fall durch den parlamentarischen Gesetzgeber zu regeln ist vielmehr der Regelungsgegenstand.[369] Diese Aufgabe hatte der Gesetzgeber durch die Eingrenzung in den §§ 1, 7 AEntG n.F. erfüllt. Dies gilt umso mehr, wenn man die besondere Konstellation im Fall einer Allgemeinverbindlicherklärung eines Tarifvertrages berücksichtigt. Zu bedenken ist, dass der Verordnungsgeber in diesem Fall gerade keine eigene gestaltende Entscheidung treffen soll, sondern dass vielmehr ein durch autonome Tarifparteien auf der Basis der jeweiligen ökonomischen Rahmenbedingungen gefundenes Verhandlungsergebnis in seiner Bedeutung gestärkt werden soll. In dieser besonderen Konstellation wären präzise inhaltliche Vorgaben nicht nur nicht geboten gewesen, sondern sie hätten schlichtweg im Widerspruch zur Natur der Allgemeinverbindlicherklärung gestanden.

Die Ermächtigungsgrundlage des § 1 III a AEntG war somit im Lichte des Art. 80 I 2 GG verfassungsgemäß. Dabei kann es dahinstehen, ob an eine Ermächtigungsgrundlage unter Berücksichtigung der Bedeutung der Tarifautonomie strengere Anforderungen zu stellen sind, wenn durch einen für allgemeinverbindlich erklärten Tarifvertrag andere Tarifverträge verdrängt werden sollen.[370] Insbesondere bedarf es keiner Entscheidung, ob in diesem Fall im Gesetz Auswahlkriterien für eine Entscheidung zwischen mehreren vorhandenen Tarifverträgen hätte normiert werden müssen. Denn eine entsprechende Verdrängungswirkung war von § 1 III a AEntG a.F. nicht erfasst. Insofern ist der Rechtsprechung[371] und der herrschenden Meinung in der Literatur[372] beizupflichten, wonach eine Auslegung im Lichte der

---

[368] *Bieback/Kocher* in: *Schäfer/Bieback/Kocher/Dieterich/Hanau*, Tarifgestützte Mindestlöhne, S. 49.

[369] *Bieback/Kocher* in: *Schäfer/Bieback/Kocher/Dieterich/Hanau*, Tarifgestützte Mindestlöhne, S. 51.

[370] Bejahend: VG Berlin v. 7.3.2008, NZA 2008, 482 (486); *Bieback/Kocher* in: *Schäfer/Bieback/Kocher/Dieterich/Hanau*, Tarifgestützte Mindestlöhne, S. 69; *Dieterich* in: *Schäfer/Bieback/Kocher/Dieterich/Hanau*, Tarifgestützte Mindestlöhne, S. 116; *Klebeck*, NZA 2008, 446 (450); a.A: *Hanau* in: *Schäfer/Bieback/Kocher/Dieterich/Hanau*, Tarifgestützte Mindestlöhne, S. 153; Offen gelassen in OVG Berlin-Brandenburg v. 18.12.2008, ArbuR 2009, 46 (46)

[371] OVG Berlin-Brandenburg v. 18.12.2008, ArbuR 2009, 46 (46); VG Berlin v. 7.3.2008, NZA 2008, 482 (486).

[372] *Büdenbender*, RdA 2000, 193 (202); *Hohenstatt/Schramm*, NZA 2008, 433 (437); *Klebeck*, NZA 2008, 446 (449); *Kreiling*, NZA 2001, 1118 (1120); *Willemsen/Sagan*, NZA 2008, 1216 (1217).

Tarifautonomie und unter Berücksichtigung der Entstehungsgeschichte, der gesetzgeberischen Begründung sowie des Wortlautes des § 1 III a AEntG a.F. zu dem Ergebnis führen muss, dass eine Allgemeinverbindlichkeitserklärung auf der Basis dieser Norm lediglich (überhaupt) nicht anderweitig tarifgebundene Arbeitnehmer erfassen sollte.

6.1.1.4 Änderungen durch Novellierung des AEntG

Durch die Neufassung des Arbeitnehmerentsendegesetzes hat sich die Grundlage für die Beurteilung der Verfassungsmäßigkeit insofern entscheidend geändert, als der Gesetzgeber nunmehr ausdrücklich formuliert hat, dass die für allgemeinverbindlich erklärten Rechtsnormen des Tarifvertrages für alle unter seinen Geltungsbereich fallenden und nicht „an ihn" gebundenen Arbeitgeber und Arbeitnehmer Anwendung findet. Da sich der Gesetzgeber somit nunmehr ausdrücklich für eine „Verdrängungsfunktion" entschieden hat, könnte man sich im Unterschied zur vormaligen Ermächtigungsgrundlage nunmehr tatsächlich die Frage stellen, ob hieraus die Verpflichtung resultiert, gleichsam die Kriterien für eine Auswahlentscheidung festzulegen. Im Ergebnis dürfte eine entsprechende Anforderung an den Gesetzgeber gerechtfertigt sein. In diesem Zusammenhang ist zu berücksichtigen, dass nach der im Verfassungsrecht anerkannten Wesentlichkeitstheorie der Gesetzgeber grundsätzlich verpflichtet ist, alle wesentlichen Entscheidungen selbst zu treffen.[373] Die Wesentlichkeit einer Entscheidung beurteilt sich dabei insbesondere danach, inwieweit durch eine Entscheidung Grundrechte beeinträchtigt werden. Für den Fall einer Verordnungsermächtigung hat die Wesentlichkeitstheorie zur Folge, dass die Anforderungen an die Bestimmtheit des ermächtigenden Gesetzes umso strenger sind, je intensiver in die Rechte der Betroffenen eingegriffen wird.[374] Da – was noch zu zeigen sein wird - gerade die Verdrängung anderweitiger Tarifverträge die Tarifautonomie der anderweitig gebundenen Tarifparteien im besonders intensiven Maße beeinträchtigt,[375] erscheint es naheliegend, vom Gesetzgeber gerade in diesem Fall zu fordern, für die erforderliche Ermessensbetätigung des Verordnungsgebers klare Entscheidungskriterien vorzugeben.

Durch die Neufassung des Gesetzes hat der Gesetzgeber dieser verfassungsrechtlichen Anforderung indes genügt. Insofern sind in § 7 II und III AEntG n.F. nunmehr Vorgaben verankert, die der Verordnungsgeber bei der Entscheidung zwischen mehreren existierenden Tarifverträgen zu beachten hat. Wie bereits dargestellt,[376] soll sich die Auswahlentscheidung an dem Kriterium der Repräsentativität orientieren. Ebenso hat der Gesetzgeber Kriterien vorgegeben, nach denen das Maß der Repräsentativität festzustellen ist. Damit ist den formellen Anforderungen des Art. 80 I 2 GG genügt. Auf die Frage, ob das vom Ge-

---

[373] BVerwG v. 18.5.1982, NJW 1983, 354 (354).

[374] BVerwG a.a.O..

[375] Siehe 6.1.2.1.4..

[376] Siehe 5.3.2.3.2..

setzgeber gewählte Kriterium das zweckmäßigste Kriterium für eine Auswahlentscheidung zwischen mehreren Tarifverträgen ist, kommt es für die Frage der Erfüllung der formellen Voraussetzungen des Art. 80 I 2 GG nicht an.

6.1.2 Vereinbarkeit mit Art. 9 III GG

Weiter ist zu prüfen, ob eine Allgemeinverbindlicherklärung nach dem AEntG das Grundrecht der Koalitionsfreiheit aus Art. 9 III GG verletzen könnte. Insofern bedarf es zunächst einer Überprüfung, inwiefern eine Allgemeinverbindlicherklärung auf der Basis des AEntG in den Schutzbereich der Koalitionsfreiheit eingreift (6.1.2.1.). Sodann ist die Frage der verfassungsrechtlichen Rechtfertigung zu erörtern (6.1.2.2.).

6.1.2.1 Eingriff in den Schutzbereich der Koalitionsfreiheit

Bei der Bestimmung des Schutzbereiches der Koalitionsfreiheit bedarf es zunächst einer Differenzierung hinsichtlich der in Frage kommenden Gewährleistungsgehalte der Koalitionsfreiheit. Zu betrachten ist insofern sowohl die positive und negative Koalitionsfreiheit der Leiharbeitgeber und -arbeitnehmer, als auch die kollektive Koalitionsfreiheit der betroffenen Tarifparteien. Im Rahmen der Darstellung der Betroffenheit der Tarifparteien wird herauszustellen sein, inwiefern die Parteien des für allgemeinverbindlich erklärten Tarifvertrages und inwiefern die anderweitig tariflich gebundenen Parteien in ihren Grundrechten beeinträchtigt sind.

6.1.2.1.1 Positive individuelle Koalitionsfreiheit

Die Koalitionsfreiheit aus Art. 9 III GG gewährleistet dessen Wortlaut nach für jedermann und alle Berufe das Recht, zur Wahrung und Förderung der Arbeits- und Wirtschaftsbedingungen Vereinigungen zu bilden. Nach allgemeiner Ansicht geht der tatsächliche Schutzbereich der Koalitionsfreiheit jedoch noch weit über den Wortlaut hinaus. Die Grenzen der grundrechtlichen Gewährleistung sind dabei inzwischen im Wesentlichen durch eine ständige Rechtsprechung definiert worden. Im Kern schützt Art. 9 III GG zunächst das individuelle Recht eines Arbeitnehmers oder Arbeitgebers, einen Berufsverband zu gründen, einem solchen beizutreten und in ihm zu verbleiben.[377] Hinsichtlich dieses Gewährleistungsgehaltes ist ein Eingriff durch die Allgemeinverbindlicherklärung eines Tarifvertrages nicht ersichtlich. Allein durch eine Allgemeinverbindlicherklärung werden Beitritt und Gründung einer Koalition nicht unmöglich gemacht.[378] Zwar ist nicht von der Hand zu weisen, dass die Normierung von Mindestarbeitsbedingungen durch den Staat den Anreiz für den einzelnen Arbeitnehmer, sich zum Zwecke der kollektiven Selbsthilfe gewerk-

[377] BVerfG v. 30.11.1965, BVerfGE 19, 303 (312); BVerfG v. 14.6.1983, BB 1983, 2180 (2181); *Büdenbender*, RdA 2000, 193 (201); *Kreiling*, NZA 2001, 1118 (1120); *Thüsing/Lembke*, ZfA 2007, 87 (108); *Thüsing*, ZfA 2008, 590 (601).

[378] BVerfG v. 18.7.2000, NJW 2000, 3704 (3705).

schaftlich zu betätigen, vermindern kann.[379] Eine bloße Anreizverminderung überschreitet jedoch die Erheblichkeitsschwelle für einen Grundrechtseingriff nicht.[380]

Soweit vereinzelnd die Auffassung vertreten wird, die individuelle Koalitionsfreiheit gewährleiste darüber hinaus das Recht, die Früchte der eigenen Mitgliedschaft in Anspruch zu nehmen, d.h. den Schutz der jeweiligen tarifvertraglichen Regelungen zu genießen,[381] vermag dies nicht zu überzeugen. Zwar ist dieser Auffassung zuzustimmen, dass die zu erwartende Tarifbindung häufig das Motiv für die Ausübung der verfassungsrechtlich geschützten Koalitionsfreiheit sein mag. Reine Motive unterliegen jedoch nicht dem Grundrechtsschutz und können daher auch nicht Anknüpfungspunkt für eine grundrechtlich geschützte Freiheit sein.[382] Allein dadurch, dass ein Koalitionsmitglied infolge einer Tariferstreckung auf der Basis des AEntG teilweise nicht mehr den Regelungen des eigenen Tarifvertrages unterfällt, ist die individuelle Koalitionsfreiheit nicht betroffen.[383]

6.1.2.1.2 Negative individuelle Koalitionsfreiheit

Als Gegenstück zur positiven Koalitionsfreiheit gewährt Art. 9 III GG auch eine negative Koalitionsfreiheit. Im Gegensatz zur positiven individuellen Koalitionsfreiheit, ist die Reichweite des Schutzbereiches dieser Freiheit nicht völlig unumstritten.

Nach einheitlicher Auffassung in Literatur und Rechtsprechung ist vom Schutzumfang der Koalitionsfreiheit jedenfalls auch das Recht jeder Person erfasst, einem Berufsverband fernzubleiben oder aus ihm auszutreten.[384] Unzweifelhaft begründet die Allgemeinverbindlicherklärung eines Tarifvertrages keine Pflicht zum Eintritt in eine Koalition. Fraglich ist aber, ob ein Eingriff in die negative Koalitionsfreiheit unter dem Aspekt eines unzulässigen Beitrittsdruckes in Betracht kommt. So wird teilweise darauf hingewiesen, dass durch eine Allgemeinverbindlichkeitserklärung ein gewisser tatsächlicher Druck entstehen könnte, Mitglied einer der tarifvertragsschließenden Parteien zu werden, um die Möglichkeit der Einflussnahme auf die Vertragsinhalte zu erhöhen.[385] Im Ergebnis dürfte die Annahme

---

[379] *Rieble/Klebeck*, ZIP 2006, 829 (830); *Thüsing*, ZfA 2008, 590 (601).

[380] *Bieback/Kocher* in: *Schäfer/Bieback/Kocher/Dieterich/Hanau*, Tarifgestützte Mindestlöhne, S. 77.

[381] *Thüsing*, ZfA 2008, 590 (614).

[382] *Preis/Ulber*, NJW 2007, 465 (466); *Schubert*, RdA 2001, 199 (202).

[383] A. A.: *Thüsing*, ZfA 2008, 590 (614).

[384] BVerfG v. 14.6.1983, BB 1983, 2180 (2180); BVerfG v. 9.12.2004, BB 2005, 495 (499); *Büdenbender*, RdA 2000, 193 (201); *Kreiling*, NZA 2001, 1118 (1119); *Thüsing/Lembke*, ZfA 2007, 87 (108); *Thüsing*, ZfA 2008, 590 (601).

[385] BVerfG v. 18.7.2000, NJW 2000, 3704 (3705); *Scholz*, SAE 2000, 266 (270); ders., RdA 2001, 193 (196).

eines solchen Druckes jedoch spekulativ sein.[386] Mangels gesicherter Erkenntnisse über die Auswirkungen einer Allgemeinverbindlichkeitserklärung eines Tarifvertrages kann schwerlich vorhergesagt werden, ob im Ergebnis ein Anreiz zum Beitritt tatsächlich entstehen wird. Wie bereits erwähnt, erscheint es umgekehrt ebenso möglich, dass sich die Motivation von Arbeitgebern und Arbeitnehmern, sich zum Zwecke der Einflussnahme auf die aktuellen Arbeitsbedingungen kollektiv zusammenzuschließen, durch eine staatliche Festlegung von Mindestarbeitsbedingungen sogar verringert. Jedenfalls wäre ein etwaiger Beitrittsdruck nicht ausreichend erheblich, um diesen als Eingriff in die negative Koalitionsfreiheit zu bewerten.[387]

Ob der negativen individuellen Koalitionsfreiheit noch ein weitergehender Gewährleistungsgehalt entnommen werden kann, ist umstritten. Nach überwiegender, insbesondere von der Rechtsprechung vertretenen, Auffassung[388] beschränkt sich der Schutzumfang der negativen Koalitionsfreiheit auf ein bloßes Fernbleiberecht. Der grundrechtliche Schutz bestünde insofern nur hinsichtlich eines unmittelbaren oder mittelbaren Beitrittszwanges oder gegen ein Austrittshindernis. Die Gegenauffassung[389] verweist darauf, dass gerade Arbeitnehmer in der Regel ausschließlich wegen der Geltung der Tarifverträge einer Koalition beitreten. Dies müsse bei der Bestimmung des Schutzbereiches der negativen Koalitionsfreiheit Berücksichtigung finden, sodass dem Außenseiter durch Art. 9 III GG auch gewährleistet werde, nicht gegen seinen Willen tarifvertraglicher Normsetzung ausgesetzt zu sein.

Im Ergebnis erscheint die von der Rechtsprechung seit jeher, wenn auch ohne nennenswerte Begründung, vertretene Auffassung vorzugswürdig. Versucht man, den Schutzbereich der individuellen negativen Koalitionsfreiheit grundrechtsdogmatisch herzuleiten, so sollten folgende Überlegungen maßgeblich sein: Vom Schutzbereich der individuellen Koalitionsfreiheit umfasst ist eine Freiheit des Einzelnen zu einem bestimmten Verhalten. Die korrespondierende negative Freiheit kann dabei nicht über die positive Freiheit hinausgehen, sondern stellt lediglich ein Wahlrecht dar, die von der positiven Freiheit geschützte Hand-

---

[386] *Bieback/Kocher* in: *Schäfer/Bieback/Kocher/Dieterich/Hanau*, Tarifgestützte Mindestlöhne, S. 75; *Büdenbender*, RdA 2000, 193 (201 f.); *Kreiling*, NZA 2001, 1118 (1120).

[387] BVerfG 18.7.2000, NJW 2000, 3704 (3705); *Bieback/Kocher* in: *Schäfer/Bieback/Kocher/Dieterich/Hanau*, Tarifgestützte Mindestlöhne, S. 74f.; *Huster*, Die Anwendbarkeit des Arbeitnehmerüberlassungsgesetzes auf inländische Leiharbeitnehmer, S. 45; *Kreiling*, NZA 2001, 1118 (1120); *Scholz*, RdA 2001, 193 (196).

[388] BVerfG v. 24.5.1977, NJW 1977, 2255 (2256); BVerfG v. 14.6.1983, BB 1983, 2180 (2181); BAG v. 21.1.1987, DB 1987, 492 (492); *Bieback/Kocher* in: *Schäfer/Bieback/Kocher/Dieterich/ Hanau*, Tarifgestützte Mindestlöhne, S. 76; *Rieble/Klebeck*, NZA 2003, 23 (29); *Schubert*, RdA 2001, 199 (207).

[389] *Lücke*, ZRP 1991, 205 (205); *Schleusener*, ZTR 1998, 100 (101); *Schüren*, RdA 1988, 138 (142); *Wiedemann*, RdA 1969, 321 (330).

lung zu vollziehen.[390] Besteht aber eine solche Wechselwirkung zwischen positiver und negativer Freiheit, so kann eine negative Freiheit mit dem Inhalt, bestimmte Tarifnormen nicht zu befolgen, allenfalls dann bestehen, wenn spiegelbildlich hierzu die positive individuelle Koalitionsfreiheit gerade die Schaffung und Befolgung von Tarifnormen zum Gegenstand hätte. Dies ist nicht der Fall. Die positive individuelle Koalitionsfreiheit bezieht sich ausschließlich auf das Recht zur Gründung und zum Beitritt zu einer Koalition.[391] Die koalitionsmäßige Betätigung, insbesondere die Schaffung von Tarifnormen, steht nicht dem Einzelnen sondern als Kollektivrecht der Koalition als solcher zu. Somit ist allein dadurch, dass jemand den Vereinbarungen eines fremden Tarifvertrages unterworfen wird, ein Aspekt der individuellen Koalitionsfreiheit nicht berührt.[392]

6.1.2.1.3 Die Bestandsgarantie

Über die individuelle Dimension der Koalitionsfreiheit hinausgehend sind Schutzobjekte des Art. 9 III GG nach allgemeiner Ansicht auch die aufgrund der individuellen Koalitionsfreiheit gegründeten Koalitionen selbst. Da die Vereinigungsfreiheit des Einzelnen weitgehend leerliefe, wenn das Grundgesetz einerseits die Gründung von und den Beitritt zu Berufsvereinigungen unter besonderen Schutz stellen würde, andererseits aber die Vereinigungen selbst in ihren Rechten beliebig beschneiden könnte, kommt der kollektiven Dimension der Koalitionsfreiheit ein erhebliches Gewicht zu.

Eine Ausprägung der kollektiven Koalitionsfreiheit ist zunächst, dass die Vereinigungen in ihrem Bestand geschützt sind.[393] Insofern könnte ein Eingriff durch eine staatliche Normsetzungstätigkeit nach dem AEntG von Bedeutung sein, weil diese der Bereitschaft von Außenseitern, einer Koalition beizutreten, möglicherweise entgegenwirken könnte. Wie bereits im Rahmen der individuellen Koalitionsfreiheit erörtert,[394] könnte eine Anreizverminderung darin liegen, dass ein Außenseiter, der bereits durch eine Allgemeinverbindlichkeit in den Genuss der Tarifbindung kommen kann, einen Beitritt zur Koalition als entbehrlich ansehen könnte, zumal mit einer Koalitionsmitgliedschaft durchaus auch Nachteile - wie etwa die Beitragspflicht - verbunden sind.

Im Ergebnis wird eine Beeinträchtigung der Bestandsgarantie jedoch nicht anzunehmen sein. Die Anforderungen an eine Existenzbeeinträchtigung dürfen dabei nicht zu gering angesetzt werden. In Bezug auf staatliche Aufgabenkonkurrenz ist in der Literatur als Ab-

---

[390] *Schubert*, RdA 2001, 199 (201).

[391] Siehe 6.1.2.1.1..

[392] BVerfG v. 14.6.1983, BB 1983, 2180 (2180); *Bieback/Kocher* in: *Schäfer/Bieback/Kocher/Dieterich/Hanau*, Tarifgestützte Mindestlöhne, S. 76; *Schubert*, RdA 2001, 199 (207).

[393] BVerfG v. 26.5.1970, DÖV 1970, 637; *Thüsing/Lembke*, ZfA 2007, 87 (108); *Thüsing*, ZfA 2008, 590 (601).

[394] Siehe 6.1.2.1.1..

grenzungskriterium entwickelt worden, dass ein Eingriff in die Bestandsgarantie aus Art. 9 III GG allenfalls dann angenommen werden kann, wenn durch einen Einbruch in ihrem Aufgabengebiet einer Koalition die Lebensmöglichkeit genommen wird.[395] Die Wahrscheinlichkeit, dass einzelne Außenseiter tatsächlich aufgrund einer zu erwartenden Allgemeinverbindlicherklärung von einem - per se geplanten - Koalitionsbeitritt Abstand nehmen, erscheint marginal.[396] Berücksichtigt man zudem, dass ein Mitgliederschwund in ganz erheblichem Maße erforderlich wäre, um den Schutzbereich der Bestandsgarantie zu berühren, kommt eine Verletzung derselben durch eine Allgemeinverbindlicherklärung bereits aus diesem Grunde nicht in Betracht. Zudem ist zu berücksichtigen, dass eine Allgemeinverbindlicherklärung naturgemäß nur dann erfolgen kann, wenn durch handlungsfähige Tarifparteien ein entsprechender Tarifvertrag geschlossen wurde.[397] Auch dies steht der Annahme eines Eingriffs in die Bestandsgarantie entgegen.

Für die Zeitarbeitsbranche vertreten *Thüsing/Lembke*[398] die Auffassung, dass für den Fall, dass durch eine Allgemeinverbindlicherklärung nach dem AEntG der Mindestentgelttarifvertrag von BZA, iGZ und der DGB-Tarifgemeinschaft anstelle des Tarifvertrages von AMP und CGZP in ihrer Wirkung auf die gesamte Branche erstreckt würden, dem Arbeitgeberverband AMP die Existenzgrundlage entzogen wäre, so dass ein Eingriff in die Bestandgarantie vorläge. Diese Ansicht vermag nicht zu überzeugen. Ließe man es für die Annahme eines Eingriffes in die Bestandsgarantie des AMP ausreichen, dass nicht dessen Mindestentgelttarifvertrag, sondern ein konkurrierender Tarifvertrag für allgemeinverbindlich erklärt werden würde, so liegt dem die Wertung zugrunde, dass dieser Verband seine Existenzgrundlage gerade dadurch definiert, in Zusammenarbeit mit der CGZP die Tarifverträge des DGB zu unterbieten.[399] Eine solche Zielsetzung wäre mit dem Schutzzweck der Koalitionsfreiheit nicht vereinbar.

6.1.2.1.4 Tarifautonomie

Über die Sicherung der Existenz der Koalition hinaus gewährleistet Art. 9 III GG das Recht der Koalitionen, sich koalitionsspezifisch zu betätigen. Hauptausprägung dieser Garantie, ist die s.g. Tarifautonomie der Koalitionen.[400] Sie hat zum Inhalt, dass der Staat seine Rege-

---

[395] *Büdenbender*, RdA 2000, 193 (204).

[396] *Büdenbender*, a.a.O..

[397] *Büdenbender*, RdA 2000, 193 (204).

[398] *Thüsing/Lembke*, ZfA 2007, 87 (113).

[399] *Dieterich* in: *Schäfer/Bieback/Kocher/Dieterich/Hanau*, Tarifgestützte Mindestlöhne, S. 119.

[400] BVerfG v. 24.5.1977, NJW 1977, 2255 (2256); BVerfG v. 27.4.1999, NJW 1999, 3033 (3034); BVerfG v. 29.12.2004, BB 2005, 495 (500); *Bieback/Kocher* in: *Schäfer/Bieback/Kocher/Dieterich/Hanau*, Tarifgestützte Mindestlöhne, S. 55; *Fischer*, ZRP 2007, 20 (21); *Scholz*, RdA 2001, 193 (195); *Thüsing*, ZfA 2008, 590 (601); *Willemsen/Sagan*, NZA 2008, 1216 (1218).

lungszuständigkeit dort zurücknimmt, wo die Koalitionen in eigener Verantwortung Regelungen treffen können. Der Regelungsvorrang der Tarifparteien umfasst dabei die Gesamtheit der Bedingungen, unter denen abhängige Arbeit geleistet wird und die zu einer sinnvollen Ordnung des Arbeitslebens gehören. Insbesondere das Recht, die Vergütung von Arbeit im Rahmen autonomer Tarifverhandlungen selbst festzulegen, gehört dabei zum Kernbereich der Tarifautonomie.[401] Bei der Prüfung, inwiefern die Allgemeinverbindlicherklärung eines Tarifvertrages in den Schutzbereich der Tarifautonomie eingreift, ist zwischen den Parteien des für allgemeinverbindlich erklärten Tarifvertrages und anderweitig gebundenen Tarifparteien zu unterscheiden.

Dass durch die Allgemeinverbindlicherklärung eines Tarifvertrages auch die Rechte derjenigen Tarifparteien beeinträchtigt sein könnten, die den jeweiligen in Bezug genommenen Tarifvertrag selbst abgeschlossen haben, erscheint nicht ohne Weiteres ersichtlich. So ist es doch letztlich genau dasjenige Ergebnis, welches die Tarifparteien in Wahrnehmung ihrer koalitionsspezifischen Rechte frei ausgehandelt haben, das durch einen staatlichen Rechtsakt in seiner Wirkung und Bedeutung gerade gestärkt werden soll.

Anhaltspunkte für eine mögliche Rechtsverletzung finden *Bieback/Kocher*[402], indem sie darauf hinweisen, dass ein durchaus gewichtiges Interesse von Tarifparteien daran bestehen kann, dass ein Tarifergebnis gerade nicht für Außenseiter gilt. Da gerade die Tarifbindung der entscheidende Anreiz für den Koalitionsbeitritt sei, beeinträchtige es die Organisationsfähigkeit der Koalitionen, wenn dieser Anreiz durch Erstreckung des Tarifergebnisses auch auf Nichtmitglieder der Koalition ohne die Notwendigkeit eines Beitrittes erstreckt werden würde.[403] Diese Argumentation vermag indes nicht zu überzeugen. Zwar mag ein Exklusivitätsinteresse der Koalitionen durchaus bestehen. Dies bedeutet jedoch nicht, dass dieses Interesse auch vom Schutzumfang der Koalitionsfreiheit umfasst ist. Ausgangspunkt muss insofern die Feststellung sein, dass eine Tarifmacht einer Koalition gegenüber Nicht- oder Andersorganisierten überhaupt nicht besteht. Dieser Wertung trägt auch § 3 I TVG Rechnung, der die Tarifgewalt der Koalitionen auf deren Mitglieder begrenzt. Ist somit aber eine Regelungsbefugnis gegenüber Außenseitern nicht Gegenstand der Tarifautonomie einer Koalition, so kann es auch keine Verletzung der Tarifautonomie darstellen, wenn der Staat eben diese Regelungsbefugnis wahrnimmt.[404]

---

[401] BVerfG v. 24.5.1977, NJW 1977, 2255 (2256); BVerfG v. 27.4.1999, NJW 1999, 3033(3034); BVerfG v. 29.12.2004, BB 2005, 495 (500); *Bieback/Kocher* in: *Schäfer/Bieback/Kocher/Dieterich/Hanau*, Tarifgestützte Mindestlöhne, S. 55; *Dieterich* in: *Schäfer/Bieback/Kocher/Dieterich/Hanau*, Tarifgestützte Mindestlöhne, S. 116; *Fischer*, ZRP 2007, 20 (21).

[402] *Bieback/Kocher* in: *Schäfer/Bieback/Kocher/Dieterich/Hanau*, Tarifgestützte Mindestlöhne, S. 58.

[403] *Bieback/Kocher*, a.a.O..

[404] *Büdenbender*, RdA 2000, 193 (204); *Richardi*, ZfA 2003, 655 (661).

Ein weiterer Anhaltspunkt für eine Verletzung von Rechten der Koalition könnte die „Vorfeldwirkung“[405] einer Allgemeinverbindlicherklärung sein. So wird teilweise vertreten, dass bereits die Möglichkeit der Tariferstreckung auf Außenseiter die Tarifverhandlungen maßgeblich beeinflusse und aus diesem Gesichtspunkt ein Eingriff in die Tarifautonomie in Betracht komme.[406] Auch dieser Ansatz erscheint dogmatisch zweifelhaft. Zwar ist es nicht ausgeschlossen, dass der Umstand einer möglichen Tariferstreckung auf nicht und anderweitig tarifgebundene Arbeitnehmer oder Arbeitgeber von beiden Tarifparteien im Rahmen der Tarifverhandlungen berücksichtigt wird. Es ist allerdings durchaus nicht unüblich, dass die Tarifparteien externe Faktoren im Rahmen ihrer Verhandlungen zu berücksichtigen haben, ohne dass dies die Tarifautonomie tangieren würde. So kommt ebenso wie der Tariferstreckung durch eine Allgemeinverbindlicherklärung auch dem nachträglichen Beitritt von Außenseitern zur Koalition die Wirkung zu, den personellen Anwendungsbereich des Tarifergebnisses zu vergrößern. Auch diese Wirkung ist für die Tarifparteien während der Tarifverhandlungen nicht zuverlässig vorauszusehen.[407] Zudem ist problematisch, dass die konkrete Auswirkung einer möglichen Tariferstreckung auf das Verhandlungsergebnis in keiner Weise belastbar zu quantifizieren ist.[408] Im Ergebnis dürfte daher von einer faktischen Auswirkung auf Tarifverhandlungen auszugehen sein, die weder ihrer Art noch ihrem Ausmaß nach ausreichend bestimmt ist, um von einem Eingriff in den Schutzbereich der Koalitionsfreiheit auszugehen.[409]

Letztlich bleibt die Frage, inwieweit anderweitig tarifgebundene Parteien in ihrer kollektiven Koalitionsfreiheit betroffen sein können. Wie bereits dargestellt,[410] ist auf der Basis der aktuellen Gesetzlage nach § 7 I AEntG die Erstreckung auf anderweitig Tarifgebundene zulässig. In diesem Fall würden Parteien an eine Regelung über Arbeitsbedingungen gebunden, die sie selbst anders ausgehandelt haben oder anders hätten aushandeln können. Hierdurch wird ihr Gestaltungsspielraum im erheblichen Umfang beschränkt. Die Allgemeinverbindlicherklärung eines Tarifvertrages, die sich in ihrer Wirkung auch auf anderweitig tarifgebundene Parteien erstreckt, stellt daher einen Eingriff in die Tarifautonomie der betroffenen Koalitionen dar.[411]

---

[405] *Büdenbender*, a.a.O. (203).

[406] *Bieback/Kocher* in: *Schäfer/Bieback/Kocher/Dieterich/Hanau*, Tarifgestützte Mindestlöhne, S. 65.

[407] *Büdenbender*, ebenda.

[408] *Büdenbender*, ebenda.

[409] *Büdenbender*, ebenda.

[410] Siehe 5.3.2.4..

[411] So auch die Gesetzesbegründung zu § 7 AEntG-E, BT-Drucks 16/10486; *Bieback/Kocher* in: *Schäfer/Bieback/Kocher/Dieterich/Hanau*, Tarifgestützte Mindestlöhne, S. 65; *Dieterich* in: *Schäfer/Bieback/Kocher/Dieterich/Hanau*, Tarifgestützte Mindestlöhne, S. 116; *Willemsen/Sagan*, NZA 2008, 1216 (1218)

6.1.2.1.5 Ergebnis

Im Ergebnis stellt daher die Allgemeinverbindlicherklärung eines Tarifvertrages unter Erstreckung der Tarifbindung auch auf anderweitig Tarifgebundene weder einen Eingriff in die positive, noch in die negative individuelle Koalitionsfreiheit dar. In die kollektive Koalitionsfreiheit greift eine entsprechende Rechtsverordnung nur insoweit ein, als es die Tarifautonomie der anderweitig Tarifgebundenen betrifft. Insofern liegt indes ein besonders schwerer Verstoß vor, da diejenigen Tarifparteien, die nicht Parteien des für allgemeinverbindlich erklärten Tarifvertrages sind, gerade im Kern ihrer Tarifautonomie, dem Recht zur autonomen Festlegung des Arbeitsentgeltes ohne staatliche Einflussnahme, betroffen sind.

6.1.2.2 Verfassungsrechtliche Rechtfertigung

Der somit festgestellte Eingriff in die Tarifautonomie müsste verfassungsrechtlich gerechtfertigt sein. Dies ist grundsätzlich möglich, da der Gesetzgeber den Tarifparteien zwar ein Normsetzungsrecht einräumt, jedoch kein Normsetzungsmonopol.[412] Die grundsätzliche Befugnis des Gesetzgebers zur Regelung des Arbeitsrechts (Art. 74 I Nr. 12 GG) wird durch die Tarifautonomie nicht verdrängt. In die Tarifautonomie darf daher durch gesetzliche Regelungen durchaus eingegriffen werden, soweit der Gesetzgeber mit dem Eingriff den Schutz von Grundrechten Dritter oder anderer mit Verfassungsrang ausgestatteter Belange bezweckt und der Eingriff den Grundsatz der Verhältnismäßigkeit wahrt.[413]

6.1.2.2.1 Kollidierende Schutzgüter

Grundlage für die Beantwortung der Frage, welche Schutzgüter auf der Ebene der verfassungsrechtlichen Rechtfertigung eines Eingriffs in die Tarifautonomie durch eine Allgemeinverbindlicherklärung heranzuziehen sind, ist der Schutzzweck der Ermächtigungsgrundlage. In § 1 AEntG n.F. ist nunmehr klargestellt, dass Sinn und Zweck des Gesetzes „die Schaffung und Durchsetzung angemessener Mindestarbeitsbedingungen für grenzüberschreitend entsandte und für regelmäßig im Inland beschäftigte Arbeitnehmer und Arbeitnehmerinnen sowie die Gewährleistung fairer und funktionierender Wettbewerbsbedingungen“ ist. Zugleich soll das Gesetz „die sozialversicherungspflichtige Beschäftigung erhalten und die Ordnungs- und Befriedigungsfunktion der Tarifautonomie wahren“. Dieser Schutzzweck lag gemäß der ursprünglichen Gesetzesbegründung[414] auch bereits der vormaligen Fassung des AEntG zugrunde. Fraglich ist, ob die durch den Gesetzgeber verfolgten Ziele den Schutz von Grundrechten oder anderer Belange mit Verfassungsrang bezweckt.

---

[412] BVerfG v. 24.4.1996, NJW 1997, 513 (513); BVerfG v. 29.12.2004, BB 2005, 495 (498); BAG v. 22.1.2002, NZA 2002, 1041 (1043); *Fischer*, ZRP 2007, 20 (21); *Scholz*, RdA 2001, 193 (195).

[413] BVerfG a.a.O.; BAG a.a.O.; *Fischer*, a.a.O., *Scholz*, a.a.O.; *Thüsing/Lembke*, ZfA 2007, 87 (110); *Willemsen/Sagan*, NZA 2008, 1216 (1218).

[414] Begründung zum Entwurf des Arbeitnehmer-Entsendegesetzes vom 25.09.1995, BT-Drs. 13/2414.

Insofern ist zunächst festzustellen, dass das deutsche Grundgesetz - im Gegensatz zu einigen Landesverfassungen[415] - keinerlei ausdrückliche Bestimmung enthält, wonach es Ziel der Verfassung wäre, leistungs- oder bedarfsgerechte Entlohnungen von Arbeitnehmern zu gewährleisten. Es bedarf daher einer genauen Prüfung, ob die durch den Gesetzgeber selbst zur Begründung herangezogenen Ziele tatsächlich Verfassungsrang haben.

Denkbar wäre es, die im Zusammenhang mit der öffentlichen Diskussion um die Einführung eines Mindestlohns gelegentlich bemühte Gewährleistung der Menschenwürde aus Art. 1 I GG heranzuziehen. In der Tat ist davon auszugehen, dass Art. 1 I GG eine Schutzpflicht der staatlichen Gewalt begründet, dasjenige Existenzminimum sicherzustellen, dass der Einzelne für ein menschenwürdiges Dasein benötigt.[416] Bei der Bestimmung eines Mindestlohns geht es indes nicht allein um die Sicherung des Existenzminimums, sondern es geht um leistungsgerechte Entlohnung. Ginge es bei der Schaffung eines Mindestlohns um Existenzsicherung, so könnten allenfalls die gesetzlichen bereits als Arbeitslosengeld II gewährten Fürsorgeleistungen zur Sicherung des soziokulturellen Minimums zugrunde gelegt werden. Dies entspräche bei einer Regelleistung in Höhe von 351 € nach § 20 II, IV SGB II zuzüglich eines angemessenen Betrages für Heizung und Unterkunft nach § 22 SGB II, der von *Fischer* auf einen durchschnittlichen Betrag von 291,00 € geschätzt wird, insgesamt einem Betrag von 642 € im Monat. Bei Zugrundelegung einer 40-Stunden-Woche würde das einen Brutto-Stundenlohn von etwa 4,80 € ausmachen.[417] Weitergehende Gewährleistungen sind Art. 1 GG nicht zu entnehmen. Insbesondere wäre die Allgemeinverbindlicherklärung eines Tarifvertrages - die Überschreitung des genannten Sozialsatzes unterstellt - nicht über die Schutzwirkung von Art. 1 GG zu rechtfertigen.

Fraglich ist, ob sich das gesetzgeberische Ziel der Schaffung angemessener Mindestarbeitsbedingungen aus Art. 12 I GG legitimieren lässt. Auf den ersten Blick drängt sich eine solche Wertung nicht auf. Das Grundrecht aus Art. 12 I GG ist in erster Linie ein Abwehrrecht des Bürgers gegen hoheitliche Eingriffe. Dass der Gesetzgeber berechtigt oder gar verpflichtet wäre, auf den Inhalt arbeitsvertraglicher Vereinbarungen zur Herstellung sozialer Gerechtigkeit einzuwirken, legt jedenfalls der Wortlaut des Art. 12 I GG nicht nahe.[418] Auch ist zu berücksichtigen, dass der verfassungsgebende Gesetzgeber des Bundes im Gegensatz zu den Gesetzgebern einiger Länder gerade keinen Programmsatz aufgenommen hat, faire Arbeitsbedingungen zu gewährleisten, weswegen es umso mehr zweifelhaft erscheint, ob eine entsprechende Gewährleistungspflicht des Staates aus Art. 12 I GG herzuleiten ist.

---

[415] Vgl. etwa Art. 33 Verf HE, Art. 24 II Verf NW, Art. 56 I 1 Verf RP.

[416] BVerfG v. 13.2.2008, NJW 2008, 1868 (1871f.); ErfK/*Dieterich*, Art. 1 GG Rn. 11; *Fischer*, ZRP 2007, 20 (21).

[417] *Fischer*, ZRP 2007, 20 (22).

[418] *Thüsing/Lembke*, ZfA 2007, 87 (111); *Thüsing*, ZfA 2008, 590 (604).

Ungeachtet dieser Ausgangslage nimmt die obergerichtliche Rechtsprechung[419] sowie gewichtige Teile der Literatur[420] an, dass sich aus Art. 12 I GG eine Verpflichtung des Staates ergibt, zumutbare Arbeitsbedingungen für Arbeitnehmer sicherzustellen. Im Ergebnis ist dieser Auffassung beizupflichten. Die Funktion des Grundrechtes aus Art. 12 I GG erschöpft sich nicht darin, dem Einzelnen Schutz vor einer Beeinträchtigung der Berufsausübung bzw. Berufswahl durch staatliche Maßnahmen zu gewähren. Vielmehr ist Art. 12 I GG darüber hinaus Bestandteil einer objektiven Wertordnung des Grundgesetzes. Die objektiven Wertvorstellungen des verfassungsgebenden Gesetzgebers, die in den Grundrechten ihre Ausformung erhalten haben, sind Leitlinie des Gesetzgebers.[421] Im Bereich des Arbeitsrechtes hat dieser objektive Grundrechtsgehalt zur Folge, dass der Gesetzgeber sicherstellen muss, dass die Arbeitsbedingungen sich in den Grenzen der Zumutbarkeit halten. Entwickelt sich in einem grundrechtlich geschützten Freiheitsbereich ein Zustand, der im Widerspruch steht zum Regelungsziel des jeweiligen Grundrechtes, ist der Gesetzgeber verpflichtet, handelnd einzugreifen. Bei der Bestimmung des Regelungsziels des Art. 12 I GG ist zu berücksichtigen, dass die berufliche Tätigkeit, für die Art. 12 I GG Freiraum schafft, nicht nur der personalen Entfaltung der arbeitenden Menschen dient, sondern für die meisten Menschen zugleich die Möglichkeit der Sicherung ihrer eigenen finanziellen Existenz bietet. Nach der Wertvorstellung des verfassungsgebenden Gesetzgebers obliegt es dabei den Arbeitnehmern selbst, entsprechende existenzsichernde Arbeitsbedingungen in Wahrnehmung ihrer eigenen Privatautonomie, die Strukturelement einer freiheitlichen Gemeinschaftsordnung ist, sicherzustellen.[422] Der Staat hat die zwischen den Parteien des Arbeitsvertrages im Rahmen der Privatautonomie vereinbarten Regelungen grundsätzlich zu akzeptieren.

Die arbeitsvertragliche Privatautonomie beruht allerdings auf dem Grundsatz der freien Selbstbestimmung. Dies setzt voraus, dass die Grundlagen für eine freie Selbstbestimmung tatsächlich gegeben sind. Hat eine Partei ein so starkes Übergewicht, dass es vertragliche Regelungen faktisch einseitig setzen kann, stellt dies für den Vertragspartner eine Fremdbestimmung dar. Wo es bereits an einem annähernden Kräftegleichgewicht fehlt, ist dem grundrechtlichen Modell der privatautonomen Regelung des Arbeitslebens der Boden entzogen. In diesem Fall folgt aus Art. 12 I GG eine Schutzpflicht des Staates, bestehende wirtschaftliche Ungleichgewichte auszugleichen.

---

[419] BVerfG v. 29.12.2004, BB 2005, 495 (497).

[420] BeckOK/*Ruffert*, Art. 12 GG Rn. 19; *Bieback/Kocher* in: *Schäfer/Bieback/Kocher/Dieterich/Hanau*, Tarifgestützte Mindestlöhne, S. 59 (unter zusätzlicher Inbezugnahme von Art. 1 I, 2 I GG); *Dieterich* in: *Schäfer/Bieback/Kocher/Dieterich/Hanau*, Tarifgestützte Mindestlöhne, S. 116; ErfK/*Dieterich*, Art. 12 GG Rn. 46; *Steuer*, Die Arbeitnehmerüberlassung als Mittel zur Förderung des Arbeitsmarktes in Deutschland S. 372; a.A.: *Lembke*, BB 2005, 499 (499).

[421] BVerfG v. 7.2.1990, NJW 1990, 1469 (1470).

[422] BVerfG a.a.O..

Zwar wird zu berücksichtigen sein, dass angesichts der Zurückhaltung des verfassungsgebenden Gesetzgebers bei der Gewährung sozialer Grundrechte die sozialstaatlichen Funktionen von Art. 12 I GG nur in sehr engen Grenzen zur Entfaltung kommen können. Auch darf nicht übersehen werden, dass strukturelle Ungleichgewichte grundsätzlich auch mit den Mitteln des kollektiven Arbeitsrechtes kompensiert werden können und sollen. Jedenfalls für den Fall, dass sich in einem Bereich des Arbeitslebens völlig unzumutbare (nicht: unangemessene) Arbeitsbedingungen entwickeln, die auch nicht durch die Möglichkeiten des kollektiven Arbeitsrechtes verhindert werden können, kann ein staatliches Einschreiten aufgrund der aus der Berufsfreiheit folgenden Schutzpflicht des Gesetzgebers jedoch geboten sein.

Angesichts des Umstandes, dass der Gesetzgeber selbst die Erhaltung sozialversicherungspflichtiger Beschäftigung zum Gesetzeszweck erklärt hat, ergibt sich auch hieraus ein tauglicher Ansatz für eine verfassungsrechtliche Rechtfertigung. Denkbar wäre insofern die Heranziehung des Sozialstaatsprinzips aus Art. 20 II GG. Nach ständiger obergerichtlicher Rechtsprechung kommt dem gesetzgeberischen Ziel der Bekämpfung von Arbeitslosigkeit auf Grund des Sozialstaatsprinzips Verfassungsrang zu.[423] Da Arbeit auch dazu dient, dem Einzelnen die Möglichkeit zu bieten, sich in seiner Persönlichkeit zu entfalten und darüber hinaus Achtung und Selbstachtung zu erfahren, wird das sozialstaatliche Ziel der Bekämpfung von Arbeitslosigkeit auch vom Allgemeinen Persönlichkeitsrecht aus Art. 1 I i.V.m. Art. 2 I GG mitgetragen.[424] Ob die Einführung eines Mindestlohns durch die Allgemeinverbindlicherklärung eines Tarifvertrages tatsächlich geeignet ist, Beschäftigung zu fördern, ist eine Frage der Verhältnismäßigkeit des Eingriffs und soll erst an dieser Stelle erörtert werden.[425]

Ein weiterer Ansatzpunkt für eine Rechtfertigung des benannten Eingriffes in die Tarifautonomie ist die Tarifautonomie selbst.[426] Der Gesetzgeber führt in seiner Gesetzesbegründung die Ordnungs- und Befriedungsfunktion der Tarifautonomie als Gesetzeszweck auf. In der Tat wird dadurch, dass der Gesetzgeber Regelungen schafft, durch die von Tarifparteien ausgehandelte Löhne und Gehälter auch für Nichtverbandsmitglieder zur Anwendung kommen, die Ordnungsfunktion dieser Tarifverträge unterstützt.[427] Indem der Gesetzgeber Tarifentgelten zu größerer Durchsetzungskraft verhilft, wird daher die von Art. 9 III GG

---

[423] BVerfG v. 3.4.2001, DB 2001, 1367 (1369); BVerfG v. 29.12.2004, BB 2005, 495 (497); BVerfG v. 20.3.2007, NZA 2007, 609 (610); zustimmend: *Thüsing/Lembke*, ZfA 2007, 87 (113).

[424] BVerfG v. 3.4.2001, DB 2001, 1367 (1369); BVerfG v. 20.3.2007, NZA 2007, 609 (610); *Thüsing/Lembke*, ZfA 2007, 87 (113).

[425] Siehe 6.1.2.2.2..

[426] BVerfG v. 20.3.2007, NZA 2007, 609 (610); *Dieterich* in: *Schäfer/Bieback/Kocher/Dieterich/Hanau*, Tarifgestützte Mindestlöhne, S. 116; *Steuer*, Die Arbeitnehmerüberlassung als Mittel zur Förderung des Arbeitsmarktes in Deutschland S. 373.

[427] BVerfG v. 24.5.1977, NJW 1977, 2255 (2256); BVerfG v. 20.3.2007, NZA 2007, 609 (610).

intendierte autonome Ordnung des Arbeitslebens durch Koalitionen gerade abgestützt.[428] Zwar erscheint es auf den ersten Blick widersinnig, einen Eingriff in die Tarifautonomie durch einen Verweis auf Schutzpflichten bezüglich der tarifautonomen Ordnung des Arbeitslebens rechtfertigen zu wollen. Zu berücksichtigen ist jedoch, dass die Funktionsfähigkeit des Tarifsystems als solches durchaus höher zu bewerten ist, als die aus der Tarifautonomie ableitbaren Rechte bestimmter Tarifparteien. Insofern kommt eine Rechtfertigung eines staatlichen Eingriffs durch Art. 9 III GG in Betracht. Ob die aus dem Verhältnismäßigkeitsgrundsatz folgenden strengen Voraussetzungen für das Entstehen einer Berechtigung zu staatlicher Einflussnahme in Form einer Allgemeinverbindlicherklärung eines Tarifvertrages für die Zeitarbeitsbranche erfüllt sind, wird im Folgenden zu prüfen sein.

6.1.2.2.2 Verhältnismäßigkeit der Allgemeinverbindlicherklärung

Eine verfassungsrechtliche Rechtfertigung eines Eingriffes in die Tarifautonomie wäre nur dann gegeben, wenn dieser Eingriff zur Erreichung der verfolgten Zwecke geeignet und erforderlich wäre und wenn zudem unter Abwägung der Besonderheiten der Zeitarbeitsbranche und der konkreten Tarifsituation die mit dem Eingriff verfolgten Zwecke in einem angemessenen Verhältnis zur Schwere des Eingriffs stünden.

Ein Mittel ist dann im verfassungsrechtlichen Sinne geeignet, wenn mit seiner Hilfe der gewünschte Erfolg gefördert werden kann, wobei die Möglichkeit der Zweckerreichung genügt.[429] Hinsichtlich der Frage der Möglichkeit der Zweckerreichung kommt dem Gesetzgeber eine Einschätzungsprärogative zu, so dass nur bei objektiver Untauglichkeit eine Maßnahme aus diesem Grunde verfassungswidrig sein kann.[430]

Soweit der Gesetzgeber eine Allgemeinverbindlicherklärung auf der Basis des AEntG erlässt, liegt eine Eignung zur Sicherstellung zumutbarer Arbeitsbedingungen auf der Hand. Auch wird dieser Maßnahme eine objektive Eignung zur Stärkung der Durchsetzungskraft von Tarifvereinbarungen kaum abzusprechen sein. Da wie dargelegt aktuell in der Zeitarbeitsbranche in Deutschland etwa 5 %[431] der Zeitarbeiter keiner Tarifbindung unterliegen, wird bereits aus diesem Grunde die Wirkungskraft tariflicher Normsetzung objektiv gefördert, wenn eben diese Personen in den Wirkungskreis eines Tarifvertrages einbezogen werden. Ebenso kann es grundsätzlich auch eine objektive Förderung des Tarifsystems darstellen, wenn der Gesetzgeber bestimmten Tarifverträgen auf Kosten anderer Tarifverträge zu einer größeren Wirkung verhilft. Dies wäre jedenfalls dann der Fall, wenn die verdrängten Tarifverträge dem gesetzgeberischen Leitbild der autonomen Ordnung des Arbeitslebens

---

[428] BVerfG v. 20.3.2007, NZA 2007, 609 (610).

[429] BVerfG v. 3.4.2001, DB 2001, 1367 (1368); *Dieterich* in: *Schäfer/Bieback/Kocher/Dieterich/Hanau*, Tarifgestützte Mindestlöhne, S. 118.

[430] BVerfG v. 5.12.2002, NVwZ 2003, 974 (978).

[431] Siehe 4.4.3..

durch gleichberechtigte Tarifparteien gerade nicht entsprächen. Dies gilt in der Zeitarbeitsbranche umso mehr, da es nach § 9 Nr. 2 AÜG möglich ist, derartigen Tarifverträgen durch reine Inbezugnahme in Arbeitsverträgen eine den Gleichbehandlungsgrundsatz verdrängende Wirkung zukommen zu lassen. Ein Abweichen vom gesetzgeberischen Leitbild einer funktionsfähigen Tarifordnung kommt dabei sowohl unter dem Gesichtspunkt der fehlenden Repräsentativität von Tarifparteien als auch aus dem Gesichtspunkt eines auf anderen Ursachen basierenden strukturellen Ungleichgewichts der Arbeitnehmer gegenüber der Arbeitgeberseite in Betracht.

Auch das gesetzgeberische Ziel, durch eine branchenweite Tariferstreckung sozialversicherungspflichtige Beschäftigung zu erhalten, erscheint jedenfalls nicht abwegig. Ursprüngliche Grundlage des Arbeitnehmerentsendegesetzes war es, einen Verdrängungswettbewerb über die Lohnkosten zu verhindern. Durch die Festlegung der Verbindlichkeit bestimmter Tarifbedingungen für Branchenangehörige soll verhindert werden, dass insbesondere ausländische Unternehmer Wettbewerbsvorteile dadurch erlangen, dass sie aus dem eigenen, heimischen, geringeren Lohnniveau Vorteile ziehen. Letztlich verfolgt der Gesetzgeber somit auch das Ziel, inländische Arbeitslosigkeit zu bekämpfen und damit die Sozialsysteme zu entlasten. Anhaltspunkte dafür, dass dieses Ziel auf dem Wege einer Tariferstreckung unerreichbar wäre, bestehen nicht.[432] Eine detaillierte Überprüfung politisch und wirtschaftswissenschaftlich streitbarer Prognoseentscheidungen muss angesichts des aus dem Prinzip der Gewaltenteilung resultierenden Grundsatzes des gesetzgeberischen Prognosevorranges unterbleiben. Einer sicheren positiven Feststellung, dass durch eine Allgemeinverbindlicherklärung eines inländischen Tarifvertrages Lohndumping durch ausländische Konkurrenz verhindert werden kann, bedarf es daher nicht.

Fraglich ist, ob eine Allgemeinverbindlicherklärung nach dem AEntG n.F. auch erforderlich ist. Erforderlich wäre sie, wenn die benannten gesetzgeberischen Ziele nicht durch weniger belastende aber in gleicher Weise geeignete Maßnahmen realisierbar wären. Derartige Maßnahmen sind nicht ersichtlich.

In Betracht zu ziehen wäre zwar alternativ die Einführung eines Mindestlohns unmittelbar durch Gesetz. Eine solche Maßnahme, die in keiner Weise von den Ergebnissen autonomer Tarifverhandlungen abhinge, würde jedoch keine weniger belastende Maßnahme darstellen. Vielmehr stellt die Einführung eines gesetzlichen Mindestlohns gegenüber der Allgemeinverbindlicherklärung eines Tarifvertrages den stärkeren Eingriff in die Tarifautonomie dar.[433] Die Allgemeinverbindlicherklärung nach § 5 TVG ist aufgrund des wenig praktikablen Verfahrens[434] keine gleich geeignete Alternative.

---

[432] A.A.: *Thüsing/Lembke*, ZfA 2007, 87 (113).

[433] *Bieback/Kocher* in: *Schäfer/Bieback/Kocher/Dieterich/Hanau*, Tarifgestützte Mindestlöhne, S.62; *Dieterich* in: *Schäfer/Bieback/Kocher/Dieterich/Hanau*, Tarifgestützte Mindestlöhne, S. 118.

[434] Siehe 5.3.1..

Zwar wäre es grundsätzlich in Erwägung zu ziehen, eine die Arbeitsbedingungen für Leiharbeiter modifizierende Wirkung dadurch zu erzielen, dass schlichtweg die Tariföffnungsklausel aus den §§ 3 I Nr. 3, 9 Nr. 2 AÜG eingeschränkt werden würde.[435] Denkbar wäre es etwa, den heute im wesentlichen ausgehöhlten Gleichbehandlungsgrundsatz dadurch zu neuer Stärke zu verhelfen, dass die Öffnungsklausel nur auf solche Tarifverträge für anwendbar erklärt wird, bei denen die tarifgebundenen Arbeitgeber einen der Höhe nach bestimmten Prozentsatz der tarifgebundenen Arbeitnehmer beschäftigen. Auch wäre es denkbar, eine bestimmte Mitgliederstärke derjenigen Gewerkschaften zu fordern, die einen den Gleichbehandlungsgrundsatz verdrängenden Tarifvertrag schließen wollen.[436] Im Ergebnis würde eine solche Maßnahme jedoch über das Schutzkonzept des AEntG hinausgehen. Das AÜG nimmt in seiner Normierung des Gleichbehandlungsgrundsatzes in den §§ 3 I Nr. 3, 9 Nr. 2 „alle wesentlichen Arbeitsbedingungen" in Bezug. Unter wesentlichen Arbeitsbedingungen - der Begriff ist im Rahmen des AÜG nicht näher definiert - sind nach h.M. folgende Bereiche zu verstehen: Dauer der Arbeit, Ruhezeiten, Nachtarbeit, bezahlter Urlaub, arbeitsfreie Tage, Arbeitsentgelt, Arbeit von Schwangeren und Stillenden, Kindern und Jugendlichen, Maßnahmen zur Bekämpfung jeglicher Diskriminierung auf Grund des Geschlechts, der Rasse oder der ethnischen Zugehörigkeit, der Religion oder Weltanschauung, einer Behinderung, des Alters oder der sexuellen Orientierung.[437] Demgegenüber nimmt das AEntG in seinem sachlichen Anwendungsbereich nur auf einen sehr eingeschränkten Bereich von arbeitsvertraglichen Regelungsgegenständen Bezug. Somit wäre eine Modifikation der Öffnungsklausel des AÜG eine Maßnahme, die vom gesetzgeberischen Schutzzweck des AEntG nicht unerheblich abweicht. Da es dem Gesetzgeber selbst überlassen bleiben muss, in welchen arbeitsrechtlichen Regelungsbereichen er einen staatlichen Eingriff für erforderlich hält, stellt eine Modifikation der Öffnungsklausel des AÜG daher keine die Erforderlichkeit einer Allgemeinverbindlicherklärung ausschließende Alternativmaßnahme dar.[438]

Fraglich ist, ob die mit einer Tariferstreckung als solche einhergehende Beeinträchtigung der Tarifautonomie in einem angemessenen Verhältnis zu den Zielsetzungen des Gesetzgebers steht. Insofern ist zunächst zu berücksichtigen, dass die Anforderungen an eine verfassungsrechtliche Rechtfertigung umso höher sind, je intensiver der Grundrechtseingriff ist. Im Zusammenhang mit einer Beeinträchtigung der Tarifautonomie ist insofern anerkannt, dass eine besonders hohe Rechtfertigungsschwelle gerade dann anzunehmen ist, wenn sich eine eingreifende Regelung auf Entgeltfragen bezieht, da die Tarifautonomie insofern gera-

---

[435] *Dieterich* in: *Schäfer/Bieback/Kocher/Dieterich/Hanau*, Tarifgestützte Mindestlöhne, S. 111.

[436] *Dieterich*, a.a.O..

[437] ErfK/*Wank*, § 3 AÜG Rn. 13, unter Bezugnahme auf die Regelung in Art. 3 Nr. 1 f) I des Richtlinienentwurfes des Europäischen Parlaments und des Rates über die Arbeitsbedingungen von Leiharbeitnehmern v. 28.11.2002, KOM (2002) 701 endg..

[438] *Dieterich*, a.a.O. (118).

de in ihrem Kern berührt ist.[439] Demnach sind auch an die Rechtfertigung einer Mindestlohnregelung schon aus diesem Grunde hohe Anforderungen zu stellen.

Im Falle einer Festsetzung von Mindestentgelten durch die Allgemeinverbindlicherklärung von Mindestentgelttarifverträgen ist zudem zu berücksichtigen, dass der Eingriff in die Tarifautonomie nicht allein darin liegt, dass konkurrierende Tarifverträge hinsichtlich der Frage der Festlegung des Arbeitsentgeltes teilweise, nämlich soweit die festgesetzten Mindestentgelte unterschritten werden, unwirksam werden können. Vielmehr wird durch diesen partiellen Eingriff möglicherweise zusätzlich das einheitliche Gesamtergebnis des jeweiligen Tarifvertrages berührt.[440] So ist es etwa durchaus denkbar, dass nach dem Ergebnis der Tarifverhandlungen der fertige Tarifvertrag eine arbeitgeberfreundliche Regelung in einem Punkt aufweist, welche durch eine arbeitnehmerfreundlichere Regelung in einem anderem Punkt kompensiert wird. Die tarifvertraglichen Regelungen dürfen insofern nicht singulär, sondern müssen als einheitliches Ganzes, betrachtet werden. Wird dieses einheitliche Regelungswerk durch eine partielle staatliche Regelung teilweise geändert, ist ebenfalls stets von einem gewichtigen Eingriff in die Tarifautonomie auszugehen.

Trotz der dargelegten Gewichtigkeit des Eingriffes in die Tarifautonomie der anderweitig tarifgebundenen Parteien wird von einer Angemessenheit einer staatlichen Reglementierung gleichwohl auszugehen sein, wenn das Tarifsystem tiefgreifend gestört ist und eine ausreichende Wahrung der Belange der Arbeitnehmer durch Gewerkschaften infolgedessen nicht mehr gegeben ist. Zugrundezulegen ist insofern die vom BVerfG schon im Rahmen für die Allgemeinverbindlicherklärung nach dem TVG entwickelte Formel, wonach von einer Regelungsbefugnis des Gesetzgebers im Bereich tariflicher Normsetzung, insbesondere im Bereich der Festlegung von Löhnen, auszugehen ist, wenn die Koalitionen die ihnen übertragene Aufgabe, das Arbeitsleben durch Tarifverträge sinnvoll zu ordnen, im Einzelfall nicht erfüllen können und die soziale Schutzbedürftigkeit einzelner Arbeitnehmer oder Arbeitnehmergruppen oder ein sonstiges öffentliches Interesse ein Eingreifen des Staates geboten erscheinen lässt.[441] Fraglich ist, ob dies für die Zeitarbeitsbranche angenommen werden kann.

Wie bereits einführend angesprochen, ist die Situation in der Zeitarbeitsbranche für die Gewerkschaften von der Situation in anderen Branchen grundverschieden. Als Folge der gesetzlichen Normierung des Gleichbehandlungsgrundsatzes sind es gerade die Arbeitgeber, die auf den Abschluss von Tarifverträgen gedrängt haben, freilich vorrangig deswegen, um der für die Arbeitgeber kostspieligen und in der Praxis schwierig umzusetzenden An-

---

[439] BVerfG v. 27.4.1999, NJW 1999, 3033 (3034); *Bieback/Kocher* in: *Schäfer/Bieback/Kocher/Dieterich/Hanau*, Tarifgestützte Mindestlöhne, S.56; *Willemsen/Sagan*, NZA 2008, 1216 (1219).

[440] *Thüsing*, ZfA 2008, 590 (612).

[441] BVerfG v. 24.5.1977, NJW 1977, 2255 (2256); *Dieterich* in: *Schäfer/Bieback/Kocher/Dieterich/Hanau*, Tarifgestützte Mindestlöhne, S.121.

passungsverpflichtung an die Konditionen im Betrieb des Entleihers zu entgehen. Diese Zielsetzung der Arbeitgeber ist in der Vergangenheit erfolgreich umgesetzt worden, der Grundsatz des Equal Pay ist inzwischen nahezu vollständig ausgeschaltet.[442] Wie bereits ausführlich dargestellt,[443] beträgt der durchschnittliche monatliche Bruttolohn branchenabhängig zwischen 38,0 % und 45,1 % weniger als der durchschnittliche Lohn der Stammarbeiter in der jeweiligen Branche. Auch im Vergleich zum branchenübergreifenden Medianlohn stellt sich die Gehaltssituation desaströs dar. Wie im Rahmen dieser Ausarbeitung bereits ausgeführt,[444] sind die derzeit aktuellen tariflich ausgehandelten Einstiegslöhne von 6,00 € bis zu 7,51 € jedenfalls als Niedriglöhne nach Definition der OECD zu qualifizieren. Im Westen Deutschlands ist für einige Einstiegslöhne - angesichts des höheren Medianlohnes - sogar bereits eine Einstufung als „Armutslohn" gerechtfertigt. Dies wirkt sich umso gravierender aus, als gerade die niedrigsten Einstiegstarife der Christlichen Gewerkschaften nicht nur auf die - überschaubare - Zahl ihrer eigenen Mitglieder, sondern aufgrund der Möglichkeit der Einbeziehung von Fremdtarifverträgen in § 9 Nr. 2 AÜG auch auf eine sehr große Zahl von weiteren Arbeitsverträgen Anwendung finden. Gerade dieser Umstand hat zudem wiederum weitreichende organisations- und tarifpolitische Konsequenzen. Aufgrund der weitreichenden Einbeziehung der Tarife der Christlichen Gewerkschaften kann die Arbeitgeberseite im Rahmen von Tarifverhandlungen darauf verweisen, dass alle Tarifergebnisse ohnehin von der Konkurrenz unterboten werden können.[445]

Insgesamt muss daher festgehalten werden, dass die derzeitige Lohnsituation in der Zeitarbeitsbranche nicht das Ergebnis widerspiegelt, welches einer sinnvollen Ordnung des Arbeitslebens durch starke und repräsentative Koalitionen entspricht. Vielmehr stellt sich die Lohnentwicklung als Symptom einer tiefgreifenden Störung des kollektiven Vertragsmechanismus dar.[446] Ein Eingreifen des Staates liegt im öffentlichen Interesse. Dies folgt schon daraus, dass das niedrige Lohnniveau zur Folge hat, dass für jede achte Zeitarbeitskraft der Staat den Lohn auf das gesetzliche Existenzminimum anheben muss.[447] Von einer Angemessenheit des von einer Allgemeinverbindlicherklärung eines Tarifvertrages der Zeitarbeitsbranche ausgehenden Eingriffs in die Tarifautonomie ist somit auszugehen.

---

[442] *Dieterich* in: *Schäfer/Bieback/Kocher/Dieterich/Hanau*, Tarifgestützte Mindestlöhne S.106.

[443] Siehe 4.1.2..

[444] Siehe 4.3.4.2..

[445] *Dieterich*, a.a.O. (106) .

[446] *Dieterich*, a.a.O. (122); a.A. *Thüsing/Lembke*, ZfA 2007, 87 (112) sowie *Guenoub*, Equal Pay und Equal Treatment im Leiharbeitsverhältnis, S. 139, jeweils unter Hinweis auf die Garantie des Equal Payment und die breite Tariferschlossenheit, jedoch ohne jegliche inhaltliche Stellungnahme zu den bestehenden Tarifabschlüssen.

[447] *Adamy*, AiB 2009, 69 (76).

6.1.2.2.3 Angemessenheit der zu treffenden Auswahlentscheidung

Eine hiervon zu trennende rechtliche Frage ist es, ob auch die vom Verordnungsgeber im Rahmen eines Verfahrens auf Allgemeinverbindlicherklärung eines Tarifvertrages der Zeitarbeitsbranche notwendigerweise zu treffende Auswahlentscheidung angemessen wäre. Da gerade eine Auswahl unter mehreren bestehenden Tarifverträgen einen besonders tiefgreifenden Eingriff in die Tarifautonomie begründet, bedarf es auf der Ebene der Angemessenheit der Maßnahme einer besonders sorgfältigen Abwägung.[448] Da Gegenstand dieser Ausarbeitung keine konkrete Rechtsverordnung ist, sondern vielmehr die Verfassungsmäßigkeit einer hypothetischen Allgemeinverbindlicherklärung geprüft wird, kann insofern nicht zu einem konkreten Auswahlergebnis Stellung genommen werden. Vielmehr kann lediglich geklärt werden, welche abstrakten Kriterien für eine angemessene Auswahlentscheidung heranzuziehen wären, insbesondere, ob die nunmehr vom Gesetzgeber im Rahmen des § 7 II AEntG n.F. getroffene Entscheidung für das Merkmal der Repräsentativität sachlich gerechtfertigt ist.

Als denkbare Alternativen zu dem vom Gesetzgeber nunmehr gewählten Ansatz käme zunächst der Grundsatz der Spezialität in Betracht. Die Auswahl könnte nach diesem Grundsatz danach erfolgen, welcher Tarifvertrag für bestimmte Arbeitsverhältnisse der jeweils vorrangigste Tarifvertrag ist. Dabei würde sich die Vorrangigkeit danach bestimmen, welcher Tarifvertrag derjenige ist, der den Betrieben räumlich, betrieblich, fachlich und persönlich am nächsten steht und deshalb den Erfordernissen und Eigenarten der Betriebe und der darin tätigen Arbeitnehmer am besten Rechnung trägt.[449] Diesem Auswahlkriterium sind grundlegende Bedenken entgegenzuhalten. Zum einen geht es bei der Festsetzung von Mindestlöhnen durch eine Tariferstreckung stets um eine allgemeine, generell gültige Festsetzung, die ihrer Natur nach schon keine punktgenaue Lösung für einen konkreten Betrieb oder eine konkrete Gruppe von Betrieben zum Inhalt haben kann.[450] Zum anderen setzt der von der Rechtsprechung für die Tarifkonkurrenz entwickelte Spezialitätsgrundsatz die Identität des Normgebers voraus.[451] Nur wenn mehrere tarifliche Regelungen durch die gleiche Tarifpartei geschlossen werden, ist es gerechtfertigt, im Wege der Auslegung zu ermitteln, welche Norm nach dem Willen des Normgebers die einschlägige sein soll.[452] Geraten hingegen tarifliche Regelungen unterschiedlicher Tarifparteien miteinander in Konkurrenz, müssen andere Maßstäbe für die Bestimmung der Vorrangigkeit gefunden werden.

---

[448] *Dieterich* in: *Schäfer/Bieback/Kocher/Dieterich/Hanau*, Tarifgestützte Mindestlöhne S.120.

[449] BAG v. 20.3.1991, NZA 1991, 736 (740).

[450] *Bieback/Kocher* in: *Schäfer/Bieback/Kocher/Dieterich/Hanau*, Tarifgestützte Mindestlöhne, S. 67.

[451] *Klebeck* NZA 2008, 446 (448).

[452] *Klebeck* a.a.O..

In Frage käme auch, denjenigen Tarifvertrag auszuwählen, der das niedrigste Entgelt vorsieht. Für eine solche Lösung spräche vordergründig sicherlich, dass so die Intensität des Eingriffes in die Tarifautonomie am geringsten wäre. Da eine für allgemeinverbindlich erklärte Festsetzung eines Mindestentgeltes einer abweichenden Vereinbarung eines höheren Entgeltes nicht entgegenstünde, würde auf diesem Wege für die Tarifparteien ein breiter Regelungsfreiraum verbleiben.[453] Gleichwohl offenbart sich die Untauglichkeit dieses Auswahlkriteriums bei genauer Betrachtung der zeitarbeitsspezifischen tarifpolitischen Kernproblematik. Ist es doch gerade der Anlass für die Gebotenheit des staatlichen Handelns, dass das bisherige freie Wirken der freien Kräfte des Arbeitsmarktes zu einem für die Arbeitnehmer äußerst nachteiligem Unterbietungswettbewerb geführt hat, so kann Maßstab für die Auswahlentscheidung des Verordnungsgebers nicht das geringstmögliche Lohnniveau sein. Wäre dies der Maßstab, würde Lohndumping in der Zeitarbeitsbranche nicht gestoppt, sondern vielmehr noch zusätzlich gefördert werden.[454]

In Hinblick auf den Regelungsanlass erscheint ein Vorgehen nach dem Günstigkeitsprinzip auf den ersten Blick weit besser geeignet. Ist es doch gerade das gesetzgeberische Anliegen, die Abwärtsspirale der Lohnentwicklung zu durchbrechen, ist es naheliegend, denjenigen Tarifvertrag auszuwählen, der für die Zeitarbeitnehmer in Hinblick auf den zu zahlenden Lohn am günstigsten ist.[455] Dies gilt umso mehr, als eine solche Vorgehensweise im Einklang mit der gesetzgeberischen Grundwertung des AÜG stünde. Das Gleichstellungsprinzip aus § 9 Nr. 2 AÜG stellt sich nicht nur als Detailregelung sondern als gesetzgeberisches Leitprinzip für die Zeitarbeitsbranche dar.[456] Da sich in der Tarifwirklichkeit der Zeitarbeitsbranche die Arbeitskonditionen mehr und mehr vom Leitbild des Equal Pay zuungunsten der Zeitarbeiter entfernt haben, würde die Wahl des für die Leiharbeitnehmer günstigsten Tarifvertrages zugleich die Wahl desjenigen Tarifvertrages bedeuten, der dem Leitbild der Zeitarbeit am nächsten kommt.[457]

Gegen eine Auswahlentscheidung auf der Basis des Günstigkeitsprinzips bestehen jedoch durchaus auch gewichtige Bedenken. So ist zunächst zu berücksichtigen, dass eine gesetzliche Bestimmung, wonach der Verordnungsgeber den für die Zeitarbeitnehmer günstigsten Tarifvertrag auszuwählen hätte, bei der praktischen Umsetzung nicht unerhebliche Schwierigkeiten mit sich bringen könnte. So wird etwa in dem Fall, dass zwei Tarifverträge neben den Grundgehältern noch eine Vielzahl von Zu- und Abschlägen vorsehen, die Bestimmung

---

[453] *Dieterich* in: *Schäfer/Bieback/Kocher/Dieterich/Hanau*, Tarifgestützte Mindestlöhne, S.123.

[454] *Dieterich*, a.a.O..

[455] *Hanau* in: *Schäfer/Bieback/Kocher/Dieterich/Hanau*, Tarifgestützte Mindestlöhne, S.156; *Guenoub*, Equal Pay und Equal Treatment im Leiharbeitsverhältnis, S. 139.

[456] BVerfG v. 29.12.2004, BB 2005, 495 (495).

[457] *Hanau* in: *Schäfer/Bieback/Kocher/Dieterich/Hanau*, Tarifgestützte Mindestlöhne, S.156.

des tatsächlich günstigsten Tarifvertrages nicht sofort offensichtlich sein.[458] Darüber hinaus muss berücksichtigt werden, dass ein Vorgehen nach dem Günstigkeitsprinzip eine inhaltliche Bewertung der jeweiligen Tarifverträge voraussetzt. Hiergegen bestehen grundlegende Bedenken.[459] Gegen die Anwendung inhaltlicher Kriterien spricht, dass es dem Wesen der Tarifautonomie eher entspricht, wenn sich der Staat bei der Regelung der Arbeits- und Wirtschaftsbedingungen weitestgehend zurückhält. Es wäre mit dem Grundsatz staatlicher Neutralität gegenüber konkurrierenden Koalitionen schwerlich vereinbar, wenn letztlich der Staat bewerten würde, welcher der Tarifverträge der „bessere" ist.[460]

Der Gesetzgeber hat sich nunmehr entschieden, in § 7 II AEntG n.F. zu verankern, dass sich die Auswahlentscheidung des Verordnungsgebers am Kriterium der Repräsentativität zu orientieren hat. Gem. § 7 II Nr. 1 AEntG n.F. soll insofern auf die Zahl der von den jeweiligen tarifgebundenen Arbeitgebern beschäftigten Arbeitnehmern und nach § 7 II Nr. 2 AEntG n.F. auf die Mitgliederzahl der beteiligten Gewerkschaften abgestellt werden. Fraglich ist, ob auch diese Wertentscheidung im Lichte der Tarifautonomie mit dem Grundsatz der Verhältnismäßigkeit im Einklang steht.

Bedenken gegen das Merkmal der Repräsentativität als entscheidendes Auswahlkriterium lassen sich durchaus formulieren. So wird in der Literatur etwa darauf hingewiesen, dass ein Abstellen auf die Größe von Gewerkschaften letztlich eine staatlich unterstützte Bedeutungsaufwertung größerer Gewerkschaften bedeutet, die es kleineren Gewerkschaften langfristig erschwere, sich in einer Branche zu etablieren.[461] Hierdurch werde der Gewerkschaftspluralismus insgesamt erschwert. Zugleich läge in dieser Vorgehensweise eine ungerechtfertigte Ungleichbehandlung, da es größeren Gewerkschaften ermöglicht werde, ihre Verhandlungsergebnisse kleineren Gewerkschaften aufzuzwingen, wobei den kleineren Gewerkschaften diese Möglichkeit umgekehrt verwehrt bliebe.[462] Im Ergebnis ist der benannten Literaturauffassung zuzugeben, dass infolge der Einführung des Auswahlkriteriums der Repräsentativität eine gewisse Bedeutungsaufwertung derjenigen Gewerkschaften unvermeidlich ist, deren Tarifvertrag letztlich ausgewählt wird. Aus diesem unvermeidlichen Nebeneffekt jedoch schlusszufolgern, dass das Merkmal der Repräsentativität schlichtweg ungeeignet sei,[463] erscheint übereilt. Dies folgt zum einen daraus, dass - wie dargestellt - gegen die in Frage kommenden Alternativkriterien noch schwerwiegendere Bedenken bestehen. Zum anderen lassen sich zahlreiche Gesichtspunkte anführen, die die Eignung des Auswahlkriteriums der Repräsentativität untermauern.

---

[458] *Dieterich* in: *Schäfer/Bieback/Kocher/Dieterich/Hanau*, Tarifgestützte Mindestlöhne, S.124.

[459] *Sittard*, NZA 2009, 346 (348).

[460] *Sittard*, a.a.O..

[461] *Thüsing*, ZfA 2008, 590 (636).

[462] *Thüsing*, a.a.O. (638).

[463] So *Thüsing*, a.a.O. (640).

Insofern spricht für das Merkmal der Repräsentativität zunächst, dass die Repräsentativität eines Tarifvertrages zugleich ein Indiz für die Akzeptanz des Inhaltes ist.[464] Zugleich ist zu berücksichtigen, dass die Stärke der Tarifparteien gerade die Grundlage für die Funktionsfähigkeit des Tarifsystems ist. Insofern wird gerade durch eine hohe Verbreitung und die Mächtigkeit der beteiligten Tarifparteien die Vermutung gestärkt, dass für das Tarifergebnis eine Richtigkeitsgewähr spricht.[465] Dem hat der Gesetzgeber auch bereits im Rahmen des § 5 TVG Rechnung getragen, in welchem die Möglichkeit der Allgemeinverbindlicherklärung ebenfalls davon abhängig gemacht wird, dass die beteiligten Arbeitgeberverbände mindestens 50% der in den Geltungsbereich des Tarifvertrages fallenden Arbeitnehmer beschäftigen.

Zudem ist festzustellen, dass durch ein Abstellen auf das Merkmal der Repräsentativität die Intensität des Eingriffs in die Tarifautonomie abgeschwächt wird. Dies folgt zum einen daraus, dass die Allgemeinverbindlicherklärung, wie dargelegt,[466] gerade in die Tarifautonomie der anderweitig Tarifgebundenen eingreift. Soweit demnach derjenige Tarifvertrag ausgewählt wird, dem die zahlenmäßig mächtigsten Tarifparteien ohnehin unterworfen sind, hat dies gleichsam zur Folge, dass nur die Tarifautonomie derjenigen Tarifparteien berührt wird, deren Mitgliederzahl geringer und deren Bedeutung für die tarifautonome Ordnung des Arbeitsmarktes somit schwächer ist.[467] Zum anderen ist der Eingriff in die Tarifautonomie auch deswegen geringer, weil es sich bei dem Merkmal der Repräsentativität um ein reines Verfahrenskriterium handelt, das eine inhaltliche Bewertung der Tarifergebnisse durch den Verordnungsgeber vermeidet.[468] Auf diesem Wege wird es vermieden, die im Wege autonomer Tarifverhandlungen gefundenen Ergebnisse einer staatlichen Richtigkeitskontrolle zu unterziehen.

Im Ergebnis ist daher davon auszugehen, dass die gesetzgeberische Entscheidung, dem Verordnungsgeber für die im Rahmen des Verfahrens auf Allgemeinverbindlicherklärung eines Tarifvertrages zu treffende Auswahlentscheidung das Kriterium der Repräsentativität des jeweiligen Tarifvertrages vorzuschreiben, mit dem Grundsatz der Verhältnismäßigkeit im Einklang steht. Insgesamt kann daher festgehalten werden, dass die Allgemeinverbindlicherklärung eines Tarifvertrages für die Zeitarbeitsbranche auf der Basis des AEntG, einschließlich der in diesem Rahmen zu treffenden Auswahlentscheidung, in Hinblick auf den

---

[464] Vgl. Gesetzesbegründung zu § 7 AEntG-E, BT-Drs. 16/10486.

[465] So auch die Gesetzesbegründung zu § 7 AEntG-E, BT-Drs. 16/10486; *Dieterich* in: *Schäfer/Bieback/Kocher/Dieterich/Hanau*, Tarifgestützte Mindestlöhne, S.124.

[466] Siehe 6.1.2.1.4..

[467] *Steuer*, Die Arbeitnehmerüberlassung als Mittel zur Förderung des Arbeitsmarktes in Deutschland, S. 371.

[468] *Sittard*, NZA 2009, 346 (348).

mit einer solchen Maßnahme verbundenen Eingriff in die Tarifautonomie der anderweitig tarifgebundenen Parteien verfassungsrechtlich gerechtfertigt wäre.

6.1.3 Vereinbarkeit mit Art. 12 I GG

Fraglich ist, ob auch ein Verstoß gegen Art 12 I GG in Betracht kommt.

6.1.3.1 Eingriff in den Schutzbereich

Nach einhelliger Auffassung gewährt Art. 12 I GG ein einheitliches Grundrecht der Berufsfreiheit, welches sowohl die Freiheit der Wahl als auch der Ausübung eines bestimmten Berufes gewährt.[469] Die Vorschrift konkretisiert das Grundrecht der freien Entfaltung der Persönlichkeit im Bereich der individuellen Leistung und Existenzerhaltung und zielt auf eine möglichst unreglementierte berufliche Betätigung ab.[470]

In Betracht kommt zunächst eine Beeinträchtigung der Berufsfreiheit unter dem Aspekt der Berufswahlfreiheit. Unter dem Aspekt der Berufswahlfreiheit gewährleistet Art. 12 I GG auch, dass der Staat Zugangsmöglichkeiten zu bestehenden Berufen möglichst offen halten muss und Zugangshindernisse nur insoweit errichtet werden dürfen, wie es infolge eines im Lichte des Art. 12 I GG hinreichend gewichtigen öffentlichen Interesses geboten ist.[471] Vor diesem Hintergrund weist *Thüsing*[472] darauf hin, dass staatliche Mindestlohnregelungen stets auch eine negative Wirkung auf das Beschäftigungsniveau hätten. In der Verknappung der zur Verfügung stehenden Stellen läge eine Zugangsbeschränkung, die einen Eingriff in die Berufswahl darstelle.[473] Dieser Ansatz vermag nicht zu überzeugen. Zunächst bestehen gewichtige Bedenken, ob etwaige faktische Auswirkungen auf die Beschäftigungsrate innerhalb einer bestimmten Branche tatsächlich geeignet wären, einen Eingriff in die Berufswahlfreiheit zu begründen. Denn allgemeine Maßnahmen der Arbeitsmarktpolitik betreffen nicht die Freiheit der Berufswahl.[474] Zudem ist aber auch bereits die Ausgangsthese einer negativen Wirkung auf das Beschäftigungsniveau durch die Einführung eines Mindestlohnes höchst zweifelhaft. Wie im Rahmen dieser Ausarbeitung noch ausführlich dargelegt werden wird,[475] ist ein erheblicher Rückgang der Beschäftigung in der Zeitarbeitsbranche

---

[469] BVerfG v. 11.6.1958, NJW 1958, 1035 (1037); ErfK/*Dieterich*, Art. 12 GG Rn. 9.

[470] BVerfG v. 12.6.1990, BVerfGE 82, 209 (223); *Kämmerer/Thüsing*, Leiharbeit und Verfassungsrecht, S. 67; *Thüsing*, ZfA 2008, 590 (615).

[471] BVerwG v. 23.9.1992, NVwZ-RR 1993, 621 (623).

[472] *Thüsing*, ZfA 2008, 590 (616).

[473] *Thüsing*, a.a.O..

[474] ErfK/*Dieterich*, Art. 12 GG Rn. 11.

[475] Siehe 7.3.2..

durch die Einführung eines Mindestlohns nicht zu erwarten. Ein Eingriff in Art. 12 I GG unter dem Gesichtspunkt einer Beeinträchtigung der Berufswahlfreiheit scheidet somit aus.

Weiter käme ein Eingriff in die Berufsausübungsfreiheit in Betracht. Die Freiheit der Berufsausübung gewährleistet die Gesamtheit der mit der Berufstätigkeit, ihrem Ort, ihren Verhaltensweisen, ihrem Umfang, ihrer Dauer, ihrer äußere Erscheinungsform und ihren Instrumenten zusammenhängenden Modalitäten der beruflichen Tätigkeit und umfasst so eine Reihe von Einzelfreiheiten.[476] Insbesondere umfasst ist die Freiheit von Arbeitgebern und Arbeitnehmern, das Arbeitsverhältnis durch vertragliche Regelungen frei von staatlicher Einflussnahme zu gestalten.[477] Die Arbeitsvertragsfreiheit gewährleistet dabei nicht nur das Recht der Parteien eines Arbeitsvertrages, Arbeitsverträge grundsätzlich so abzuschließen, wie sie es wünschen. Vielmehr schützt sie auch davor, dass die öffentliche Gewalt bereits abgeschlossene Verträge nachträglich einer Änderung unterzieht.[478] Nach dem so verstandenen Schutzbereich beeinträchtigt die Allgemeinverbindlicherklärung eines Tarifvertrages die Vertragsfreiheit von Arbeitnehmern und Arbeitgebern der Zeitarbeitsbranche. Zum einen werden die Inhalte bestehender Arbeitsverträge im Umfang der Allgemeinverbindlicherklärung inhaltlich verdrängt, zum anderen sind Leiharbeitgeber sowie Leiharbeitnehmer nach der Allgemeinverbindlicherklärung eines Tarifvertrages in ihrer Freiheit, Vertragskonditionen auszuhandeln, nach Maßgabe der erfolgten Tariferstreckung beschränkt.

Dabei handelt es sich auch um einen Eingriff in die Arbeitsvertragsfreiheit. Ein Eingriff in die Berufsfreiheit liegt dann vor, wenn die Maßnahme, die Grundlage der Beeinträchtigung der Berufsfreiheit ist, eine subjektive oder eine objektive berufsregelnde Tendenz hat.[479] Diese Voraussetzung wäre im Falle der Allgemeinverbindlicherklärung eines Tarifvertrages nach dem AEntG erfüllt.[480] Die Allgemeinverbindlicherklärung eines Tarifvertrages als Mittel zur Einführung eines Mindestlohnes hat gerade den Zweck, die Vereinbarung eines

---

[476] *Thüsing*, ZfA 2008, 590 (615).

[477] *Huster*, Die Anwendbarkeit des Arbeitnehmerüberlassungsgesetzes auf inländische Leiharbeitnehmer, S. 177; *Kämmerer/Thüsing*, Leiharbeit und Verfassungsrecht, S. 68; *Thüsing*, a.a.O.; unter zusätzlicher Heranziehung von Art. 2 I GG: *Dieterich* in: *Schäfer/Bieback/Kocher/Dieterich/Hanau*, Tarifgestützte Mindestlöhne, S.125; unter ergänzender Bezugnahme auf Art. 2 I GG und Art. 14 I GG: *Bieback/Kocher* in: *Schäfer/Bieback/Kocher/Dieterich/Hanau*, Tarifgestützte Mindestlöhne, S.77.

[478] BVerfG v. 8.4.1997, DÖV 1997, 545 (548).

[479] BVerfG a.a.O.; *Kämmerer/Thüsing*, Leiharbeit und Verfassungsrecht, S. 67f.; *Thüsing*, ZfA 2008, 590 (615).

[480] *Bieback/Kocher* in: *Schäfer/Bieback/Kocher/Dieterich/Hanau*, Tarifgestützte Mindestlöhne, S.77; *Dieterich* in: *Schäfer/Bieback/Kocher/Dieterich/Hanau*, Tarifgestützte Mindestlöhne, S.125; *Steuer*, Die Arbeitnehmerüberlassung als Mittel zur Förderung des Arbeitsmarktes in Deutschland, S. 374.

niedrigen Lohnes zwischen den Parteien eines Arbeitsvertrages zu verhindern. Insofern kommt der Maßnahme bereits eine subjektiv berufsregelnde Tendenz zu.

6.1.3.2 Verfassungsrechtliche Rechtfertigung

Dieser Eingriff müsste verfassungsrechtlich gerechtfertigt sein. Bezüglich der Rechtfertigung eines Eingriffes in das Grundrecht aus Art. 12 I GG hat die Rechtsprechung die s.g. „Drei-Stufen-Lehre" entwickelt.[481] Danach ist für die Frage der verfassungsrechtlichen Rechtfertigung zwischen Berufsausübungsregelungen sowie subjektiven und objektiven Berufswahlregelungen zu unterscheiden. Im vorliegenden Fall handelt es sich um einen Eingriff in die Freiheit der Berufsausübung. Ein solcher Eingriff ist nach der benannten Lehre bereits dann gerechtfertigt, wenn vernünftige Erwägungen des Gemeinwohls ihn als zweckmäßig erscheinen lassen.[482] Für die Beantwortung der Frage, ob die Allgemeinverbindlicherklärung auf der Basis des AEntG aufgrund einer vernünftigen Erwägung des Gemeinwohls zweckmäßig erscheint, kann im Wesentlichen auf die Ausführungen zur Rechtfertigung des Eingriffs in die Tarifautonomie verwiesen werden.[483] Wie bereits dargelegt, weist das Tarifsystem in der Zeitarbeitsbranche schwere Symptome einer tiefgreifenden Störung des Kräftegleichgewichts auf, so dass sich ein Tätigwerden des Gesetzgebers zur Stärkung des Gesamtsystems der Tarifordnung gebietet.[484] Wie bereits im Zusammenhang mit dem Eingriff in Art. 9 III GG erläutert, ist eine Regulierung über die Allgemeinverbindlicherklärung eines Tarifvertrages zur Sicherstellung zumutbarere Arbeitsbedingungen, zur Stärkung der Funktionsfähigkeit des Tarifvertragssystems und zur Erhaltung sozialversicherungspflichtiger Beschäftigung sowohl geeignet, als auch erforderlich.[485] Hinsichtlich der Angemessenheit der Beschränkung der Vertragsfreiheit bestehen ebenfalls keine Bedenken. Insofern ist insbesondere zu berücksichtigen, dass der Eingriff auch dadurch in seiner Intensität abgemildert wird, dass gerade keine eigene staatliche Festsetzung eines Mindestlohns erfolgt, sondern ein durch die Tarifparteien in Wahrnehmung ihrer eigenen Vertragsfreiheit gefundenes Ergebnis in seiner Wirkung verstärkt wird. Insgesamt ist der mit einer Allgemeinverbindlicherklärung eines Tarifvertrages verbundene Eingriff in die Arbeitsvertragsautonomie daher aus vernünftigen Gründen des Gemeinwohls geboten und somit verfassungsrechtlich gerechtfertigt. Eine Verletzung des Grundrechtes aus Art. 12 I GG liegt nicht vor.

---

[481] BVerfG v. 11.6.1958, NJW 1958, 1035 (1038); *Huster*, Die Anwendbarkeit des Arbeitnehmerüberlassungsgesetzes auf inländische Leiharbeitnehmer, S. 181; *Thüsing*, ZfA 2008, 590 (616).

[482] BVerfG a.a.O.; *Thüsing*, a.a.O..

[483] Siehe 6.1.2..2..

[484] Siehe 6.1.2.2.2..

[485] Siehe 6.1.2.2.2..

6.1.4 Vereinbarkeit mit Art. 3 I GG

Ein weiterer Ansatz für Bedenken gegen die Verfassungsmäßigkeit einer Allgemeinverbindlicherklärung nach dem AEntG für die Zeitarbeitsbranche ist die Frage der Vereinbarkeit mit dem allgemeinen Gleichbehandlungsgrundsatz aus Art. 3 I GG. [486] Insofern käme eine Ungleichbehandlung im Verhältnis zu anderen Branchen in Betracht. *Thüsing* und *Lembke* knüpfen mit ihren Bedenken bereits an die, dem Erlass einer Rechtsverordnung gem. § 7 I AEntG n.F. notwendigerweise vorgeschaltete, Aufnahme der Zeitarbeit in das Arbeitnehmerentsendegesetz an. Diese Bedenken greifen indes im Ergebnis nicht durch.

Nach gefestigter Rechtsprechung des Bundesverfassungsgerichtes liegt eine das verfassungsrechtliche Gleichbehandlungsgebot verletzende Ungleichbehandlung dann vor, wenn eine Gruppe von Normadressaten im Vergleich zu anderen Normadressaten anders behandelt wird, obwohl zwischen beiden Gruppen keine Unterschiede von solcher Art und solchem Gewicht bestehen, dass sie die ungleiche Behandlung rechtfertigen würden.[487] Im Ansatz zutreffend ist davon auszugehen, dass es sich bei den Angehörigen einzelner Wirtschaftsbranchen um Personengruppen handelt, für die der allgemeine Gleichbehandlungsgrundsatz im Verhältnis zueinander Anwendung findet. Auch stellt es eine unbestreitbare Ungleichbehandlung dar, die Arbeitnehmer und Arbeitgeber der einen Branche an die Tariferstreckungsvorschriften des Arbeitnehmerentsendegesetzes zu binden, die Arbeitnehmer und Arbeitgeber einer anderen Branche hingegen nicht. Die mit einer Aufnahme der Zeitarbeit in das AEntG verbundene Ungleichbehandlung wäre jedoch gerechtfertigt, da diese Ungleichbehandlung auf einem ausreichenden branchenspezifischen Unterschied beruhen würde.[488]

Zu berücksichtigen ist insofern, dass auf dem Gebiet des Arbeitsrechtes ein breiter Gestaltungs- und Differenzierungsbedarf zur Verwirklichung unterschiedlichster wirtschafts-, beschäftigungs-, sozial- und gesellschaftspolitischer Vorstellungen besteht.[489] Dem Gesetzgeber ist bei der Umsetzung der politischen Ziele, insbesondere bei der Auswahl und Anwendung von Differenzierungskriterien ein weiter Freiraum einzuräumen.[490] Die Entscheidung über die Aufnahme in das AEntG würde auf der Grundlage der maßgeblichen Gesetzeszwecke getroffen werden. Nach § 1 AEntG ist Zweck des Arbeitnehmerentsendegesetzes u.a. die Wahrung der Ordnungs- und Befriedungsfunktion der Tarifautonomie. Sachgerechtes Differenzierungskriterium für die Frage, ob eine Branche in das Arbeitnehmerentsendegesetz aufzunehmen ist, ist somit u.a. deren jeweilige Tarifsituation. Soweit der Gesetzgeber nach Maßgabe dieses Differenzierungskriteriums eine Aufnahme der Zeitarbeits-

[486] Konkret geäußert von *Thüsing/Lembke*, ZfA 2007, 87 (118).

[487] BVerfG v. 7.10.1980, NJW 1981, 271 (271 f.).

[488] A.A.: *Thüsing/Lembke*, ZfA 2007, 87 (118).

[489] ErfK/*Schmidt*, Art. 3 GG Rn. 36.

[490] ErfK/*Schmidt*, a.a.O..

branche beschließen würde, würde sich diese Entscheidung auch als sachgerechte Anwendung des Differenzierungskriteriums darstellen. Wie bereits dargelegt, ist in der Zeitarbeitsbranche die Ordnungsfunktion der Tarifautonomie in einem von der Situation in anderen Branchen nicht unerheblich abweichendem Maße gestört. [491]

Nachdem die aktuelle Tarifsituation in der Zeitarbeit die Störung des Tarifsystems als solches eindrucksvoll belegt, wäre es mithin nicht zu beanstanden, wenn der Gesetzgeber die Entscheidung träfe, für diese Branche durch eine Aufnahme in das AEntG die Möglichkeit einer Tariferstreckung zu eröffnen. Die hierin liegende Ungleichbehandlung gegenüber anderen Branchen rechtfertigt sich aus der erhöhten Bedarfslage für eine Tariferstreckung in der Zeitarbeitsbranche. Dabei kann es dahinstehen, ob und in welchem Umfang noch einzelne andere Branchen ebenfalls die Voraussetzungen erfüllen, um in das AEntG aufgenommen zu werden. Allein der Umstand, dass für einzelne weitere Branchen ebenfalls Ungleichbehandlungen zukünftig gerechtfertigt wären, kann nicht dazu führen, der zeitlich vorangehenden Regelung für die Zeitarbeitsbranche die Rechtfertigungsgrundlage zu entziehen.

6.1.5 Ergebnis

Insgesamt kann daher festgehalten werden, dass die Einführung eines Mindestlohns durch die Allgemeinverbindlicherklärung eines Tarifvertrages nach dem AEntG mit der Verfassung im Einklang stünde. Die Ermächtigungsgrundlage des § 7 I AEntG n.F. genügt den formellen Anforderungen des Art. 80 I 2 GG. Der in der Allgemeinverbindlicherklärung eines Tarifvertrages liegende Eingriff in die kollektive Koalitionsfreiheit und die Vertragsfreiheit derjenigen Tarifparteien, die nicht bereits ohnehin an den in seiner Wirkung erstreckten Tarifvertrag gebunden sind, sowie der Eingriff in die Vertragsfreiheit derjenigen Arbeitnehmer und Arbeitgeber, die sich nicht einer Koalition angeschlossen haben, wäre verfassungsrechtlich gerechtfertigt. Die Tariferstreckung stellt sich dabei als geeignet, erforderlich und angemessen dar, um zumutbare Arbeitsbedingungen zu gewährleisten, Arbeitslosigkeit infolge von Lohndumping ausländischer Konkurrenzunternehmen zu bekämpfen und um die Funktionsfähigkeit des Tarifsystems zu stärken. Eine Orientierung der zu treffenden Auswahlentscheidung am Merkmal der Repräsentativität wäre verfassungsrechtlich nicht zu beanstanden. Ein Verstoß gegen den allgemeinen Gleichbehandlungsgrundsatz läge nicht vor, da die Ungleichbehandlung gegenüber den Angehörigen anderer Wirtschaftsbranchen durch die besondere Tarifsituation in der Zeitarbeitsbranche gerechtfertigt ist.

---

[491] Siehe 6.1.2.2.2..

6.2 Verfassungsmäßigkeit eines Mindestlohns durch Änderung des AÜG

Soweit sich der Gesetzgeber alternativ dafür entscheiden würde, einen Mindestlohn für die Zeitarbeitsbranche dadurch zu realisieren, dass eine Lohnuntergrenze in das AÜG aufgenommen werden würde, wären für die Frage der Verfassungsmäßigkeit einer solchen Maßnahme weit überwiegend die gleichen Erwägungen maßgeblich.

Auch im Falle der Einführung eines gesetzlichen branchenweiten Mindestlohns läge keine Beeinträchtigung der individuellen Koalitionsfreiheit, wohl aber ein Eingriff in die kollektive Koalitionsfreiheit vor. Zwar erscheint auch in diesem Fall die Annahme eines Eingriffes in die Bestandsgarantie zu weitgehend. Auch wenn nicht zu leugnen ist, dass eine Beeinträchtigung der Bestandsgarantie tendenziell näher liegt, wenn eine Lohnuntergrenze festgelegt wird, die ohne unmittelbare Mitwirkung von Koalitionen zustande gekommen ist, so wäre doch weiterhin zu berücksichtigen, dass ein Mindestlohn nur die unterste Grenze eines Lohnes festlegt. Da nicht feststellbar wäre, dass damit das Interesse von Arbeitnehmern, einen darüber hinausgehenden Lohn zu vereinbaren und im Übrigen die sonstigen Arbeitsbedingen auszuhandeln, gänzlich erlöscht wäre, wäre durch eine solche Maßnahme die Existenz der Koalitionen nicht gefährdet. Von einem Eingriff in die Tarifautonomie der bestehenden Arbeitnehmer- und Arbeitgebervereinigungen in der Zeitarbeitsbranche wäre indes auszugehen. Zugleich läge ein Eingriff in die Vertragsfreiheit der benannten Organisationen sowie der einzelnen branchenangehörigen Arbeitnehmer und Arbeitgeber vor.

Die benannten Grundrechtseingriffe wären indes sämtlich verfassungsrechtlich gerechtfertigt. Insofern wird auf die Ausführungen zur verfassungsrechtlichen Rechtfertigung einer Tariferstreckung nach dem AEntG Bezug genommen.[492] Zwar kann im Falle der Einführung eines branchenweiten gesetzlichen Mindestlohns von einer objektiven Stärkung der Funktionsfähigkeit des Tarifvertragssystems nicht ausgegangen werden. Gleichwohl bliebe die Verfolgung des Ziels der Verhinderung von Arbeitslosigkeit infolge des Lohndumpings sowie die Gewährleistung zumutbarer Lebensbedingungen ausreichende Grundlage für eine verfassungsrechtliche Rechtfertigung. Soweit Zweifel an der Erforderlichkeit eines gesetzlichen Mindestlohns deswegen aufkommen könnten, weil ein Vorgehen nach dem AEntG einen weniger intensiven Eingriff darstellen würde, greifen diese Zweifel jedenfalls auf der Basis der aktuellen Tarifsituation der Zeitarbeitsbranche nicht durch. Zum einen kann der Gesetzgeber nicht auf Maßnahmen verweisen, die zum jeweiligen Zeitpunkt faktisch nicht durchführbar sind. Da, wie dargelegt, zum jetzigen Zeitpunkt nur ein Tarifvertrag existiert, für den ein Antrag auf Allgemeinverbindlicherklärung gestellt wurde und da dieser Tarifvertrag überdies inzwischen ausgelaufen ist, stellt die Allgemeinverbindlicherklärung eines Tarifvertrages keine die Erforderlichkeit eines gesetzlichen Mindestlohns ausschließende Alternativmaßnahme dar. Zum anderen wäre die Allgemeinverbindlicherklärung eines Tarifvertrages gegenüber der Einführung eines Mindestlohnes abhängig von der Höhe des

[492] Siehe 6.1.2.2..

geplanten gesetzlichen Mindestlohns möglicherweise auch bereits keine gleich geeignete Maßnahme. Jedenfalls dann, wenn die nach gesetzgeberischem Ermessen zur Erreichung der dargestellten Ziele erforderliche Mindestlohnhöhe die Vereinbarungen in etwaigen zur Verfügung stehenden Entgelttarifverträgen übersteigt, wird eine gleiche Eignung nicht mehr angenommen werden können.

In der Einführung eines Mindestlohnes für die Zeitarbeitsbranche läge auch keine ungerechtfertigte Ungleichbehandlung i.S.v. Art. 3 I GG, soweit sich die Differenzierung durch das geringere Lohnniveau in der Zeitarbeitsbranche rechtfertigt. Soweit in einer anderen Branche ebenfalls die Voraussetzungen für die Einführung eines Mindestlohns vorliegen, wäre eine etwaige Ungleichbehandlung gegenüber der Zeitarbeitsbranche verfassungskonform nicht dadurch zu lösen, dass von der Einführung eines Mindestlohns in der Zeitarbeitsbranche abgesehen wird, sondern dadurch, dass auch in dieser Branche eine entsprechende Mindestlohnregelung eingeführt wird.

6.3 Vorgaben des europäischen Rechts

Abgesehen von der Frage der Vereinbarkeit einer Mindestlohnregelung mit deutschem Recht ist ferner die Frage näher zu beleuchten, inwiefern sich aus dem europäischem Primär- und Sekundärrecht Vorgaben für die Frage der Einführung eines Mindestlohns für die Zeitarbeitsbranche ergeben.

6.3.1 Vereinbarkeit einer Mindestlohnregelung mit Art 49 EGV

Vorrangig zu prüfen ist insofern zunächst, ob das Gemeinschaftsrecht einer etwaigen Einführung eines Mindestlohns für die Zeitarbeitsbranche durch die Geltungserstreckung eines Tarifvertrages oder durch die Einfügung einer entsprechenden gesetzlichen Regelung in das AÜG entgegenstünde. Durch Art. 3 I c, IX der Entsenderichtlinie[493] sind auf der Ebene des Sekundärrechtes die Voraussetzungen für die Schaffung eines Mindestlohns für die Zeitarbeitsbranche geschaffen worden. Nach den benannten Vorschriften können die Mitgliedstaaten vorsehen, dass entsandten Arbeitnehmern diejenigen Arbeitsbedingungen garantiert werden, die am Arbeitsort für Leiharbeitnehmer gelten. Zu den in Bezug genommenen Arbeitsbedingungen zählen nach dem ausdrücklichen Wortlaut der Richtlinie auch Mindestlohnsätze. Fraglich ist, ob eine diese Ermächtigung ausfüllende mitgliedsstaatliche Maßnahme gegen die Dienstleistungsfreiheit aus Art. 49 EGV verstößt.

6.3.1.1 Schutzbereich der Dienstleistungsfreiheit

Dazu müsste zunächst der Schutzbereich der Dienstleistungsfreiheit eröffnet sein. Die Dienstleistungsfreiheit bezweckt den ungehinderten Verkehr der grenzüberschreitenden Dienstleistungen im Rahmen einer selbständigen Erwerbstätigkeit. Sie erstreckt sich auf

[493] Richtlinie 96/71/EG des Europäischen Parlamentes und des Rates v. 16. Dezember 1996 über die Entsendung von Arbeitnehmern im Rahmen der Erbringung von Dienstleistungen, ABl. L 18, S. 1 ff..

Staatsangehörige eines Mitgliedstaates und Gesellschaften mit Sitz in einem Mitgliedstaat, die als Dienstleistungserbringer oder Dienstleistungsempfänger in einem anderen Mitgliedstaat ansässig sind.[494] Der Schutzbereich der aktiven Dienstleistungsfreiheit ist nur dann eröffnet, wenn der Leistungserbringer seine Dienstleistung in einem anderen Mitgliedstaat als demjenigen anbietet, in dem er niedergelassen ist. Nach Art. 50 EGV sind Dienstleistungen Leistungen, die gegen Entgelt erbracht werden und nicht den Vorschriften des freien Waren- und Kapitalverkehrs sowie der Freizügigkeit der Personen unterliegen.

Die Leistungen, die im Rahmen grenzüberschreitender Arbeitnehmerüberlassungen erbracht werden, sind regelmäßig als selbständige Erwerbstätigkeit i.S.d. Art. 50 II EGV einzuordnen, die gegen Entgelt, also erwerbswirtschaftlich, durchgeführt wird. Ausländische Verleihunternehmen, die grenzüberschreitend tätig werden, bieten ihre Dienstleistung, die Überlassung von Arbeitskräften, im Inland, also einem anderen Mitgliedstaat, an. Dabei unterliegt die grenzüberschreitende Arbeitnehmerüberlassung auch nicht vorrangig anderen Grundfreiheiten, insbesondere nicht der Grundfreiheit der Arbeitnehmerfreizügigkeit aus Art. 39 ff. EGV.[495] Die Wahrnehmung von Rechten aus Art. 39 ff. EGV setzt ein bestehendes oder zumindest ein angestrebtes Inlandsarbeitsverhältnis voraus.[496] Hieran fehlt es im Falle einer grenzüberschreitenden Überlassung von Leiharbeitern, da ein Arbeitsverhältnis nur zu dem ausländischen Verleiher besteht.

Mithin ist der Schutzbereich der Dienstleistungsfreiheit eröffnet.

6.3.1.2 Eingriff

Des Weiteren ist fraglich, ob eine Mindestlohnregelung auch einen Eingriff in den Schutzbereich der Dienstleistungsfreiheit darstellt. Ein Eingriff in die Dienstleistungsfreiheit liegt jedenfalls dann vor, wenn eine staatliche Maßnahme diskriminierenden Charakter hat, d.h. wenn die Maßnahme EU-Ausländer gegenüber den Inländern des agierenden Mitgliedstaates schlechter stellt (Diskriminierungsverbot). Darüber hinaus erfasst die Dienstleistungsfreiheit jedoch grundsätzlich auch nicht diskriminierende (d.h. für Inländer und Ausländer gleichermaßen geltende) Maßnahmen, sofern diese geeignet sind, die grenzüberschreitenden Tätigkeiten der Leistungserbringer aus anderen Mitgliedstaaten zu unterbinden, zu behindern oder weniger attraktiv zu machen (Beschränkungsverbot).[497]

---

[494] *Lehne/Haak*, ZfBR 2002, 656 (657).

[495] EuGH v. 25.10.2001, NZA 2001, 1377 (1378); *Kort*, NZA 2002, 1248 (1250).

[496] *Kort*, a.a.O..

[497] EuGH v. 15.3.2001, NZA 2001, 554 (555); EuGH v. 24.1.2002, NZA 2002, 207 (208); EuGH v. 3.4.2008, NZA 2008, 537 (549); *Junker/Wichmann*, NZA 1996, 505 (507); *Lehne/Haak*, ZfBR 2002, 656 (657); *Sodan/Zimmermann*, ZfA 2008, 526 (574).

6.3.1.2.1 Verstoß gegen das Diskriminierungsverbot

Angesichts des Umstandes, dass ein Mindestlohn, unabhängig davon, ob er auf der Basis einer Allgemeinverbindlicherklärung eines Tarifvertrages oder unmittelbar durch Gesetz eingeführt wird, sowohl für inländische als auch für ausländische Arbeitnehmer gelten würde,[498] liegt eine diskriminierende Wirkung von Mindestlöhnen nicht nahe. In der Rechtssache „Portugaia Construções LdA“ hat der EuGH indes festgestellt, dass eine Diskriminierung dann vorläge, wenn ein inländischer Arbeitgeber den in einem für allgemeinverbindlich erklärten Tarifvertrag festgesetzten Mindestlohn durch den Abschluss eines Firmentarifvertrages unterschreiten könne, während dies einem Arbeitgeber, der in einem anderen Mitgliedstaat ansässig ist, nicht möglich sei.[499] Dieser abstrakten Feststellung des Europäischen Gerichtshofes ist im Grundsatz zwar zuzustimmen. Die vom EuGH betrachtete Situation dürfte jedoch für den Fall der Schaffung eines Mindestlohnes in der Zeitarbeitsbranche nicht eintreten. Für die Schaffung eines Mindestlohnes auf der Basis einer Allgemeinverbindlicherklärung nach § 7 I AEntG n.F. folgt dies schon daraus, dass der Gesetzgeber - unter ausdrücklicher Bezugnahme auf das vorgenannte Urteil in der Gesetzesbegründung[500] - durch die nunmehr gewählte Gesetzesformulierung klargestellt hat, dass ein für allgemeinverbindlich erklärter Tarifvertrag gegenüber anderen Tarifverträgen vorrangig ist. Insofern können auch deutsche Arbeitgeber den Mindestlohn nicht durch den Abschluss von Firmentarifverträgen unterlaufen. Ob dies auch für die Einführung eines gesetzlichen Mindestlohns gelten würde, hinge von der präzisen Ausgestaltung der gesetzlichen Regelung ab. Angesichts des durch den Gesetzgeber bei der Novellierung des Arbeitnehmerentsendegesetzes eingeschlagenen Weges dürfte jedoch kaum davon auszugehen sein, dass ein etwaiger gesetzlicher Mindestlohn tarifdispositiv ausgestaltet werden würde. Dies gilt für die Zeitarbeitsbranche insbesondere auch deswegen, weil sich die bereits dargestellte soziale Schieflage maßgeblich gerade aus den Tarifabschlüssen der letzten Jahre ergibt. Von einem Verstoß gegen das Diskriminierungsverbot durch die Einführung eines Mindestlohnes ist demzufolge nicht auszugehen.

---

[498] Wie bereits dargelegt (Siehe 5.3.2.4.), hat der Gesetzgeber im Wirkungsbereich des AEntG die Anwendbarkeit von Mindestarbeitsbedingungen auch auf grenzüberschreitend tätige ausländische Arbeitnehmer unter Bezugnahme auf die durch Art. 34 EGBGB eröffnete Möglichkeit der Schaffung „zwingender“ Regelungen herbeigeführt. Dem deutschen Gesetzgeber kam es in der Vergangenheit, wie auch aus der Gesetzesbegründung zum AÜG ersichtlich wird, entscheidend darauf an, dass Mindestarbeitsbedingungen auch für EU-Ausländer gelten, damit der Gefahr des „Lohndumpings“ entgegengewirkt wird. Im Folgenden soll daher unterstellt werden, dass der deutsche Gesetzgeber auch für den Fall der Schaffung einer Mindestlohnregelung durch eine Änderung des AÜG eine den Formulierungen der §§ 3 S. 1, 8 I AEntG entsprechende Regelung einfügen würde, um eine Wirkungserstreckung auch auf Leiharbeitnehmer aus dem EU-Ausland herbeizuführen.

[499] EuGH v. 24.1.2002, NZA 2002, 207 (209); ebenso: *Büdenbender*, RdA 2000, 193 (206); *Junker/Wichmann*, NZA 1996, 505 (510).

[500] Siehe BT-Drs. 16/10486, S. 13.

6.3.1.2.2 Verstoß gegen das Beschränkungsverbot

Die Einführung einer Mindestlohnregelung würde jedoch eine Beschränkung der Dienstleistungsfreiheit darstellen.[501] Diese Beschränkung tritt dann ein, wenn ein EU-Ausländer, der eine Dienstleistung in Deutschland erbringen will, in einem Mitgliedstaat niedergelassen ist, in welchem der einschlägige Mindestlohnsatz niedriger ist, oder in dem es überhaupt keinen Mindestlohnsatz gibt. In diesem Fall würde die höhere Mindestlohnverpflichtung eine zusätzliche wirtschaftliche Belastung darstellen, die grundsätzlich geeignet ist, die Erbringung der Dienstleistung zu unterbinden oder zu erschweren.[502]

6.3.1.3 Rechtfertigung

Der festgestellte Eingriff in die Dienstleistungsfreiheit könnte jedoch gerechtfertigt sein. Bei nicht diskriminierenden Beschränkungen der Dienstleistungsfreiheit kommt eine Rechtfertigung in Betracht, wenn die staatliche Maßnahme auf zwingenden Gründen des Allgemeinwohls beruht und zur Erreichung des angestrebten Ziels geeignet und erforderlich ist.[503]

6.3.1.3.1 Schutz vor Lohndumping

Wie bereits dargestellt,[504] wollte der Gesetzgeber mit der Schaffung des Arbeitnehmerentsendegesetzes zunächst für die Baubranche Lohn- und Sozialdumping verhindern.[505] Auch in den nachfolgenden Gesetzesänderungen stellte der Gesetzgeber u.a. darauf ab, dass ein „unfairer Wettbewerb“[506] mit Bewerbern aus Staaten mit niedrigerem Lohnniveau vermieden werden müsse. In der Begründung zum Zweiten Gesetz zur Änderung des Arbeitnehmerentsendegesetzes vom 21.12.2007[507] verwies der Gesetzgeber ebenfalls darauf, dass nach Wegfall des Postmonopols ein „Verdrängungswettbewerb“ durch solche Anbieter drohe, die nicht an die deutschen Arbeitsbedingungen gebunden sind.

Das durch die Begründung des Gesetzgebers und zum Teil auch offen in den politischen Debatten zum Ausdruck kommende Motiv der Verhinderung von Lohndumping mag aus

---

[501] EuGH v. 15.3.2001, NZA 2001, 554 (555); EuGH v. 3.4.2008, NZA 2008, 537 (540); *Bieback/Kocher* in: *Schäfer/Bieback/Kocher/Dieterich/Hanau*, Tarifgestützte Mindestlöhne, S. 81; *Sodan/Zimmermann*, ZfA 2008, 526 (574 f.); *Thüsing/Lembke*, ZfA 2007, 87 (104).

[502] EuGH v. 3.4.2008, NZA 2008, 537 (540); *Sodan/Zimmermann*, a.a.O..

[503] EuGH v. 15.3.2001, NZA 2001, 554 (555); *Bieback/Kocher*, a.a.O., S. 82; ErfK/*Schlachter*, AEntG, § 1 Rn. 3 f.; *Huster*, Die Anwendbarkeit des Arbeitnehmerüberlassungsgesetzes auf inländische Leiharbeitnehmer, S. 111; *Junker/Wichmann*, NZA 1996, 505 (507).

[504] Siehe 5.3.2.1..

[505] BT-Drs. 13/2414, S. 7.

[506] BT-Drs. 16/3064, S. 1.

[507] BT-Drs. 16/7534, S. 1.

der Perspektive des nationalen Rechts vertretbar sein, es erscheint im Lichte des Gemeinschaftsvertrages indes nicht schützenswert. Gemeinsames Ziel der Mitgliedstaaten der EU ist die Verwirklichung des gemeinsamen Binnenmarktes, d.h. „eines Raumes ohne Binnengrenzen, in dem der freie Verkehr von Waren, Personen, Dienstleistungen und Kapital (...) gewährleistet ist" (Art. 14 II EGV). Vor diesem Hintergrund kann ein einseitiger Protektionismus von Hochlohnländern nicht toleriert werden.[508] Die einseitige Marktabschottung von Mitgliedsländern in bestimmten Branchen steht in einem diametralen Gegensatz zu den Grundzielen der EU. Der freie Wettbewerb unter den Mitgliedstaaten ist gerade das Ziel der Europäischen Union. Dabei gehört es auch zum Wettbewerb, dass Unternehmer aus einem anderen Mitgliedsstaat Leistungen aufgrund geringerer Lohnkosten günstiger anbieten können. Dieser Wettbewerb darf nicht durch nationale Regelungen gezielt eingeschränkt oder gar verhindert werden.

Erschwerend kommt hinzu, dass es sich bei dem benannten Interesse um ein rein wirtschaftliches Interesse handelt. Der EuGH hat mehrfach klargestellt, dass rein wirtschaftliche Ziele, wie etwa der Schutz inländischer Unternehmer, einen Eingriff in die Dienstleistungsfreiheit nicht rechtfertigen können.[509] Allein das Ziel, den Wettbewerb mit Mitgliedsstaaten zu verhindern, in denen ein geringeres Lohnniveau herrscht, kann daher kein zwingendes Interesse des Allgemeinwohls im Sinne der Rechtsprechung zur Rechtfertigung von Beschränkungen der Dienstleistungsfreiheit darstellen.[510]

6.3.1.3.2 Arbeitnehmerschutz

Zu den zwingenden Gründen des Allgemeininteresses gehört nach ständiger Rechtsprechung des EuGH allerdings der Schutz von Arbeitnehmern.[511] Da die Einführung eines Mindestlohns in der Zeitarbeitsbranche zugleich den sozialen Schutz der Leiharbeitnehmer bezwecken würde, käme daher eine Rechtfertigung aus diesem Grunde in Betracht.

Eine Mindestlohnregelung müsste zunächst zur Erreichung dieses Zweckes geeignet sein. Zumindest dem ersten Anschein nach scheint die Geeignetheit auf der Hand zu liegen, zumal die Schaffung eines Mindestlohns - unabhängig davon, ob dieser direkt durch Gesetz oder durch die Allgemeinverbindlicherklärung eines Tarifvertrages eingeführt wird, unmittelbar auf eine Verbesserung der Lohnsituation der Zeitarbeiter abzielt. Fraglich ist, ob es Gründe gibt, die dieser Bewertung entgegenstehen. Vereinzelt wird argumentiert, dass ein

---

[508] *Bayreuther*, NZA 2008, 626 (629); *Kling*, EuZW 2002, 229 (236); *Lehne/Haak*, ZfBR 2002, 656 (657).

[509] EuGH v. 26.4.1988, NJW 1989, 2189 (2189); EuGH v. 24.1.2002, NZA 2002, 207 (208).

[510] EuGH v. 25.10.2001, NZA 2001, 1377 (1379); EuGH v. 24.1.2002, a.a.O.; *Bieback/Kocher* in: *Schäfer/Bieback/Kocher/Dieterich/Hanau*, Tarifgestützte Mindestlöhne, S. 82; *Kort*, NZA 2002, 1248 (1251).

[511] EuGH v. 25.10.2001, NZA 2001, 1377 (1379); EuGH v. 15.3.2001, NZA 2001. 554 (555).

Arbeitnehmerschutz nicht dadurch gewährleistet werden könne, dass Bedingungen formuliert werden, die letztlich dazu führen, dass bestimmte Arbeitnehmer, namentlich insbesondere entsandte Arbeitnehmer ausländischer Unternehmen, völlig vom deutschen Arbeitsmarkt ferngehalten werden.[512] Für diese Arbeitnehmer stelle sich die Zwangsbindung im Ergebnis vielmehr als Nachteil dar.[513] Diese Argumentation vermag nicht zu überzeugen. Würde man dieser - tendenziell arbeitgebertypischen - Argumentation folgen, so würde letztlich der sozialpolitische Schutzgedanke, der arbeitsrechtlicher Regulierung zugrunde liegt, konterkariert.[514] Jeder arbeitspolitischen Maßnahme, die die Gewährung eines noch so niedrigen sozialen Standards zum Gegenstand hätte, könnte schließlich entgegengehalten werden, dass sie letztlich die Marktposition derjenigen Arbeitnehmer verschlechtere, die bereit sind, auf eben diesen Mindeststandard zu verzichten.[515] Im Ergebnis ist die Einführung eines Mindestlohns daher als eine geeignete Maßnahme anzusehen, um Zwecke des Arbeitnehmerschutzes zu verfolgen.

Weiter müsste die Einführung eines Mindestlohns auch erforderlich sein. Dies wäre nicht der Fall, wenn es weniger einschneidende, aber gleich geeignete Maßnahmen gäbe, um das gesetzgeberische Ziel zu erreichen. Wie bereits dargelegt, steht weder der Erforderlichkeit eines gesetzlichen Mindestlohns noch der Erforderlichkeit einer Allgemeinverbindlicherklärung nach § 7 I AEntG n.F. entgegen, dass der Gesetzgeber auf die jeweils andere Maßnahme verwiesen werden könnte.[516] Soweit *Thüsing/Lembke*[517] darauf hinweisen, dass der Erforderlichkeit einer Beschränkung der Dienstleistungsfreiheit durch die Einführung eines Mindestlohns bereits entgegenstünde, dass die Leiharbeitnehmer in Deutschland ausreichend durch den Gleichbehandlungsgrundsatz aus den §§ 3 I Nr. 3, 9 Nr. 2 AÜG geschützt würden, ist diese Auffassung mit der tatsächlichen Lohnsituation nicht in Einklang zu bringen. Wie bereits dargestellt, findet der Gleichbehandlungsgrundsatz in der Zeitarbeitsbranche faktisch kaum Anwendung. Vielmehr wird der Grundsatz des Equal Pay durch Tarifvereinbarungen unterwandert, die ihrerseits mit den Grundsätzen des Arbeitnehmerschutzes nicht vereinbar sind. Dass die Einschränkung oder Streichung der Tariföffnungsklausel keine die Erforderlichkeit ausschließende Alternativmaßnahme darstellt, wurde bereits dargelegt.[518] Eine Einschränkung der Tariföffnungsklausel hätte eine erheblich größere Regelungswirkung als diejenige der Einführung eines Mindestlohnes. Die Entscheidung, ob und in welchem Umfang der Gesetzgeber durch staatliche Maßnahmen in unterschiedliche

[512] *Kling*, EuZW 2002, 229 (234).

[513] *Kling*, a.a.O..

[514] *Mühlbach*, RdA 2003, 339 (346).

[515] *Mühlbach*, a.a.O..

[516] Siehe 6.1.2.2.2.; 6.2..

[517] *Thüsing/Lembke*, ZfA 2007, 87 (106).

[518] Siehe 6.1.2.2.2..

arbeitsrechtliche Regelungsbereiche eingreift, muss dem Gesetzgeber selbst überlassen bleiben.

Insgesamt kann daher festgehalten werden, dass der mit der Einführung eines Mindestlohns für die Zeitarbeitsbranche einhergehende Eingriff in die Dienstleistungsfreiheit im Ergebnis aus arbeitnehmerschützenden Erwägungen heraus gerechtfertigt wäre.

6.3.2 Europarechtliche Gebotenheit einer Einbeziehung der Leiharbeitsbranche in das Arbeitnehmerentsendegesetz

Steht somit die Dienstleistungsfreiheit der Einführung eines Mindestlohns für die Zeitarbeitsbranche, insbesondere auch der Allgemeinverbindlicherklärung eines Tarifvertrages auf der Basis des AEntG, nicht entgegen, so stellt sich die weitere Frage, ob sich aus der Dienstleistungsfreiheit gar eine Pflicht zum staatlichen Tätigwerden ergeben könnte. *Hanau*[519] weist insofern auf gemeinschaftsrechtliche Bedenken hinsichtlich einer Ungleichbehandlung von inländischen und ausländischen Verleihern nach der aktuellen Gesetzeslage hin. So sei es inländischen Verleihern möglich, den Gleichbehandlungsgrundsatz durch den Abschluss von Tarifverträgen oder die Bezugnahme auf selbige zu umgehen, wohingegen dies für ausländische Verleihunternehmen nicht möglich sei. Diese Ungleichbehandlung führe im Ergebnis zu einer Pflicht des Gesetzgebers, die Zeitarbeitsbranche in das AEntG aufzunehmen und einen Tarifvertrag für diese Branche für allgemeinverbindlich zu erklären, um so auch ausländischen Verleihern die Möglichkeit zu bieten, von einer Ausnahmeregelung zum Grundsatz des Equal Pay zu profitieren.[520]

Fraglich ist, ob diese Überlegung tatsächlich schlüssig ist. Sicherlich bestünde eine Handlungspflicht des Gesetzgebers, wenn nach der bestehenden Rechtslage auf der Grundlage des AÜG eine Ungleichbehandlung von inländischen und ausländischen Verleihunternehmen vorläge. Eine solche Ungleichbehandlung läge vor, wenn es zutreffend wäre, dass ausländische Verleiher den Gleichbehandlungsgrundsatz im Gegensatz zu der inländischen Konkurrenz nicht wirksam durch die Bezugnahme auf Tarifverträge abbedingen könnten. Diese Annahme bedarf indes einer näheren Überprüfung.

Nach § 3 I Nr. 3 AÜG und § 9 Nr. 2 AÜG ist es ausländischen Verleihern nicht ausdrücklich verwehrt, den Gleichbehandlungsgrundsatz ausschließende Tarifverträge in Bezug zu nehmen. Voraussetzung ist jedoch, dass sich sowohl Verleiher als auch Leiharbeitnehmer „im Geltungsbereich eines solchen Tarifvertrages befinden“. Würde man diesen Passus - was der Wortlaut durchaus nahelegt - so verstehen, dass der räumliche Geltungsbereich gemeint ist, so wären ausländische Verleiher tatsächlich von der Ausnahmeregelung abgeschnitten, da die maßgeblichen Tarifverträge in der Regel das Bundesgebiet als räumlichen

---

[519] *Hanau* in: *Schäfer/Bieback/Kocher/Dieterich/Hanau*, Tarifgestützte Mindestlöhne, S.142; zustimmend: *Hunnekuhl/zu Dohna-Jaeger*, NZA 2007, 954 (955).

[520] *Hanau*, a.a.O., S. 143.

Geltungsbereich vorsehen. Eine solche Auslegung ist indes keineswegs zwingend. So ist vielmehr im Rahmen einer teleologischen Auslegung zu berücksichtigen, welche Absichten der deutsche Gesetzgeber verfolgt hat, als er bestimmt hat, dass sich Leiharbeitgeber und Leiharbeitnehmer im Geltungsbereich des Tarifvertrages befinden sollen. Sinn der benannten Regelung war es, branchenfremde Tarifverträge auszuschließen, weil für derartige Tarifverträge nicht mehr die Richtigkeitsgewähr der Tarifverträge aufgrund der sachverständigen Beurteilungskompetenz der Tarifparteien gilt.[521] Der Gleichbehandlungsgrundsatz soll nur durch solche Tarifregelungen abbedungen werden können, die gerade den Besonderheiten der Zeitarbeitsbranche Rechnung tragen. Da die Branchennähe des Tarifvertrages das tragende Motiv des Gesetzgebers war, liegt somit eine Auslegung des Terminus „Geltungsbereich des Tarifvertrages“ im Sinne eines sachlichen Geltungsbereiches nahe. Dies gilt umso mehr, als ein abweichendes Verständnis in der Tat faktisch zu einer Benachteiligung ausländischer Verleiher führen würde, so dass sich die benannte Auslegung als einzig gemeinschaftsrechtkonforme Auslegung ergibt.[522]

Dieser Auffassung folgt im Ergebnis auch die deutsche Verwaltungspraxis. So sieht beispielsweise die Durchführungsanweisung der Bundesagentur für Arbeit zum AÜG in 3.1.7 zu § 3 vor, dass Verleiher im Ausland aus gemeinschaftsrechtlichen Gründen unter den gleichen Bedingungen das Gleichstellungsprinzip durchbrechen können müssen wie Verleiher mit Sitz in Deutschland.[523] Danach sei ein ausländischer Tarifvertrag unter den gleichen Voraussetzungen geeignet, von der Verpflichtung zur Gleichstellung abzuweichen.[524]

Im Ergebnis können folglich auch ausländische Verleiher von der Tariföffnungsklausel des AÜG profitieren. Insofern liegt keine Ungleichbehandlung inländischer und ausländischer Verleihunternehmen vor. Es besteht mithin auch keine Handlungspflicht des Gesetzgebers aus diesem Grund. Die Frage, ob im Falle einer tatsächlichen Ungleichbehandlung die einzige Handlungsoption des Gesetzgebers tatsächlich eine Aufnahme der Zeitarbeitsbranche in das AEntG wäre, bedarf mithin keiner Erörterung.

6.3.3 Zu erwartende Auswirkungen der Leiharbeitsrichtlinie vom 19.11.2008

Für die Diskussion um die Einführung eines Mindestlohns in der Zeitarbeitsbranche ist auch die inzwischen in Kraft getretene aber noch nicht durch den deutschen Gesetzgeber umgesetzte Leiharbeitsrichtlinie der EU vom 19.11.2008[525] von nicht unerheblicher Bedeu-

---

[521] *Thüsing/Lembke*, ZfA 2007, 87 (103).

[522] *Thüsing/Lembke*, a.a.O..

[523] Arbeitnehmerüberlassungsgesetz Durchführungsanweisung, DA der BA PP11-7160,4(1), S. 51.

[524] Arbeitnehmerüberlassungsgesetz Durchführungsanweisung, a.a.O..

[525] Richtlinie 2008/104/EG des Europäischen Parlaments und des Rates v. 19. November 2008 über die Leiharbeit, ABl. L 327 v. 5.12.2008, S. 9 ff..

tung. Von Interesse ist insofern, welche Änderungen sich durch die Richtlinie für die aktuellen rechtlichen Rahmenbedingungen der Zeitarbeitsbranche in Deutschland ergeben können, insbesondere, ob etwaige Änderungen der Rechtslage Auswirkungen auf die Tarifsituation in der Zeitarbeitsbranche erwarten lassen.

6.3.3.1 Konsensfindung auf europäischer Ebene

Der Weg einer Konsensfindung hinsichtlich der Rahmenbedingungen für die Zeitarbeitsbranche auf europäischer Ebene war steinig und vor allem langwierig. Schon unter Nr. 7 der Gemeinschaftscharta der Sozialen Grundrechte der Arbeitnehmer aus dem Jahre 1989[526] war als Teil der Verwirklichung des freien Binnenmarktes u.a. die Verbesserung der Arbeits- und Lebensbedingungen in den s.g. atypischen Beschäftigungsverhältnissen wie den befristeten Arbeitsverhältnissen, der Teilzeitarbeit und der Leiharbeit postuliert worden. Bereits im Jahre 1990 legte die Kommission drei Richtlinienentwürfe[527] vor, die eine umfassende Rechtsangleichung der Rahmenbedingungen in den benannten atypischen Beschäftigungsverhältnissen zum Gegenstand hatten. Tatsächlich realisiert wurde lediglich eine Richtlinie zur Verbesserung der Sicherheit und des Gesundheitsschutzes.[528]

Nachdem u.a. durch den Vertrag von Maastricht die Möglichkeit geschaffen wurde, die Sozialpartner an der Sozialgesetzgebung zu beteiligen, richtete die Kommission ihre Bemühungen auf die Herbeiführung eines Konsenses zwischen den europäischen Sozialpartnern. Im Mai 2000 nahmen daraufhin die Sozialpartner intensive Verhandlungen über die Leiharbeit auf. Die Verhandlungen, die über ein Jahr geführt wurden, scheiterten indes. Zu groß waren die unterschiedlichen Vorstellungen des Gewerkschaftsbundes und der Arbeitgeberverbände hinsichtlich der Grundlagen des umzusetzenden Diskriminierungsverbotes. Während nach Auffassung der Arbeitgeberseite für die Bestimmung des „vergleichbaren Arbeitnehmers“ auf den Verleiherbetrieb abzustellen war, vertraten die Arbeitnehmervereinigungen die Meinung, dass eine Gleichbehandlung im Verhältnis zu den Arbeitnehmern des entleihenden Betriebes gewährleistet sein müsse.

Angesichts des Scheiterns der Sozialpartner wurde schließlich am 20.3.2002 ein erster Richtlinienentwurf seitens der Kommission der Europäischen Gemeinschaften vorgelegt.[529] Dieser Entwurf, der im Grundsatz eine Gleichbehandlung von Leiharbeitern im Verhältnis zu den Arbeitnehmern in den Entleihbetrieben zum Gegenstand hatte, sah sich in zahlrei-

---

[526] Gemeinschaftscharta der Sozialen Grundrechte der Arbeitnehmer v. 9.12.1989, KOM (1989) 248 endg..

[527] KOM (90) 228 endg..

[528] Richtlinie 91/383/EWG vom 25.6.1991 zur Ergänzung der Maßnahmen zur Verbesserung der Sicherheit und des Gesundheitsschutzes von Arbeitnehmern mit befristetem Arbeitsverhältnis oder Leiharbeitsverhältnis, ABl Nr. L 206, S. 19.

[529] Richtlinienentwurf der Kommission vom 20.3.2002, KOM (2002) 149 endg., ABl. 2002, C 203 v. 27.8.2002.

chen Punkten nicht unerheblicher Kritik durch das Europäische Parlament ausgesetzt. Unter anderem sprach sich das Parlament dafür aus, den Gleichbehandlungsgrundsatz uneingeschränkt tarifdispositiv auszugestalten, insbesondere ohne, dass - wie von der Kommission vorgeschlagen - eine Bindung an ein angemessenes Schutzniveau für die Leiharbeitnehmer gesetzlich verankert werden würde. Die Kommission legte angesichts der Änderungsvorschläge des Europäischen Parlamentes am 28.11.2002 einen geänderten Richtlinienentwurf[530] vor, der den Bedenken des Parlamentes teilweise Rechnung trug, teilweise jedoch die Änderungsvorschläge bewusst nicht aufnahm. Insbesondere blieb die Kommission bei Ihrer Auffassung, dass eine Abweichung vom Gleichbehandlungsgrundsatz durch eine tarifliche Einigung nicht ohne jegliche inhaltliche Einschränkung ermöglicht werden soll. Auch dieser Vorschlag brauchte eine lange Zeit bis er schließlich nach einer grundlegenden Einigung im Rahmen der Tagung des Rates vom 9./10. Juni 2008 und nach Zustimmung des Europäischen Parlamentes Grundlage der Richtlinie 2008/104/EG vom 19.11.2008 über die Leiharbeit werden konnte. Die Richtlinie ist nach Veröffentlichung im Amtsblatt am 5.12.2008 in Kraft getreten. Die Umsetzungsfrist läuft bis zum 5.12.2011.

6.3.3.2 Regelungsinhalte der Leiharbeitsrichtlinie

Die Leiharbeitsrichtlinie stellt ein Regelungswerk dar, welches der Leiharbeit auf der europäischen Ebene einen rechtlichen Rahmen bietet, wobei die in der dargestellten politischen Diskussion hart errungenen Kompromisse, insbesondere zu der Frage, inwieweit der Grundsatz des Equal Treatment für Zeitarbeiter zur Anwendung kommt, eingeflossen sind.

Im Einzelnen normiert die Richtlinie in Art 5 I den Gleichbehandlungsgrundsatz, wobei klargestellt wird, dass der Vergleichsmaßstab für die Gleichbehandlung nicht der Arbeitnehmer, der die genannte Tätigkeit beim Entleiher bereits ausführt, sondern der Leiharbeitnehmer selbst ist, wäre er denn beim Entleiher fest eingestellt worden. Die Richtlinie formuliert den Vergleichsmaßstab insofern präziser als der Entwurf aus dem Jahre 2002, der noch auf einen „vergleichbaren“ Arbeitnehmer abstellte.

Der Absatz II des Art. 5 der Richtlinie sieht eine erste Ausnahmemöglichkeit vom Gleichbehandlungsgrundsatz vor. Danach kann eine Abweichung vom Grundsatz dann erfolgen, wenn der Leiharbeiter in einer unbefristeten Stellung beim Verleihunternehmen steht und auch während der Zeiten zwischen den Überlassungen bezahlt wird. Diese Ausnahme trägt dem Umstand Rechnung, dass in der normierten Sachverhaltskonstellation die leiharbeitsspezifische Gefahr für den Arbeitnehmer, nach dem Einsatz beim Entleiher wieder entlassen zu werden, gerade nicht vorliegt.[531]

---

[530] Geänderter Vorschlag für eine Richtlinie des Europäischen Parlaments und des Rates über die Arbeitsbedingungen von Leiharbeitern v. 28.11.2002, KOM (2002) 701 endg..

[531] *Klumpp*, GRP 2009, 89 (91).

In Art. 5 III der Richtlinie ist die Möglichkeit geregelt, dass Tarifparteien die Befugnis eingeräumt wird, durch den Abschluss eines Tarifvertrages Arbeitsbedingungen zu vereinbaren, die vom Gleichbehandlungsgrundsatz abweichen. Nach der Formulierung der Richtlinie müssen die tariflichen Regelungen dabei „den Gesamtschutz von Leiharbeitern achten". Damit wurde zwar die ursprüngliche Formulierung im Richtlinienentwurf, der die Einhaltung eines „angemessenen Schutzniveaus" forderte, nicht übernommen. Gleichwohl hat der Richtliniengeber klargestellt, dass sich eine tarifliche Regelung nicht beliebig weit vom Grundsatz des Equal Pay entfernen darf.[532]

Eine weitere Ausnahmeregelung zu Art. 5 I der Richtlinie ist in Art. 5 IV normiert. Hiernach können Mitgliedstaaten, in denen es kein System zur Allgemeinverbindlicherklärung von Tarifverträgen gibt, auf der Grundlage einer Vereinbarung der Sozialpartner Abweichungen vom Gleichbehandlungsgrundsatz bestimmen, soweit ein angemessenes Schutzniveau gewahrt bleibt. In Art. 5 IV 2 der Richtlinie ist klargestellt, dass insofern insbesondere auch eine Wartefrist für eine Gleichbehandlung grundsätzlich zulässig wäre.

Ergänzend zu den vorangegangenen Regelungen bestimmt Art. 9 II der Richtlinie, dass die Umsetzung der Richtlinie kein hinreichender Grund zur Rechtfertigung einer Senkung des allgemeinen Schutzniveaus für Arbeitnehmer in den von der Richtlinie abgedeckten Bereichen darstellt. Auf diese Weise soll sichergestellt sein, dass in den Mitgliedstaaten jeweils bereits vorhandene Regelungen zum Schutz von Leiharbeitnehmern durch die Verpflichtung zur Umsetzung der Richtlinie in ihrer Wirkung nicht geschmälert oder beseitigt werden.

6.3.3.3 Änderungsbedarf hinsichtlich des AÜG

Fraglich ist, inwiefern sich für den deutschen Gesetzgeber aufgrund der Richtlinie eine Verpflichtung ergibt, die bestehenden Regelungen des AÜG abzuändern.

6.3.3.3.1 Vergleich der Richtlinie mit den Bestimmungen des AÜG

Die nunmehr in § 5 I der Leiharbeitsrichtlinie neu formulierte Vergleichsbasis ist präziser als der Wortlaut des AÜG („vergleichbare Arbeitnehmer"), der nicht ausdrücklich bezeichnet, gegenüber welchem Arbeitnehmer eine Gleichbehandlung zu erfolgen hat. Insbesondere ist es auf der Basis der derzeitigen Fassung des AÜG schwierig zu bestimmen, gegenüber welchem Arbeitnehmer im Entleiherbetrieb eine Gleichbehandlung zu erfolgen hätte, wenn es mehrere Arbeitnehmer in diesem Betrieb gibt, die im Wesentlichen die gleiche Tätigkeit verrichten, hierfür jedoch unterschiedlich entlohnt werden. Zwar wäre es im Ergebnis wohl ausreichend, sich damit zu begnügen, den Wortlaut des AÜG europarechtskonform im Sinne des Richtlinieninhalts auszulegen.[533] Angesichts des Umstandes, dass ohne-

[532] *Fuchs*, NZA 2009, 57 (61); *Klumpp*, a.a.O.; a.A.: *Thüsing*, RdA 2009, 118 (118).

[533] *Thüsing*, RdA 2009, 118 (118).

hin eine teilweise Novellierung des AÜG erforderlich ist, erscheint es jedoch auch im Sinne größtmöglicher Rechtsklarheit sinnvoll, diese Gelegenheit zu nutzen und die Formulierung in den §§ 3 I Nr. 3, 9 Nr. 2 AÜG dem Wortlaut der Richtlinie anzupassen.

Eine Änderung des AÜG ist zudem unumgänglich, soweit nach den soeben zitierten Normen des AÜG das Zeitarbeitsunternehmen berechtigt ist, einem Zeitarbeitnehmer, der zuvor arbeitslos war, für einen Zeitraum von bis zu sechs Überlassungswochen lediglich ein Nettoentgelt zu zahlen, welches der Höhe nach dem vom Arbeitnehmer zuletzt erhaltenen Arbeitslosengeld entspricht. Die Richtlinie lässt eine derartige Ausnahme vom Gleichbehandlungsgrundsatz nicht zu. Soweit in Absatz 4 der Richtlinie eine allgemeine Befugnis für Mitgliedstaaten normiert ist, welche nach dem ausdrücklichen Wortlaut der Richtlinie insbesondere die Festlegung einer Wartezeit für eine Gleichbehandlung umfasst, ist diese Vorschrift für den deutschen Gesetzgeber schon nicht anwendbar. Nach Art. 5 IV der Richtlinie wird die benannte Befugnis nur den Gesetzgebern derjenigen Mitgliedstaaten eingeräumt, in denen es kein System für die Allgemeinverbindlicherklärung von Tarifverträgen gibt. Dies ist wie bereits ausgeführt in Deutschland jedoch der Fall. Im Ergebnis ist daher die 6-Wochen-Klausel aus dem AÜG zu entfernen.[534] Die praktischen Auswirkungen einer Streichung der Ausnahmeregelung dürften indes nicht allzu gravierend sein. So war die benannte Ausnahmeregelung, abgesehen davon, dass der Anwendungsbereich der Vorschrift vergleichsweise klein war, von den Verleihern von Beginn an als wenig praktikabel eingestuft worden.[535] Auch mit zuvor arbeitslosen Leiharbeitnehmern wurde daher regelmäßig eine tarifliche Regelung vereinbart, um vom Gleichbehandlungsgrundsatz abzuweichen.[536]

Soweit die Leiharbeitsrichtlinie eine Möglichkeit schafft, vom Grundsatz des Equal Treatment dann abzuweichen, wenn der Leiharbeitnehmer unbefristet beim Verleihunternehmen beschäftigt ist und auch zwischen den Überlassungsphasen bezahlt wird, ist zunächst festzustellen, dass eine entsprechende Ausnahmeklausel im deutschen Recht fehlt. Soweit in der Literatur teilweise gefordert wird, dass nunmehr eine entsprechende Klausel einzuführen wäre,[537] unterliegt dies nicht unerheblichen Bedenken. Da durchaus zweifelhaft erscheint, ob der Status der unbefristeten Festanstellung den Nachteil einer fehlenden Anwendbarkeit des Gleichbehandlungsgrundsatzes vollständig kompensieren würde, dürfte

---

[534] *Fuchs*, NZA 2009, 57 (63); *Klumpp*, GPR 2009, 89 (91); *Steuer*, Die Arbeitnehmerüberlassung als Mittel zur Förderung des Arbeitsmarktes in Deutschland, S. 344; *Thüsing*, a.a.O..

[535] *Steuer*, Die Arbeitnehmerüberlassung als Mittel zur Förderung des Arbeitsmarktes in Deutschland S. 344; *Wank*, NZA 2003, 14 (19).

[536] *Steuer*, a.a.O..

[537] *Steuer*, a.a.O., S. 345.

eine Umsetzung dieser Ausnahmeregelung angesichts des Verbotes der Absenkung des Schutzniveaus in Art. 9 II der Richtlinie nur schwer möglich sein.[538]

Nicht im Einklang mit der Leiharbeitsrichtlinie steht auch die derzeitige Tariföffnungsklausel. Insbesondere unter Berücksichtigung des dargestellten Verlaufes des Verfahrens bis zum Erlass der Richtlinie muss der Zusatz, dass der Gesamtschutz der Leiharbeitnehmer zu beachten ist, als bewusste Wertentscheidung des europäischen Normgebers verstanden werden. Den ausdrücklichen Vorschlag des europäischen Parlamentes, von inhaltlichen Beschränkungen Abstand zu nehmen, hat die Kommission bewusst unberücksichtigt gelassen, um klarzustellen, dass der Tarifdispositivität zum Schutze der Leiharbeitnehmer Grenzen zu setzen sind. Soweit in den §§ 3 I Nr. 3, 9 Nr. 2 AÜG daher eine einschränkungslose Befugnis der Koalitionen normiert ist, vom Gleichbehandlungsgebot abzuweichen, stellt dies einen klaren Verstoß gegen den Wortlaut und den Zweck von Art. 5 III der Leiharbeitsrichtlinie dar, der durch eine Anpassung des AÜG zu beseitigen ist.[539] Dass dabei nicht alleine eine Auslegung des AÜG die Annahme inhaltlicher Grenzen für von dem Gleichbehandlungsgrundsatz abweichende Tarifregelungen zwingend gebietet, wurde bereits dargetan.[540]

Überdies erscheint es aus Gründen der Rechtssicherheit ratsam, bei der Novellierung der Tariföffnungsklausel über die Formulierung der Richtlinie hinaus die Anforderungen an den Gesamtschutz der Leiharbeitnehmer, welcher durch einen vom Gleichbehandlungsgrundsatz abweichenden Tarifvertrag zu wahren ist, näher zu bestimmen. Dass ohne eine solche Maßnahme kaum zu erwarten wäre, dass sich in der Praxis ein Einvernehmen hinsichtlich des erforderlichen Schutzumfanges einstellt, zeigt sich eindrucksvoll in den bereits jetzt veröffentlichten Literaturäußerungen. So vertritt etwa *Thüsing*[541] die Meinung, dass angesichts der im deutschen Arbeitsrecht geltenden Richtigkeitsgewähr von Tarifverträgen letztlich jede tarifliche Regelung - auch im Lichte des Gesamtschutzes der Leiharbeitnehmer - als angemessen zu erachten wäre. Diese Auffassung führt nicht nur den durch einen langen politischen Prozess auf europäischer Ebene errungenen Kompromiss ad absurdum. Vielmehr verkennt die benannte Literaturmeinung - der sich zweifelsohne eine Vielzahl von Arbeitgebern der Zeitarbeitsbranche anschließen würden - dass vor dem Hintergrund der Besonderheiten der Zeitarbeitsbranche das Dogma der Richtigkeitsgewähr von Tarifverträgen nicht ohne weiteres aufrechtzuerhalten ist.[542]

---

[538] *Klumpp*, GRP 2009, 89 (91).

[539] *Fuchs*, NZA 2009, 57 (61).

[540] Siehe 4.2.2.4.1..

[541] *Thüsing*, RdA 2009, 118 (118).

[542] Siehe 6.1.2.2.2..

Ein weiterer Unterschied der Tariföffnungsklausel, wie sie durch die Leiharbeitsrichtlinie formuliert wird, zur Regelung in den §§ 3 I Nr. 3, 9 Nr. 2 AÜG liegt darin, dass nach dem AÜG in seiner derzeitigen Fassung ein Abweichen vom Gleichbehandlungsgrundsatz auch durch reine Bezugnahme auf Tarifverträge möglich ist. Dies ist in der entsprechenden Klausel des Art. 5 III der Richtlinie nicht ausdrücklich vorgesehen. Fraglich erscheint, ob dieser Unterschied vom gesetzgeberischen Umsetzungsermessen noch umfasst wäre, oder ob vielmehr auch insofern eine Modifikation der Regelungen des AÜG geboten ist. Wie sich aus Art. 2 und 9 der Richtlinie ergibt, dürfen die Mitgliedstaaten bei der Umsetzung der Richtlinie nicht zuungunsten der Leiharbeitnehmer vom Regelungsgehalt der Richtlinie abweichen. Da die Schaffung von Ausnahmetatbeständen zum Gleichbehandlungsgrundsatz für Leiharbeitnehmer ein Herabsenken des Schutzniveaus bedeutet, ist eine solche Regelung nur dann möglich, wenn sie von der in der Richtlinie normierten Ausnahmemöglichkeit mit umfasst ist. Insofern bestehen gravierende Bedenken.

Dem Wortlaut nach ist die im deutschen Recht geltende Bezugnahmeklausel nicht erfasst. Auch dem Sinn und Zweck der Ausnahmeregelung nach dürfte die Richtlinie nicht ohne weiteres so ausgelegt werden können, dass die Inbezugnahme eines Tarifergebnisses durch nicht tarifgebundene Arbeitgeber möglich sein soll. Grundlage einer teleologischen Auslegung muss dabei zunächst die Feststellung sein, dass ein Arbeitnehmer, der sich mit seinem Arbeitgeber in Verhandlungen über Arbeitsbedingungen begibt, regelmäßig in der sozial und wirtschaftlich schwächeren Position ist. Eine Vermutung, dass ein etwaiges Verhandlungsergebnis den Interessen beider Parteien des Arbeitsvertrages hinreichend Rechnung trägt, gibt es insofern nicht. Gerade dies ist der Grund dafür, dass es der europäische wie der nationale Gesetzgeber als geboten erachtet hat, den Grundsatz der Gleichbehandlung gesetzlich zu normieren und diesen im Grundsatz gerade nicht zur Disposition der Parteien des Arbeitsvertrages zu stellen. Wenn der europäische Richtliniengeber nun gleichwohl eine Dispositionsbefugnis in Form einer Tariföffnungsklausel, wie sie Gegenstand der Richtlinie 2008/104/EG ist, normiert, so liegen dem zwei Erwägungen zugrunde: Zum einen ist der Leiharbeitnehmer, der sich im Bewusstsein des vorhandenen Schutzes durch den Gleichbehandlungsgrundsatz einer Gewerkschaft anschließt und diese damit ermächtigt, für ihn selbst abweichende Arbeitsbedingungen auszuhandeln, nicht schutzwürdig, da er sich selbst freiwillig des gesetzgeberischen Schutzes entledigt. Zum anderen liegt der Tariföffnungsklausel die gesetzgeberische Erwartung zugrunde, dass das Ergebnis der Verhandlungen einer Gewerkschaft mit einem Arbeitgeberverband im Gegensatz zum Verhandlungsergebnis einzelner Parteien eines Arbeitsvertrages eine Richtigkeits- und Angemessenheitsgewähr für sich in Anspruch nehmen kann. Vor dem Hintergrund dieser Erwägungen des Richtliniengebers erscheint die Einfügung einer Bezugnahmeklausel durch den nationalen Gesetzgeber höchst problematisch. Zwar wird auch in dem Fall, dass auf ein Arbeitsverhältnis ein Tarifergebnis nur durch vertragliche Bezugnahme Anwendung findet, letztlich ein Verhandlungsergebnis zur Grundlage des Arbeitsverhältnisses, welches möglicherweise[543] eine größere Angemessenheitsgewähr bietet als eine einzelvertragliche Vereinbarung. Im Anwendungsfall der Bezugnahmeklausel kann jedoch nicht mehr davon ausgegangen werden, dass sich der Leiharbeitnehmer, der Partei des bezugnehmenden Arbeitsvertrages wird, freiwillig des Schutzes der Gleichbehandlung entledigt hätte. Vielmehr wird es durch die Bezugnahmeklausel Arbeitgebern ermöglicht, ein fremdes Tarifergebnis dem Arbeitnehmer ähnlich wie allgemeine Geschäftsbedingungen vorzugeben. Dass für den arbeitsuchenden Vertragspartner eine ernsthafte Möglichkeit besteht, über dieses Tarifergebnis neu mit dem Arbeitgeber zu verhandeln, wird in der Praxis regelmäßig nicht anzunehmen sein. Im Ergebnis dürfte daher die Fassung der Tariföffnungsklausel in den §§ 3 I Nr. 3, 9 Nr. 2 AÜG ein Herabsenken des Schutzniveaus gegenüber der Regelung der Richtlinie bedeuten. Der deutsche Gesetzgeber dürfte somit gehalten sein, die derzeitige Fassung der Tariföffnungsklausel entsprechend dem Wortlaut der Richtlinie zu modifizieren.

6.3.3.3.2 Der Referentenentwurf vom 24.3.2009

Obwohl die Umsetzungsfrist erst am 5.12.2011 abläuft, hat das Bundesministerium für Arbeit und Soziales bereits am 24.3.2009 einen Referentenentwurf[544] zur Umsetzung der Leiharbeitsrichtlinie vorgelegt. Inwiefern der erstaunlich schnellen Umsetzung auch wahlkampftaktische Überlegungen zugrunde lagen, mag dahinstehen. In der Sache jedenfalls überrascht der Entwurf teilweise. So sieht der Entwurf insbesondere keine Neuregelung der Tariföffnungsklausel vor, und zwar weder hinsichtlich der Bezugnahmeklausel noch hinsichtlich der inhaltlichen Anforderungen an das Tarifergebnis. Die Möglichkeit, den Begriff des „vergleichbaren Arbeitnehmers" im Sinne der Richtlinie zu definieren, greift der Entwurf ebenfalls nicht auf.

Jedoch sind insofern Änderungen vorgesehen, als nach Art. 1 Ziff. 1 a), 2 a) des Entwurfes die Sechs-Wochen-Klausel ersatzlos gestrichen werden soll. Die weiteren Regelungsinhalte, die Einführung einer Informationspflicht über freie Arbeitsplätze beim Entleiher (Art. 1 Ziff. 3 des Entwurfes), die Zugangsregelung zu Gemeinschaftseinrichtungen des Entleihers (Art. 1 Ziff. 1 b), 2 b), 4 des Entwurfes) und das Verbot der Einführung von Vermittlungsgebühren (Art. 1 Ziff. 2 c)) sind für den Gegenstand der vorliegenden Untersuchung von geringerer Bedeutung.

---

[543] Hinsichtlich der Bedenken bezüglich der Richtigkeitsgewähr von Tarifergebnissen in der Zeitarbeitsbranche wird auf die Ausführungen unter 6.1.2.2.2. Bezug genommen.

[544] Referentenentwurf eines Ersten Gesetzes zur Änderung des Arbeitnehmerüberlassungsgesetzes vom 24.03.2009, im Internet unter: http://www.zeitarbeit-und-recht.de/tce/frame/main/747.htm, zuletzt abgerufen am 17.7.2009.

7 Erforderlichkeit eines Mindestlohns in der Zeitarbeitsbranche

Nachdem der Mindestlohn in der Zeitarbeitsbranche in rechtlicher Hinsicht durchleuchtet wurde, werden im Folgenden die Argumente vorgestellt, die für oder gegen einen solchen Mindestlohn angeführt werden. Dabei soll auf die teils kontroversen Ansichten von Politik und Wirtschaft sowie auf die Motive für die Forderung nach einem Mindestlohn für die Zeitarbeit eingegangen werden. In diesem Zusammenhang werden die Argumente zum Teil mit Modellrechnungen und Studien untermauert. Die folgende Tabelle zeigt vorab die wesentlichen Argumente für und gegen einen Mindestlohn in der Zeitarbeitsbranche im Überblick.

Tabelle 9: Die Pro und Contra einer Mindestlohneinführung in die Zeitarbeitsbranche

Pro	Contra
➢ Verhinderung von Lohndumping durch ausländische Unternehmen	➢ Verlust von Arbeitsplätzen
➢ Finanzentlastung für den Staat bzw. Steuerzahler	➢ Ausreichende Tarifierung bereits vorhanden
➢ Verbesserung des Images	➢ Verstoß gegen die Koalitionsfreiheit
➢ Sicherung eines angemessenen Mindesteinkommens	➢ Verschlechterung der Beschäftigungschancen von Geringqualifizierten
➢ Eindämmung des Niedriglohnsektors	➢ Anstieg der Schwarzarbeit
➢ Stärken der Kaufkraft und somit der Binnennachfrage	➢ Zeitarbeit in seiner Eigenschaft als Einstiegsmotor und Flexibilitätsinstrument bedroht
➢ Eindämmung illegaler Beschäftigung	➢ Anstieg der Preise

➢ Sonstige:	➢ Sonstige:
▪ Verhinderung von Einkommensdiskriminierungen von Frauen ▪ Sicherung des sozialen Friedens ▪ Verhinderung einer weiteren Lohnspreizung ▪ Aufhaltung der Einkommensarmut ▪ Erhöhung der Arbeitnehmerproduktivität ▪ Sicherung des Arbeitskräftebedarfs ▪ Abnehmen der Ausgrenzung der Einkommensschwachen aus der Gesellschaft	▪ Gefahr von Lohnsenkungen für höhere Einkommensgruppen ▪ Kein Schutz vor Niedriglohnkonkurrenz ▪ Sinken des BIP und Drohen von Wohlfahrtsverlusten ▪ Problematik einen angemessenen Lohn zu ermitteln ▪ Gefahr der Absenkung des Lohnniveaus, wenn der Mindestlohn zu niedrig angesetzt wird

Die folgenden Ausführungen geben einen Überblick über die am häufigsten vorgetragenen Argumente aus der genannten Tabelle. Dabei werden sowohl die rechtlichen, als auch die ökonomischen Bedenken und Schwierigkeiten, die ein Mindestlohn mit sich bringen würde, thematisiert.

7.1 Die Argumente der Befürworter von Mindestlöhnen in der Zeitarbeitsbranche

Wie aus der Tabelle ersichtlich ist, wird in der aktuellen Diskussion um einen Mindestlohn in dieser Branche häufig das Argument des Lohndumpings durch ausländische Unternehmen angeführt (7.1.1.). In Verbindung damit wird auch auf das oftmals unangemessene Einkommen vieler Zeitarbeitnehmer und den dadurch immer mehr zunehmenden Niedriglohnsektor in Deutschland hingewiesen (7.1.2.). Insbesondere wird gerügt, dass in vielen Fällen letzten Endes sogar der Staat gezwungen werde, diesen Niedriglohnsektor durch die Gewährung ergänzender Sozialleistungen an Leiharbeitnehmer zu finanzieren (7.1.3.). Letztlich wird vielfach auf die Notwendigkeit einer Imageverbesserung (7.1.4.) und die positiven volkswirtschaftlichen Effekte einer Stärkung der Kaufkraft von Arbeitnehmern (7.1.5.) verwiesen.

7.1.1 Verhinderung von Lohndumping aus den Mitgliedstaaten der EU und des EWR

Die Bekämpfung des Lohndumpings gehört zu den wesentlichsten Argumenten, die von den Mindestlohnbefürwortern vorgebracht werden. Das Lohndumping stellt nach verbreiteter Auffassung eine reale Bedrohung für die bisherigen deutschen Einkommens- und Sozialstandards dar.[545] Dabei wird im Zusammenhang mit der Mindestlohndebatte insbesondere auch auf die Gefahr eines etwaigen Lohndumpings durch ausländische Konkurrenzunternehmen abgestellt. Laut einer Studie[546] sehen etwa 56 % aller Befragten in diesem Zusammenhang gerade in der EU-Osterweiterung ein Risiko für den deutschen Zeitarbeitsmarkt.

7.1.1.1 Rechtliche Grundlage des grenzüberschreitenden Lohndumpings

Die rechtliche Grundlage für die Behandlung von grenzüberschreitender Arbeitnehmerüberlassung findet sich in § 2 Nr. 4 AEntG n.F.. Danach sind die Regelungen über die Bedingungen für die Überlassung von Arbeitskräften auf Arbeitsverhältnisse zwischen einem im Ausland ansässigen Arbeitgeber und seinen im Inland beschäftigten Arbeitnehmern zwingend anwendbar.[547] Demnach findet insbesondere das AÜG für solche Arbeitsverhältnisse Anwendung. Gemäß § 3 IV AÜG können Verleihbetriebe aus den Mitgliedstaaten der EU und des EWR die Erlaubnis zur gewerbsmäßigen Arbeitnehmerüberlassung unter den gleichen Voraussetzungen beanspruchen wie die deutschen Verleiher. Dabei ist das Gleichstellungsprinzip sowie seine gesetzliche Abweichungsmöglichkeit durch Tarifverträge mit umfasst. Wie bereits dargelegt,[548] ist davon auszugehen, dass EU-ausländische Verleiher den Gleichbehandlungsgrundsatz durch Tarifverträge ihres Heimatstaates ausschließen können. Dies birgt letztendlich die Gefahr, dass die Entgeltregelungen in ausländischen Tarifverträgen erheblich geringere Entgelte aufweisen als die Regelungen in den deutschen Tarifverträgen.[549]

7.1.1.2 Gefahr des grenzüberschreitenden Lohndumpings aufgrund des Auslaufens der Übergangsregelungen zur Arbeitnehmerfreizügigkeit

Insbesondere nach dem Auslaufen der Übergangsregelungen zur Arbeitnehmerfreizügigkeit spätestens im Jahre 2011 wird der Arbeitsmarkt für die osteuropäischen EU-Staaten geöffnet sein, sodass ab diesem Zeitpunkt für die inländischen Arbeitnehmer nach Meinung von Mindestlohnbefürwortern eine Lohnspirale nach unten drohe.[550] Zudem könnten diese durch die aus dem Ausland kommenden Arbeitnehmer aufgrund deren Bereitschaft, zu weit

---

[545] *Bispinck/Schäfer*, in: *Schulten/Bispinck/Schäfer*, Mindestlöhne in Europa, S. 269.

[546] *Döhlemann*. Training & Beratung, Döhlemann-Report 2005/2006 Personaldienstleistung & Zeitarbeit, S. 14.

[547] Vgl. *Hanau* in: *Bieback/Dieterich/Hanau/Kocher/Schäfer*, Tarifgestützte Mindestlöhne, S. 127, 135 f.; *Steuer*, Die Arbeitnehmerüberlassung als Mittel zur Förderung des Arbeitsmarktes in Deutschland, S. 365.

[548] Siehe 6.3.2..

[549] *Steuer*, Die Arbeitnehmerüberlassung als Mittel zur Förderung des Arbeitsmarktes in Deutschland, S. 366.

[550] Vgl. *Steuer*, a.a.O., S. 367.

niedrigeren Löhnen zu arbeiten, verdrängt werden, zumal die heimischen Arbeitnehmer möglicherweise bereits aufgrund der höheren Lebenshaltungskosten in Deutschland nicht in der Lage wären, dem Lohnunterbietungswettbewerb standzuhalten.[551] Insbesondere auch für die inländischen Verleihunternehmen und Entleiher könnte die Gefahr bestehen, dass sie aufgrund der höheren Löhne und dem daraus resultierenden Preisnachteil vom Markt durch die Niedriglohnkonkurrenz aus Osteuropa verdrängt werden würden, was schließlich einen Arbeitsplatzabbau im Inland zur Folge hätte.[552] Nicht zu vernachlässigen sei dabei, dass die Gefahr einer Niedriglohnkonkurrenz nicht nur ausschließlich aus den mittel- und osteuropäischen Ländern drohe, denn zwischen den alten EU-Mitgliedstaaten ist die Freizügigkeit überhaupt nicht beschränkt, obwohl auch ihre Mindestlöhne teilweise deutlich unter dem deutschen Niveau liegen.[553]

Um die wirtschaftlichen Auswirkungen des grenzüberschreitenden Lohndumpings einschätzen zu können, bedarf es einer näheren Betrachtung der unterschiedlichen Lohnniveaus. Wie bereits erwähnt, bestehen in Europa sehr unterschiedlich hohe Lohnniveaus, was vor der Einführung des AEntG bewirkte, dass immer mehr Arbeitnehmer aus den s.g. Niedriglohnländern grenzüberschreitend zu den Arbeitsbedingungen ihres Herkunftsstaates nach Deutschland entsandt wurden.[554] Auch jetzt weisen nach Auffassung von Mindestlohnbefürwortern alleine die niedrigen Mindestlöhne in den Beitrittsländern bereits auf eine reale Gefahr des Lohndumpings hin, da zu vermuten sei, dass in diesen Staaten auch die Löhne für Leiharbeitnehmer in einer ähnlichen Höhe angesiedelt sind.[555] Ein Blick auf die durchschnittlichen Arbeitskosten (Stand: 2007) verdeutlicht die starken Abweichungen in den Löhnen der einzelnen Staaten. Wie aus der nachfolgenden Abbildung ersichtlich ist, waren die deutschen Arbeitskosten (Lohn zuzüglich Lohnnebenkosten auf Stundenbasis) mit 32,77 € pro Stunde im Jahr 2007 über sechsmal so hoch wie die polnischen und slowakischen Arbeitskosten. Gegenüber den Arbeitskosten in Bulgarien und Rumänien wies Deutschland sogar einen achtzehnfach bzw. zwölffach höheren Wert, im Vergleich zu Ungarn einen über viermal so hohen Wert auf. Auch der gewogene Durchschnitt der 15 alten EU-Staaten sowie der 27 EU-Staaten insgesamt lag mit 27,63 € pro Stunde bzw. 22,18 € pro Stunde unterhalb des deutschen Wertes, aber noch weit über den Werten der genannten osteuropäischen Staaten.

---

[551] *Blanke* in: *Sterkel/Schulten/Wiedemuth*, Mindestlöhne gegen Lohndumping, S. 187.

[552] Vgl. *Steuer*, Die Arbeitnehmerüberlassung als Mittel zur Förderung des Arbeitsmarktes in Deutschland, S. 366 f..

[553] *Hanau* in: *Bieback/Dieterich/Hanau/Kocher/Schäfer*, Tarifgestützte Mindestlöhne, S. 145.

[554] *Junker*, JZ, 2005, 481 (481); BeckOK/*Gussen*, AEntG § 1 Rn. 1.

[555] *Hanau* in: *Bieback/Dieterich/Hanau/Kocher/Schäfer*, Tarifgestützte Mindestlöhne, S. 127, 143 f.; *Steuer*, Die Arbeitnehmerüberlassung als Mittel zur Förderung des Arbeitsmarktes in Deutschland, S. 367.

Abbildung 12: Durchschnittliche Arbeitskosten in der Sachgütererzeugung in 2007[556]

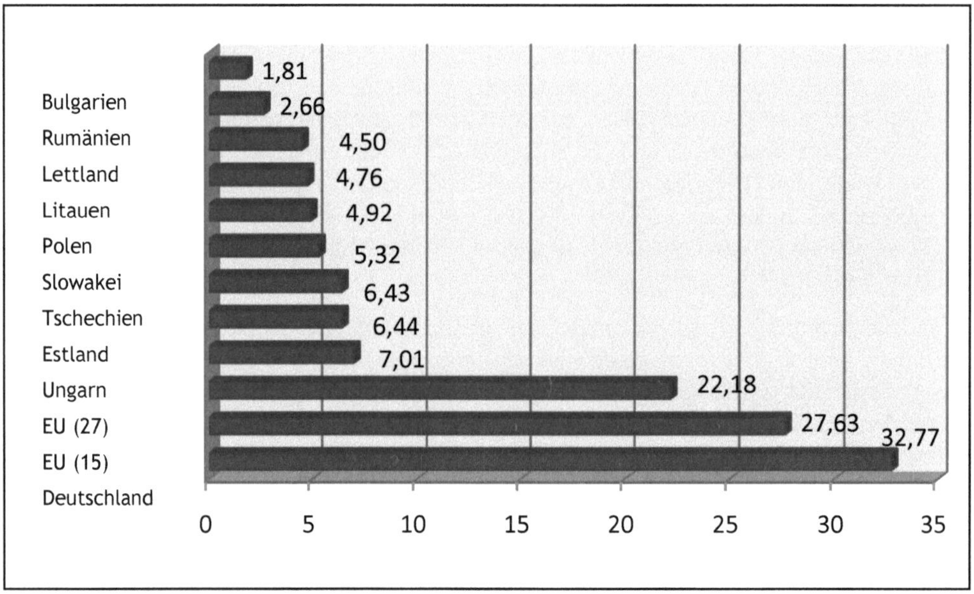

Insbesondere aus dieser Gegenüberstellung der Arbeitskosten folgt die Befürchtung vieler Arbeitgeber, dass Lohndumping durch Wegfall der Zugangsbeschränkungen zum Binnenmarkt drohen könnte. Die gewichtigen Differenzen der Lohnniveaus ließen erwarten, dass es inländischen Arbeitnehmern sehr schwer fallen würde, den sich für Arbeitgeber ergebenen Kostenvorteil durch die Beauftragung ausländischer Arbeitnehmer durch einen qualitativen Mehrwert ihrer Arbeit oder durch Zugeständnisse bei den eigenen Lohnforderungen zu kompensieren. Neben dem deutlichen Niveauunterschied in den Löhnen wird insbesondere auch die räumliche Lage Deutschlands als Grund für das besondere Migrationspotenzial aus den Beitrittsländern für Deutschland eingeschätzt.[557]

Die Mindestlohnbefürworter sehen in der Einführung eines Mindestlohns ein Mittel zur Verhinderung der Verdrängung einheimischer Arbeitnehmer durch die Arbeitnehmer aus dem Ausland.[558] Aufgrund von Mindestlöhnen, die wie beim AEntG auch für aus dem Ausland entsandte Arbeitskräfte zwingend zu zahlen wären, würden billige ausländische

[556] Graphik erstellt auf Grundlage der Daten des WIFO, des Instituts der deutschen Wirtschaft und des EUROSTAT, http://www.wko.at/statistik/eu/europa-arbeitskosten.pdf, zuletzt abgerufen am 12.8.2009.

[557] *Temming*, RdA 2005, 186 (188).

[558] Vgl. *Bosch/Weinkopf/Kalina*, Gesetzliche Mindestlöhne auch in Deutschland?, S. 48.

Arbeitnehmer künstlich verteuert werden. Die Folge wäre, dass Niedriglohnkonkurrenz durch ausländische Anbieter behindert werden würde.[559]

7.1.2 Eindämmung des Niedriglohnsektors

Viele Befürworter eines Mindestlohns verweisen in ihrer Argumentation auch auf das Vorhandensein eines stetig zunehmenden Niedriglohnsektors in Deutschland, dem nur durch Mindestlöhne Einhalt geboten werden könne. In der Vergangenheit gehörte eine relativ ausgeglichene Einkommensstruktur zu den typischen Merkmalen Deutschlands im Vergleich mit anderen EU-Staaten.[560] Heute übernimmt Deutschland im internationalen Vergleich zunehmend eine führende Rolle im Hinblick auf Niedriglohnbeschäftigung.[561] Vor allem die Zeitarbeitsbranche stellt einen ausgeprägten Niedriglohnsektor dar,[562] der aufgrund der Deregulierung der Leiharbeit und dem Unterlaufen des Gleichbehandlungsgrundsatzes weiter zunahm. Dabei ist insbesondere der immer größer werdende Lohnabstand der Leiharbeitnehmer zu den Mitarbeitern des Einsatzbetriebes ein Problem. Wie bereits dargelegt,[563] beträgt der Lohnunterschied zwischen 35 % und 45 %. Dabei weisen Hilfsarbeiter und Leiharbeitnehmer in Verkehrsberufen den höchsten Abstand im Lohn gegenüber regulär Beschäftigten auf.

Die Frage, wie niedrig ein Lohn sein muss, damit er als sogenannter Niedriglohn bezeichnet werden kann, kann unter Heranziehung von Niedriglohnschwellen beantwortet werden. Für die Ermittlung von Niedriglohnschwellen stehen grundsätzlich mehrere Berechnungsalternativen[564] zur Verfügung, wobei im Folgenden lediglich auf die Definition der Niedriglohnschwelle in Übereinstimmung mit vergleichenden Studien der OECD und der Europäischen Kommission zurückgegriffen wird. Danach zählt, wie bereits im Rahmen der Auswertung der aktuellen Tarifsituation erwähnt,[565] zu den Niedriglohnempfängern derjenige, der weniger als zwei Drittel des so genannten Medianlohns erhält.[566] Wer dabei sogar unter

---

[559] *Kratzsch*, Mindestlöhne in Deutschland, S. 56.

[560] *Kalina/Weinkopf*, IAQ-Report 1/2008, 1 (1).

[561] Vgl. *Scholz*, ZRP 2008, 167 (167).

[562] Stellungnahme des Deutschen Gewerkschaftsbundes (DGB) zum geplanten Elften Leiharbeitsbericht der Bundesregierung v. 30.1.2009, S. 12.

[563] Siehe 4.1.2..

[564] Für die Berechnung des Niedriglohns kann ein am soziokulturellen Existenzminimum orientiertes, sozialstaatlich garantiertes Einkommen als Schwellenwert (z.B. ALG II) herangezogen werden. Eine andere Alternative besteht darin, die Lohn- bzw. Einkommensverteilung durch einen Lageparameter (z.B. Medianlohn oder arithmetisches Mittel des Lohns) zu kennzeichnen und davon ausgehend die Grenze zum Niedriglohn zu ermitteln; vgl. *Allmendinger/Eichhorst/Walwei*, Handbuch Arbeitsmarkt, S. 111.

[565] Siehe 4.3.4..

[566] *Allmendinger/Eichhorst/Walwei*, IAB Handbuch Arbeitsmarkt, S. 111.

50 % des nationalen Durchschnittseinkommens verdient, wird als Armutslohnempfänger bezeichnet.[567]

Betrachtet man zunächst branchenübergreifend die wirtschaftliche Gesamtsituation in Deutschland, so lässt sich feststellen, dass die bundeseinheitliche Niedriglohnschwelle für das Jahr 2007 etwa 9,19 € betrug.[568] Ausgehend von der Definition des Niedriglohns durch die OECD erhielten 2007 etwa 22,4 % aller Beschäftigten einen Lohn unterhalb dieser Schwelle.[569] Die folgende Abbildung präsentiert die Niedriglohnschwellen differenziert nach Ost- und Westdeutschland für die vergangenen Jahre. Danach lässt sich erkennen, dass sich der Anteil der Niedriglohnbeschäftigten stetig erhöhte. Im Jahr 2000 waren es nur 17,5 % aller abhängig Beschäftigten in Deutschland, wohingegen im Jahr 2006 schon 22,2 % der Beschäftigten Niedriglohnempfänger im Sinne der OECD-Definition waren.

Abbildung 13: Anteil der Niedriglohnbeschäftigten unter abhängig Beschäftigten - differenzierte Niedriglohnschwellen für Ost- und Westdeutschland[570]

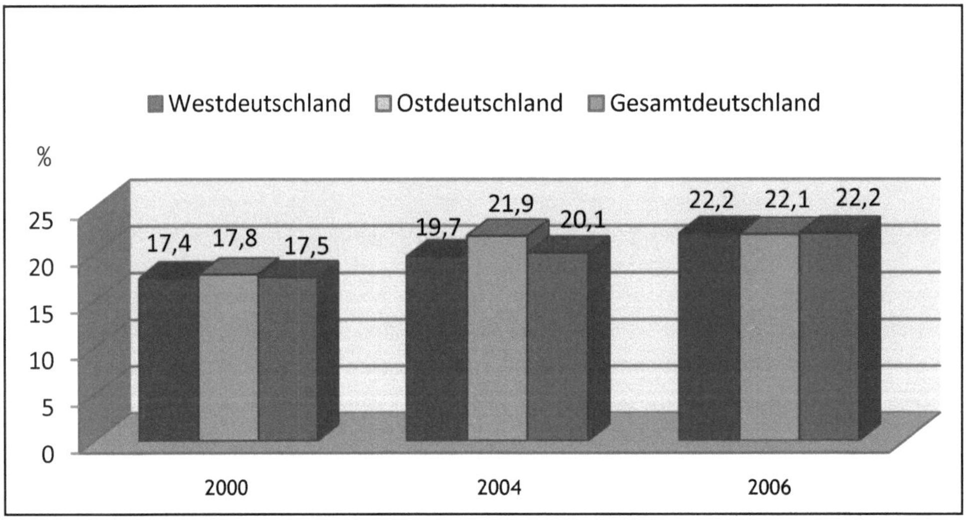

Zeitarbeitnehmer sind von dieser Entwicklung ganz besonders betroffen. Wie bereits im Zusammenhang mit der Darstellung der Tarifsituation erläutert,[571] stellen die Tarifentgelte

[567] *Schäfer* in: *Bieback/Dieterich/Hanau/Kocher/Schäfer*, Tarifgestützte Mindestlöhne, S. 11.

[568] *Kalina/Weinkopf*, IAQ-Report 5/2009, 1 (2).

[569] *Kalina/Weinkopf*, a.a.O..

[570] *Kalina/Weinkopf*, IAQ-Report 1/2008, 1 (4).

[571] Siehe 4.3.4..

für die unterste Entgeltgruppe, wozu vorrangig der Helferbereich zu zählen ist, bei allen drei Tarifgemeinschaften keinesfalls sicher, dass die Zeitarbeitnehmer in West- und Ostdeutschland mehr als zwei Drittel des Medianlohnes verdienen. Insgesamt ist die Zeitarbeitsbranche die Branche mit dem höchsten Anteil an Niedriglohnbeschäftigten. 2003 waren nach IAQ-Berechnungen mit Daten der Bundesagentur für Arbeit 71,5 % der Vollzeitbeschäftigten dieser Branche Niedriglöhner.[572] Eine neuere Studie der Hans-Böckler-Stiftung kommt zu dem Ergebnis, dass zurzeit 44 % der Leiharbeitnehmer für Niedriglöhne arbeiten.[573]

Im Ergebnis gehen Mindestlohnbefürworter davon aus, dass ein Mindestlohn für die Zeitarbeitsbranche ein notwendiges Mittel sei, um bei den Entgelten eine untere Haltelinie für die Beschäftigten zu schaffen. Die Abwärtsspirale der Löhne im Niedriglohnbereich könnte nur so aufgehalten und der Niedriglohnsektor zum Teil eingedämmt werden.

7.1.3 Gewährleistung von existenzsicherndem Einkommen allein durch die Arbeit und unabhängig von staatlichen Zuschüssen

Für die Einführung eines Mindestlohns wird weiter geltend gemacht, dass jeder vollzeitbeschäftigte Arbeitnehmer - sei es Stamm- oder Zeitarbeitnehmer - die Möglichkeit haben müsse, von seiner Arbeit zu leben, ohne dabei auf staatlicher Hilfe angewiesen sein zu müssen. Tatsächlich müssen jedoch immer mehr Menschen im Rahmen der Grundsicherung ihr niedriges Erwerbseinkommen staatlicherseits bis auf das Niveau des Mindestbedarfs der jeweiligen Bedarfsgemeinschaft, der sich in Abhängigkeit von Haushaltsgröße und Wohnkosten bemisst, aufstocken. Gründe dafür können mitunter eine zu schlechte Bezahlung, eine nur geringfügige Beschäftigung oder der Umstand der Alleinverdienerschaft sein. In den letzten Jahren konnte ein klarer Anstieg in der Zahl der Erwerbstätigen, die ihr Einkommen mit Transferleistungen der Grundsicherung für Arbeitssuchende (SGB II) aufstocken müssen, beobachtet werden.

Während Anfang 2007 etwa 1.220.108 Menschen in Gesamtdeutschland neben ihrem Einkommen Leistungen aus der Grundsicherung beziehen mussten,[574] so ist diese Zahl der erwerbstätigen Leistungsbezieher in 2009 auf etwa 1.298.000 angestiegen.[575] In diesem Zusammenhang ist zu berücksichtigen, dass Beschäftigte von Zeitarbeitsfirmen ihr Einkommen häufiger über das Arbeitslosengeld II ergänzen müssen als andere Arbeitnehmer.

---

[572] *Bosch/Weinkopf*, Arbeiten für wenig Geld, S. 313.

[573] Pressemitteilung der Hans-Böckler Stiftung v. 26.2.2009, „Neue Studie zu atypischer Beschäftigung: Leiharbeiter und befristet Beschäftigte tragen besonders hohe Arbeitsmarkt-Risiken", http://www.boeckler.de/320_94371.html, zuletzt abgerufen am 12.8.2009.

[574] Vgl. Amtliche Nachrichten der Bundesagentur für Arbeit, Arbeitsmarkt 2007, 56. Jahrgang, Sonder-Nr. 2.

[575] Vgl. Bundesagentur für Arbeit, Arbeitsmarkt in Zahlen, Erwerbstätigkeit von erwerbsfähigen Leistungsbeziehern, März 2009.

Nach Angaben des DGB sind Zeitarbeitnehmer fünfmal so häufig auf ergänzende Unterstützung angewiesen wie Beschäftigte anderer Branchen.[576] Im Herbst 2006 erhielten von den 556.202 sozialversicherungspflichtig Beschäftigten in der Zeitarbeit etwa 12,4% aller Zeitarbeitnehmer (knapp 69.000) ergänzend Hartz IV, davon waren 94 % Vollzeitbeschäftigte.[577] Jeder sechste Zeitarbeitnehmer ohne Berufsausbildung (16,6 %) war auf Hartz IV angewiesen, bei ihren ausgebildeten Kollegen war es fast jeder zehnte (10,3 %).[578] Auch im Jahre 2007 musste der Staat für 12,6 % aller Zeitarbeitnehmer (circa 91.000), das heißt für etwa jede achte Zeitarbeitskraft, den Lohn auf das gesellschaftliche Existenzminimum anheben.[579] Dagegen lag der gesamtwirtschaftliche Durchschnitt nur bei 2,8 %.[580] Von den Zeitarbeitnehmern, die Transferleistungen im Jahre 2007 bezogen, waren 92 % (84.000) vollzeitbeschäftigt.[581] Nach einer Untersuchung von *Irene Becker* gibt es sogar schätzungsweise fast 2 Millionen anspruchsberechtigte Erwerbstätige, die ihren Anspruch auf Aufstockung jedoch nicht geltend machen.[582] Das bedeutet, dass zu vermuten ist, dass in absoluten Werten eine noch größere Anzahl an Zeitarbeitnehmern derzeit nur auf einem Hartz IV-Niveau leben muss oder sogar noch darunter. Viele Menschen sind „arm trotz Arbeit". Die Einführung eines Mindestlohns in der Zeitarbeitsbranche könnte die Lohnspirale nach unten insoweit begrenzen, dass sichergestellt werden könnte, dass jeder Zeitarbeitnehmer ein existenzsicherndes Mindesteinkommen bei Vollzeitarbeit erhält, sodass dieser auch ohne staatliche Zuschüsse die Möglichkeit hätte, von seiner Arbeit leben zu können.

Unabhängig von der individuellen Situation des Betroffenen Leiharbeitnehmers wird von Mindestlohnbefürwortern zudem auch auf die mit der Lohnaufstockung verbundenen Kosten für die Allgemeinheit hingewiesen. Nach Angaben des DGB müssen Grundsicherungsstellen allein für die Unterstützung der Leiharbeitnehmer etwa 500 Millionen € pro Jahr aufwenden.[583] Solange es keinen branchenbezogenen Mindestlohn gäbe, der nicht unter-

---

[576] Stellungnahme des deutschen Gewerkschaftsbundes (DGB) zum geplanten Elften Leiharbeitsbericht der Bundesregierung v. 30.1.2009, S. 12.

[577] Pressemitteilung DGB v. 9.4.2007, http://www.igmetall-bayern.de/Archiv-Ansicht.33+M5ef247cf10f.0.html, zuletzt abgerufen am 12.8.2009; vgl. *Hayen/Maschke (Hrsg.)*, Boombranche Zeitarbeit – Neue Herausforderungen für betriebliche Akteure, S. 11.

[578] Pressemitteilung DGB v. 9.4.2007, http://www.igmetall-bayern.de/Archiv-Ansicht.33+M5ef247cf10f.0.html, zuletzt abgerufen am 12.8.2009.

[579] Vgl. Deutscher Bundestag 2008, Antwort der Bundesregierung auf die Kleine Anfrage der Abgeordneten *Ulla Lötzer*, *Dr. Barbara Höll*, *Werner Dreibus*, weiterer Abgeordneter und der Fraktion DIE LINKE – BT-Drs. 16/9410 – Arbeitsvermittlung in der Leiharbeit, vgl. BT-Drs. 16/9657.

[580] Vgl. Deutscher Bundestag 2008, a.a.O.

[581] Vgl. Deutscher Bundestag 2008, a.a.O..

[582] *Becker*, Armut in Deutschland, S. 37.

[583] Stellungnahme des deutschen Gewerkschaftsbundes (DGB) zum geplanten Elften Leiharbeitsbericht der Bundesregierung v. 30.1.2009, S. 12.

schritten werden dürfe, könnten Unternehmen nach Auffassung der Mindestlohnbefürworter weiterhin darauf setzen, dass der Staat bei niedrigen Löhnen sozusagen die „Ausfallbürgschaft“ übernimmt.[584] Ein angemessener Mindestlohn dagegen könne die Belastung des Staates minimieren und somit auch den Steuerzahler vor überflüssigen Ausgaben schützen.

7.1.4 Verbesserung des Images

Als weiteren Grund für die Einführung eines Mindestlohns führen Mindestlohnbefürworter die Notwendigkeit an, das Image der Zeitarbeitsbranche zu verbessern. Das gesellschaftliche Ansehen der Leiharbeit unterlag in den zurückliegenden Jahren und Jahrzehnten erheblichen Schwankungen.[585] Dabei hatte die Leiharbeitsbranche nicht zuletzt auch damit zu kämpfen, dass allein der Begriff der „Leihe“ als Bezeichnung für ein gegenleistungsloses Rechtsgeschäft die Assoziation der Wertlosigkeit mit sich bringt. Zahlreiche politische Maßnahmen in den letzten Jahrzehnten waren letztlich darauf gerichtet, die Zeitarbeit am Markt zu etablieren.[586] Die hieraus folgende Zunahme von Zeitarbeitskräften und zudem die Bemühungen der Branche selbst führten dazu, dass das Ansehen der Zeitarbeit insbesondere seit den 90er Jahren geringfügig anstieg.[587] Gleichwohl genießt Zeitarbeit in weiten Teilen der deutschen Bevölkerung nachwievor kein positives Image.

Seit ihrem Bestehen wird über die Zeitarbeit in Deutschland kontrovers diskutiert. Dabei schafft sie es immer wieder, die Gemüter zu spalten. Aus Sicht vieler Ökonomen und Arbeitgeber stellt Zeitarbeit einen „Jobmotor“ dar, der neue Arbeitsplätze schafft und hilft, die Arbeitslosigkeit zu verringern. Andere bezeichnen die Arbeitnehmerüberlassung dagegen als prekäre Beschäftigungsform, deren Entwicklung es aufzuhalten gelte.[588] Im Laufe der Zeit wurden etliche Studien über das Image der Leiharbeit in Deutschland durchgeführt. Beispielsweise wurde im Rahmen einer Studie der Georg-August-Universität Göttingen im Auftrag der Hans-Böckler-Stiftung festgestellt, dass Zeitarbeit im Vergleich zu anderen Beschäftigungsformen ein wesentlich schlechteres Ansehen genießt. Nahezu 50 % aller befragten Arbeitnehmer bewerteten Leiharbeit als negativ bis sogar sehr negativ.[589] Dabei zählt Leiharbeit selbst vor der Teilzeitarbeit und einer befristeten Anstellung als unbeliebteste Beschäftigungsform. Als Hauptargument für diese negative Bewertung wurde hier

---

[584] Vgl. *Weinkopf*, Mindestbedingungen für die Zeitarbeitsbranche?, S. 21.

[585] *Miegel/Wahl/Schulte*, Die Rolle der Zeitarbeit in einem sich ändernden Arbeitsmarkt, S. 19.

[586] Vgl. *Haldenwang*, Gesellschaftliche Bedeutung, Entwicklungstendenzen und ungenutzte Potenziale der Arbeitnehmerüberlassung in Deutschland, S. 101.

[587] *Miegel/Wahl/Schulte*, Die Rolle der Zeitarbeit in einem sich ändernden Arbeitsmarkt, S. 19.

[588] *Fabritius*, Konzerninterne Arbeitnehmerüberlassung im Krankenhaus, S. 1.

[589] „Flexibilisierung und soziale Sicherheit“, Studie der Universität Göttingen unter der Leitung von *Prof. Dr. Ostner* und *Prof. Dr. Kühnel*; vgl. Hans-Böckler-Stiftung, Böcklerimpuls 7/2005, 1 (3).

insbesondere die im Vergleich zu den Stammmitarbeitern niedrigere Entlohnung genannt.[590] Weitere, aber nachrangigere Gründe für die Unbeliebtheit der Branche stellten eine erhöhte Unfallhäufigkeit, kürzere Kündigungsfristen, eine geringere Urlaubszeit als auch die Ausgrenzung aus Firmenrente, vermögenswirksamen Leistungen und betrieblichen Gratifikationssystemen dar.[591] Auch eine Umfrage des Meinungsforschungsinstituts TNS-Emnid hat ergeben, dass 40 % aller 1.001 befragten Personen ein negatives Bild von der Zeitarbeit haben.[592] Wie aus Abbildung 15 ersichtlich ist, haben lediglich 20 % der Befragten positive Assoziationen zum Thema Zeitarbeit. 19 % der Befragten assoziierten die Zeitarbeit mit einer geringen Bezahlung, 13 % sogar mit „Ausbeutung".

Abbildung 14: Assoziationen zum Thema Zeitarbeit[593]

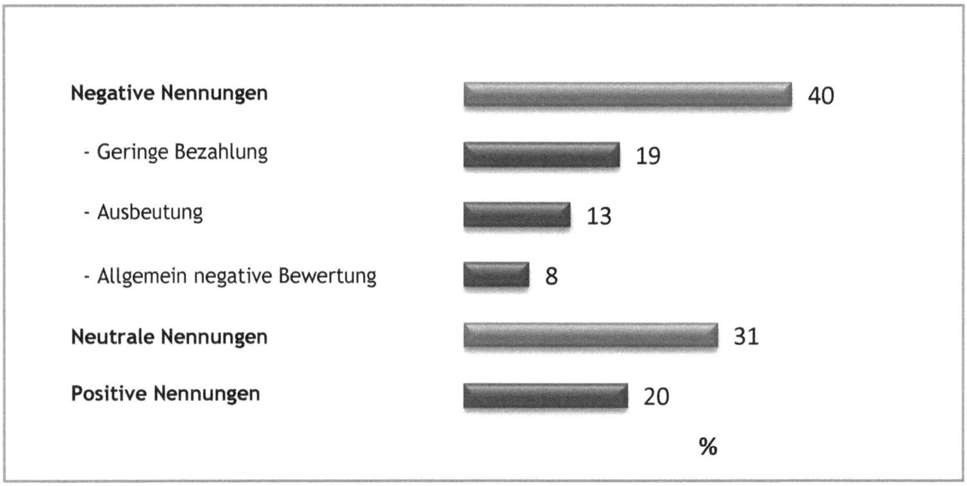

Vergleicht man die beiden deutschen Studien mit Untersuchungen zum Image der Zeitarbeit in Frankreich, ergeben sich sehr starke Unterscheide. In Frankreich haben 77 % der befragten Arbeitnehmer eine positive Einstellung zu der in Frankreich weit verbreiteten Zeitarbeit.[594] Der Grund für diesen guten Ruf der Branche ist das Vorhandensein besonderer Merkmale. So ist es in Frankreich im Gegensatz zu Deutschland üblich, dass Leihar-

[590] Hans-Böckler-Stiftung, a.a.O..

[591] Hans-Böckler-Stiftung, a.a.O..

[592] Vgl. iGZ, Z direkt! 2/2007, 7 (7).

[593] iGZ, a.a.O., unter Bezugnahme auf Forschungsergebnisse der TNS-Emnid.

[594] Vgl. iGZ, Z direkt! 2/2007, 17 (17).

beitnehmer eine gleichwertige Vergütung erhalten. Zudem gibt es Prekaritätsprämien[595] und Weiterbildungsfonds.[596]

Vor dem Hintergrund dieser Ausführungen ist es sowohl der Politik, als auch der Zeitarbeitsbranche ein Anliegen, den Ruf dieser Beschäftigungsform langfristig zu korrigieren. In diesem Zusammenhang könnte nach Auffassung von Mindestlohnbefürwortern neben gezielten Kampagnen und Aufklärungen vor allem ein Mindestlohn für die Zeitarbeitsbranche dazu beitragen, das teilweise immer noch negativ belegte Image der Branche zu verbessern. Da insbesondere die Frage der Entlohnung nach den dargestellten Studien einen großen Einfluss auf das Image der Branche hat, solle der Mindestlohn dazu beitragen, eben diesen Kritikpunkt abzuschwächen.

7.1.5 Stärkung der Kaufkraft

Als weiteres Argument für die Einführung eines Mindestlohns wird gelegentlich die positive Auswirkung auf die Kaufkraft der betroffenen Arbeitnehmer benannt. Dabei bedienen sich die Mindestlohnbefürworter teilweise der Erkenntnisse einiger Vertreter der wirtschaftswissenschaftlichen Lehre. So besagt die auf die Vorstellungen von John Maynard Keynes[597] gestützte so genannte Kaufkrafttheorie, dass eine Zunahme der Löhne stets die Kaufkraft ankurbele. Dies steigere die Kapazitätsauslastung der Unternehmen und beeinflusse damit deren Investitionstätigkeit positiv.[598] Dabei führe nach Ansicht einiger Ökonomen dieser Theorie gerade die Ausweitung der Reallöhne von Niedriglohnbeziehern im Rahmen einer Mindestlohneinführung zu erheblichen Nachfrageeffekten. Dies resultiere vor allem daraus, dass diese Personengruppe, in die auch ein Großteil der Leiharbeitnehmer einzuordnen ist, eine besonders niedrige Sparquote[599] bzw. eine überdurchschnittlich hohe Konsumquote aufweist.[600]

Als Konsequenz der bisher fehlenden Einführung eines Mindestlohns in der Zeitarbeitsbranche entstünden nach der Auffassung von Mindestlohnbefürwortern umgekehrt durch das im Vergleich zur Gesamtwirtschaft geringe Entlohnungsniveau der Leiharbeitnehmer neben Einnahmeverlusten bei der Lohnsteuer und bei den Sozialversicherungen insbeson-

---

[595] Zuschlag in Höhe von 10 % des Lohnes als Ausgleich für die Beschäftigungsunsicherheit, vgl. Steuer, Die Arbeitnehmerüberlassung als Mittel zur Förderung des Arbeitsmarktes in Deutschland.

[596] Vgl. *Haldenwang*, Gesellschaftliche Bedeutung, Entwicklungstendenzen und ungenutzte Potenziale der Arbeitnehmerüberlassung in Deutschland, S. 102.

[597] *John Maynard Keynes* (1883-1946) war englischer Mathematiker, Ökonom und Namensgeber des Keynesianismus.

[598] Vgl. *Vajna* in: Institut der deutschen Wirtschaft, Beiträge zur Wirtschafts- und Sozialpolitik, Institut der deutschen Wirtschaft, 1982, S.16 f..

[599] Vgl. *Czerny*, Kontra 2007, 47 (47).

[600] Vgl. *Schulten* in: *Hein/Heise//Truger*, Löhne, Beschäftigung, Verteilung und Wachstum, S. 193.

dere auch hohe Ausfälle an Kaufkraft, was nach Ansicht des DGB zu einer Verminderung der Nachfrage nach Gütern und Dienstleistungen führe.[601] Durch einen Mindestlohn und den daraus resultierenden Lohnerhöhungen könne somit im Ergebnis die Binnennachfrage gestärkt werden, wovon im Gegenzug auch die Unternehmen profitieren könnten.

7.2 Die Argumente der Gegner von Mindestlöhnen in der Zeitarbeitsbranche

Von Seiten der Gegner eines Mindestlohns in der Zeitarbeitsbranche werden, wie in Tabelle 9 zusammengefasst, negative wirtschafts- und arbeitsmarktpolitische Folgen angeführt. Das wohl am häufigsten vorgebrachte Argument gegen die Einführung eines Mindestlohns ist die Gefährdung von Arbeitsplätzen (7.2.1.). In Verbindung hiermit soll das Argument dargestellt werden, dass sich gerade für die Geringqualifizierten die Beschäftigungschancen verschlechtern würden (7.2.2.). Nachfolgend werden die Auswirkungen eines Mindestlohnes auf die Funktionen der Zeitarbeit als Einstiegsmotor und Flexibilitätsinstrument näher beleuchtet (7.2.3.). Neben diesen wirtschaftlichen Folgen werden von Mindestlohngegnern zudem juristische Bedenken angeführt. Diese bestehen insbesondere hinsichtlich der Vereinbarkeit von Mindestlöhnen mit der Koalitionsfreiheit nach Art. 9 III GG (7.2.4.). Letztlich soll die Kritik der Mindestlohngegner am Argument der Verhinderung von Sozialdumping dargestellt werden (7.2.5.).

7.2.1 Gefährdung von Arbeitsplätzen

Vielfach wird als Argument gegen einen Mindestlohn vorgebracht, dass dieser Arbeitsplätze im Niedriglohnsektor vernichten oder zumindest die Entstehung neuer Jobs verhindern würde.[602] Bezogen auf der Zeitarbeitsbranche würde sich durch einen Mindestlohn die Arbeitskraft des Zeitarbeitnehmers verteuern. Dies würde sich auf die Entleihgebühren auswirken, da diese in Abhängigkeit zu der Entlohnung des Zeitarbeitnehmers stehen.[603] Seitens des Entleiherbetriebes könnten dadurch Anpassungsreaktionen hervorgerufen werden.[604] Dabei sei vor allem die Rationalisierung durch Substitution von Arbeit durch Kapital, die Verlagerung der Produktionsstätte ins Ausland als auch die Abwälzung der gestiegenen Kosten auf die Kunden zu befürchten.[605] Welche Auswirkungen der Mindestlohn konkret auf die Zeitarbeitsbranche hätte, würde von der absoluten Größe des Niedriglohn-

[601] Vgl. *Schröder/Urban (Hrsg.)*, Gute Arbeit, S. 301; vgl. *Breitscheidel*, Arm durch Arbeit, S. 150 f.; vgl. Stellungnahme des Deutschen Gewerkschaftsbundes (DGB) zum geplanten Elften Leiharbeitsbericht der Bundesregierung v. 30.1.2009, S. 18.

[602] Vgl. *Raddatz/Wolf*, Irrglaube Mindestlöhne, S.6.

[603] Vgl. *Ochel*, ifo Schnelldienst 1/2003, 21 (32).

[604] *Ragnitz,/Thum*, ifo Schnelldienst 1/2008, 16 (17).

[605] Zu den Aspekten Rationalisierung und Verlagerung der Produktion ins kostengünstigere Ausland siehe: *Miegel/Wahl/Schulte*, Die Rolle der Zeitarbeit in einem sich ändernden Arbeitsmarkt, S. 38 f..

sektors innerhalb dieser Branche abhängen. Die Beschäftigungseinbußen wären dabei umso höher, je mehr Zeitarbeitnehmer eine höhere Entlohnung erhalten würden und je höher der Abstand des ursprünglichen Lohnsatzes zum neu festgelegten Lohn sei.[606]

Hinsichtlich der Prognose von zu erwartenden Beschäftigungseffekten verweisen Mindestlohngegner u.a. auf zwei Umfragen bei Unternehmern verschiedener Wirtschaftszweige. Insoweit wird sowohl eine Umfrage[607] des Deutschen Industrie und Handelskammertages (DIHK) im Herbst 2008 als auch eine Anfang 2008 durchgeführte Umfrage[608] der Industrie- und Handelskammer (IHK) Hannover angeführt. Beide Untersuchungen bekräftigen die Befürchtungen von Mindestlohngegnern und gehen im Ergebnis von negativen Folgen für die Nachfrage nach Zeitarbeitskräften aus. Nach der IHK-Studie befürchten mehr als die Hälfte aller befragten Verleihbetriebe, dass die Mindestlohneinführung branchenweit negative Folgen für die Nachfrage haben wird. Laut der DIHK-Studie würde ein Drittel aller vom Mindestlohn betroffenen Unternehmen infolgedessen Arbeitsplätze abbauen.

7.2.2 Verschlechterung der Beschäftigungschancen von Geringqualifizierten

Der Forderung nach einer Mindestlohneinführung wird insbesondere die Behauptung einer drohenden Verschlechterung der Beschäftigungschancen Geringqualifizierter entgegengehalten. Die Einführung eines Mindestlohnes würde die einfachen Tätigkeiten verteuern und höhere Lohnkosten erzeugen, sodass eine Beschäftigung dieser Personengruppe unattraktiv werden würde.[609] Insbesondere der Sachverständigenrat vertritt die These, dass von einer größeren Lohnspreizung eine Verbesserung der Beschäftigungslage der Geringqualifizierten zu erwarten sei.[610]

Dass nur ein geringer Lohn den arbeitslosen Geringqualifizierten die Möglichkeit eröffnet, wieder in ein Beschäftigungsverhältnis zu kommen, ließe sich u.a. anhand der neoklassischen Sichtweise belegen. Hiernach sei für die Lohnhöhe ausschließlich die Produktivität des Beschäftigten ausschlaggebend und nicht externe Faktoren wie beispielsweise die Lebenshaltungskosten eines Beschäftigten oder seiner Familie.[611] Löhne oberhalb der Produktivität des Arbeitnehmers würden zum Rückgang der Beschäftigung führen. Da Personen, die lediglich eine geringe berufliche oder schulische Qualifikation vorweisen können, nur

---

[606] *Ragnitz/Thum*, ifo Schnelldienst 1/2008, 16 (18).

[607] DIHK, Mindestlöhne verringern Beschäftigung: Ergebnisse einer DIHK-Unternehmensbefragung, 2008.

[608] *Bleich/Schrage/Wrede*, Chancen durch Zeitarbeit, S. 21.

[609] Vgl. *Greifenstein*, Beschäftigungsfördernde Lohnpolitik und deutscher Mindestlohn, S. 27.

[610] Sachverständigenrat, Jahresgutachten 2000/2001, Ziffer 419.

[611] *Raddatz/Wolf*, Irrglaube Mindestlöhne, S. 6.

über eine niedrigere Produktivität verfügen, hätte dies zur Folge, dass die Festschreibung eines höheren - nicht durch die Produktivität gerechtfertigten - Lohns deren Aussichten auf eine Wiedereingliederung in den Arbeitsmarkt verschlechtern würden.[612]

Wie bereits im Rahmen der Darstellung der Tarifsituation dargelegt[613], ist der Anteil von Arbeitnehmern mit niedrigerem Schul- und weniger qualifiziertem Berufsabschluss in der Zeitarbeitsbranche signifikant höher, als in anderen Branchen. Entsprechend niedriger wäre somit, jedenfalls nach formalen Kriterien, deren Produktivität.[614] Folgerichtig wird von Mindestlohngegnern argumentiert, dass gerade in der Zeitarbeitsbranche eine besonders große Personengruppe bestehe, der der Einstieg in den Arbeitsmarkt erschwert würde. Gerade die Gruppe der Geringqualifizierten erhalte durch die Leiharbeit eine Beschäftigungsmöglichkeit, die anderswo nicht existiere.[615] Nach *Klebeck* und *Rieble* werde den Leiharbeitnehmern durch Mindestentgelte der Preisvorteil und damit der entscheidende Wettbewerbsvorteil auf den Arbeitsmarkt genommen, sodass die Leiharbeit als Arbeitsmarktprogramm zur Integration geringqualifizierter Arbeitnehmer mit unterdurchschnittlicher Produktivität in Zukunft untauglich werden könne, wenn sie nicht vom Staat subventioniert werden würde.[616]

7.2.3 Zeitarbeit in ihrer Eigenschaft als Einstiegsmotor und Flexibilitätsinstrument bedroht

Zeitarbeit wurde vielfach als „deutsches Jobwunder" bezeichnet, da sie das starke Wirtschaftswachstum und den Beschäftigungsaufbau der letzten Jahre mitbegründet und verstärkt hatte.[617] Viele Unternehmen stehen aufgrund des Einsatzes neuer Techniken und der Globalisierung unter dem Druck, kostengünstiger arbeiten zu müssen.[618] Gleichzeit steigt

---

[612] *Raddatz/Wolf*, a.a.O., S. 6, 17.

[613] Siehe 4.3.4.1..

[614] Das Argument, Zeitarbeitnehmer würden deshalb weniger verdienen, weil deren Produktivität viel geringer sei als bei regulär Beschäftigten, wird in der aktuellen Debatte kontrovers diskutiert. Z.B. lehnte der Präsident des Arbeitgeberverbandes Gesamtmetall, *Martin Kannegiesser*, eine Besserbezahlung von Leiharbeitnehmern mit der Begründung ab, dass diese gegenüber Stammbelegschaften meist weniger produktiv wären. Festangestellte hätten seiner Ansicht nach eine größere Erfahrung im Betrieb, sie wären meist besser qualifiziert und hätten dadurch auch anspruchsvollere Aufgaben zu bewältigen, was insgesamt die Lohnunterschiede zwischen der Stammbelegschaft und den Leiharbeitnehmern rechtfertige.

[615] *Bleich/Schrage/Wrede*, Chancen durch Zeitarbeit, S.6.

[616] *Rieble/Klebeck*, NZA 2003, 23 (23 f.).

[617] Pressemitteilung des Bundesministeriums für Wirtschaft und Technologie vom 22.1.2008: http://www.bmi.de/BMWi/Navigation/Presse/pressemitteilungen,did=231814.html, zuletzt abgerufen am 8.8.2009.

[618] *Miegel/Wahl/Schulte*, Die Rolle der Zeitarbeit in einem sich ändernden Arbeitsmarkt, S. 13.

der Druck zur Flexibilisierung.[619] Um flexibler auf Nachfrageschwankungen reagieren zu können, ist für viele Unternehmer die Nutzung von Fremdpersonal attraktiv. Die Zeitarbeit fängt Auftragsspitzen der Unternehmen ab und bewahrt Unternehmen in konjunkturschwachen Jahren vor noch drastischeren Folgen. Die Branche übernimmt also auch in der Abschwungphase eine wichtige Pufferfunktion.[620] Insbesondere kleinere und mittlere Unternehmen können stärkere Umsatzeinbußen nur dadurch verkraften, indem sie durch Zeitarbeit Lohnkosten einsparen.[621]

Neben der Überbrückung von personellen Engpässen und dem Einsparen von Arbeitskosten für das Unternehmen ermöglicht Zeitarbeit den Arbeitssuchenden vor allem einen direkten Einstieg in eine sozialversicherungspflichtige Beschäftigung,[622] was besonders für die schon oben angesprochene Risikogruppe des Arbeitsmarktes von Bedeutung ist. Zeitarbeit dient insofern der Vermeidung von Arbeitslosigkeit. Wie die nachfolgende Tabelle zeigt, waren bei der erstmaligen Begründung eines Vertragsverhältnisses zum Verleiher im Jahre 2008 nur 33 % der Zeitarbeitnehmer zuvor unmittelbar als Leiharbeitnehmer bei einem anderen Verleihbetrieb oder als sonstiger Erwerbstätiger beschäftigt. Weitere 7,4 % gingen zuvor keiner Beschäftigung nach. Von den fast sechzig Prozent, die früher schon einmal gearbeitet hatten, waren über 80 % länger als ein Jahr beschäftigungslos. Im Vergleich zu 2002 hat damit die Zeitarbeit, wie aus der Tabelle ersichtlich, als Mittel der Bekämpfung von Arbeitslosigkeit sogar leicht an Wichtigkeit gewonnen.

Tabelle 10: Leiharbeitnehmer nach vorangegangener Beschäftigungssituation 2002 bis 2008[623]

Jahr Stand jeweils 30.06.	vorher beschäftigt	vorher nicht beschäftigt	Davon: 1 bis < 12 Monate	Davon: ≥1 Jahr	vorher noch nie beschäftigt
	in Prozent				
2002	35,6	54	84,3	15,7	10,4
2004	31,6	60,7	81,3	18,7	7,6
2006	31,1	61,4	77,2	22,8	7,5
2008	33	59,5	81,5	18,5	7,4

[619] *Miegel/Wahl/Schulte*, a.a.O..

[620] Vgl. Tagesspiegel v. 28.12.2008, „Nur geliehen“.

[621] Financial Times Deutschland v. 12.9.2008, „Mindestlohn bedroht Zeitarbeit“.

[622] Vgl. *Miegel/Wahl/Schulte*, Die Rolle der Zeitarbeit in einem sich ändernden Arbeitsmarkt, S. 16.

[623] Graphik erstellt auf der Grundlage der Daten der Bundesagentur für Arbeit, Arbeitsmarkt in Zahlen: Arbeitnehmerüberlassungsstatistik, 1. Halbjahr 2008, Tabelle 1.

Zudem stellt Zeitarbeit für viele Menschen eine Brücke zu weiterer Beschäftigung dar. Nach Angabe des DGB gelang es etwa 15 % der Leiharbeitnehmer, während der Leiharbeit oder nach deren Beendigung eine sozialversicherungspflichtige Beschäftigung in einem anderen Unternehmen zu erreichen (Brückeneffekt).[624] Weitere 15 % der Leiharbeitnehmer konnten als Stammbeschäftigter in den jeweiligen Entleiherunternehmen verbleiben (Klebeeffekt).[625] Insgesamt gelang fast einem Drittel der Zeitarbeitnehmer, die vor der Zeitarbeit arbeitslos waren, danach ein Einstieg in eine Beschäftigung in einem anderen Wirtschaftsbereich.[626]

Nach Ansicht der Mindestlohngegner wäre vor dem Hintergrund des vorgenannten eine Mindestlohneinführung in der Zeitarbeitsbranche kontraproduktiv. Sie würde nicht nur die Eigenschaft der Branche als Jobmotor gefährden, sondern auch die durch die Zeitarbeit geschaffene Flexibilität und Beweglichkeit vieler Unternehmen bedrohen. Für einige Unternehmen, die vor der Mindestlohneinführung regelmäßig Zeitarbeit als Flexibilitätsinstrument genutzt haben, um damit unkompliziert und schnell an passende Arbeitskräfte zu gelangen, würde nach Meinung von Mindestlohngegnern die Gefahr entstehen, sich diese Flexibilität gegebenenfalls nicht mehr leisten zu können.

7.2.4 Verstoß gegen die Koalitionsfreiheit

Generelle Kritik an der Einführung eines nicht tarifdispositiven Mindestlohns wird von vielen Seiten häufig - allerdings ohne Berücksichtigung der Besonderheiten der Zeitarbeitsbranche - auch unter dem Aspekt einer Beeinträchtigung der Koalitionsfreiheit erhoben. Beflügelt wurde diese Kritik zuletzt durch die bereits angeführten Urteile des VG Berlin[627] und des OVG Berlin-Brandenburg[628], in denen die Postmindestlohnverordnung für rechtswidrig erklärt wurde. Insbesondere der Umstand, dass die erkennenden Richter ihre Entscheidung maßgeblich darauf gestützt haben, dass die in der Postmindestlohnverordnung angeordnete Wirkungserstreckung auch auf anderweitig Tarifgebundene weder von der Ermächtigungsgrundlage gedeckt noch mit dem Grundsatz der Tarifautonomie in Einklang zu bringen sei, war Wasser auf den Mühlen derjenigen, die sich mit grundrechtlichen Bedenken gegen die Rechtmäßigkeit eines Mindestlohns aussprechen. Die Zahl der Kritiker, die Bedenken hinsichtlich nicht ausreichender Wahrung der Interessen von Tarifparteien äußern, ist durchaus zahlreich. So wendeten sich etwa die Präsidenten und Direktoren der

---

[624] Stellungnahme des Deutschen Gewerkschaftsbundes (DGB) zum geplanten Elften Leiharbeitsbericht der Bundesregierung v. 30.01.2009, S. 8.

[625] Stellungnahme des Deutschen Gewerkschaftsbundes (DGB) zum geplanten Elften Leiharbeitsbericht der Bundesregierung v. 30.01.2009, S. 7.

[626] Ministerium für Arbeit, Gesundheit und Soziales des Landes NRW, Zeitarbeit in Nordrhein-Westfalen, S. 85.

[627] VG Berlin v. 7.3.2008, NZA 2008, 482 (486).

[628] OVG Berlin-Brandenburg v. 18.12.2008, ArbuR 2009, 46 (46).

sieben führenden deutschen Wirtschaftsforschungsinstitute anlässlich der damals geplanten Novellierung des Arbeitnehmerentsendegesetzes und des Mindestarbeitsbedingungsgesetz in einem offenen Brief[629] an die Bundesregierung und warnten eindringlich vor einer Verletzung der Koalitionsfreiheit in Deutschland. So würde eine Beschränkung des Außenseiterwettbewerbs eine Verletzung der negativen Koalitionsfreiheit darstellen.[630] Gleichzeitig stelle die für die Zeitarbeit offen diskutierte Option der Verdrängung anderer Tarifverträge eine Verletzung der positiven Koalitionsfreiheit dar.[631] In die gleiche Richtung weisen Stellungnahmen von Politikern, insbesondere aus dem Kreise der CDU. So fordert der arbeitsmarktpolitische Sprecher der Union, *Ralf Brauksiepe*, dass in jedem Fall Tarifverträge gegenüber staatlicher Reglementierung vorrangig sein müssten.[632] Keinesfalls dürften die zwischen Tarifparteien autonom ausgehandelten Entgeltverträge durch einen staatlichen Mindestlohn verdrängt werden.[633]

7.2.5 Keine Gefahr durch Sozialdumping

Wie bereits dargelegt, führen die Befürworter des Mindestlohns die Notwendigkeit der Verhinderung grenzüberschreitenden Lohndumpings als bedeutendes Argument an. Dem stellen die Kritiker des Mindestlohns zahlreiche Einwände entgegen.[634] Zum einen sei aus Sicht von *Thüsing* und *Lemke* die Gefahr des grenzüberschreitenden Lohndumpings schon deswegen nicht gegeben, weil ausländische Unternehmer den Gleichbehandlungsgrundsatz zwar durch Tarifverträge ihres Heimatstaates abbedingen könnten, an derartige Tarifverträge jedoch strenge Voraussetzungen zu stellen seien.[635] Insbesondere müsse eine ausländische tarifliche Regelung im Wesentlichen den Anforderungen eines deutschen Tarifvertra-

[629] Handelsblatt v. 12.3.2008, „Beschäftigungschancen statt Mindestlohn!“, http://www.handelsblatt.com/politik/deutschland/im-wortlaut-der-brandbrief-der-wirtschaftsforscher;1403154, zuletzt abgerufen am 8.8.2009.

[630] Handelsblatt, a.a.O..

[631] Handelsblatt, ebenda.

[632] Stellungnahme im Bericht des Spiegels v. 23.06.2008, „Mindestlohn: Unions-Arbeitnehmer gegen Scholz“, S. 75.

[633] Spiegel, a.a.O.

[634] Bundeskanzlerin *Angela Merkel* spricht sich gegen einen Mindestlohn für die Zeitarbeit aus, da ihrer Ansicht nach hier - im Gegensatz zu anderen Branchen – die Gefahr des grenzüberschreitenden Lohndumpings nicht bestehe. Dies folge daraus, dass ausländische Zeitarbeiter für Deutschland immer erst eine Erlaubnis von der Bundesagentur für Arbeit bekommen müssen; vgl. Westfälische Nachrichten v. 18.8.2008, „Eine Hänge-Partie: Zeitarbeitsbranche drängt weiterhin auf Aufnahme in das Entsendegesetz“.

[635] *Thüsing/Lemke*, ZfA 2007, 87 (123).

ges entsprechen, so dass die Vereinbarung von „Hungerlöhnen" von vornherein ausgeschlossen sei.[636]

Zum anderen könne schon in keiner Weise abgeschätzt werden, in welchem Umfang tatsächlich Konkurrenten aus dem EU-Ausland auf den deutschen Zeitarbeitsmarkt strömen und inländische Leiharbeiter verdrängen würden.[637] Insofern sei zu berücksichtigen, dass sich die Beschäftigtenanzahl der Leiharbeitnehmer seit dem Jahre 2003 bis Mitte 2008 auf knapp 800.000 fast verdreifachen konnte, obgleich europäische Verleihbetriebe bereits in diesem Zeitraum in der Lage waren, Leiharbeitnehmer nach ihren Tarifvertragsbedingungen nach Deutschland zu überlassen. Dem Anstieg in der deutschen Leiharbeitsbranche habe der Umstand bereits eintretender europäischer Konkurrenz daher jedenfalls bisher nicht entgegengestanden. Aufgrund von möglichen Verständigungsschwierigkeiten und geographischen Distanzen, die durchaus geeignet sind, den Verleih von ausländischen Leiharbeitnehmern zu beeinflussen, blieb die Anzahl an zugelassenen ausländischen Verleihern in Deutschland mit insgesamt 267 relativ niedrig.[638]

Auch wenn Verleiher aus Polen, Tschechien und der Slowakei seit der EU-Osterweiterung grundsätzlich eine Erlaubnis beantragen können, so wurden trotz großer Nachfrage nach *Guenoub* lediglich zwei Erlaubnisse an polnische Verleiher erteilt.[639] Ein Bestreben von Ländern wie Litauen, Estland und Lettland, in denen gesetzliche Regelungen zur Leiharbeit nachwievor nicht existieren, auf dem deutschen Zeitarbeitsmarkt tätig zu werden, ist derzeit nicht erkennbar.[640] Im Ergebnis wird daher von Mindestlohngegnern jedenfalls die Gefahr eines erheblichen Wettbewerbsdrucks durch ausländische Verleiher in Frage gestellt.[641]

7.3 Stellungnahme

Im Ergebnis vermag die zuletzt genannte Auffassung nicht zu überzeugen. Die von den Mindestlohngegnern herangezogenen Erwägungen erscheinen überwiegend nicht stichhaltig.

---

[636] *Thüsing/Lemke*, a.a.O..

[637] *Guenoub*, Equal Pay und Equal Treatment im Leiharbeitsverhältnis, S. 139.

[638] Die meisten Erlaubnisse wurden für Verleiher mit Betriebssitz in Österreich (75), Großbritannien (63), Frankreich (59) und den Niederlanden (34) erteilt; *Guenoub*, Equal Pay und Equal Treatment im Leiharbeitsverhältnis, S. 139 f..

[639] *Guenoub*, Equal Pay und Equal Treatment im Leiharbeitsverhältnis, S. 140.

[640] 10. Erfahrungsbericht der Bundesregierung zum AÜG v. 30.09. 2005, BT-Drs. 15/6008, S. 15.

[641] *Guenoub*, Equal Pay und Equal Treatment im Leiharbeitsverhältnis, S. 139.

7.3.1 Keine Verletzung der Koalitionsfreiheit

Das Argument, dass ein staatlicher Mindestlohn einen unzulässigen Eingriff in die Koalitionsfreiheit darstellen würde, greift nicht durch. Dies gilt insbesondere auch für die Einführung eines Mindestlohns durch die Allgemeinverbindlicherklärung eines Tarifvertrages. Wie bereits ausführlich dargelegt[642] liegt eine Beeinträchtigung der positiven individuellen Koalitionsfreiheit nicht vor, weil die allenfalls anzunehmende Anreizverminderung zum Beitritt in eine Koalition die Erheblichkeitsschwelle für einen Grundrechtseingriff nicht überschreitet. Umgekehrt kann ein etwaiger Beitrittsdruck, soweit er überhaupt anzunehmen wäre, mangels ausreichender Erheblichkeit keinen Eingriff in die negative individuelle Koalitionsfreiheit begründen. Soweit teilweise ein Verstoß gegen die negative individuelle Koalitionsfreiheit unter dem Gesichtspunkt der „Tarifvertragsfreiheit" diskutiert wird, ist schon der Schutzbereich der Koalitionsfreiheit nicht eröffnet, da mangels einer korrespondierenden positiven Freiheit eine negative Freiheit, von der Regelungswirkung eines Tarifvertrages verschont zu bleiben, nicht herzuleiten ist.[643]

Soweit wegen eines Mindestlohns auf der Basis eines für allgemeinverbindlich erklärten Tarifvertrages eine Verletzung der kollektiven Koalitionsfreiheit in Form der Tarifautonomie in Betracht zu ziehen ist, dürfte jedenfalls keine Verletzung der Grundrechte der Parteien des ausgewählten Tarifvertrages vorliegen. Wie bereits erörtert,[644] ist ein „Exklusivitätsinteresse" der Tarifparteien nicht vom Schutzumfang der Tarifautonomie erfasst. Soweit die Möglichkeit einer späteren Allgemeinverbindlicherklärung Einfluss auf die Tarifverhandlungen haben kann, liegt in dieser faktischen Beeinflussung weder der Art her noch dem konkreten Ausmaß nach ein Eingriff in die Tarifautonomie. Zwar wird davon ausgegangen werden müssen, dass die Erstreckung von Tarifnormen auf Außenseiter tatsächlich einen Eingriff in die Tarifautonomie der anderweitig tarifgebundenen Parteien begründet. Ein solcher Eingriff ist für die Leiharbeitsbrache jedoch verfassungsrechtlich gerechtfertigt. Die Allgemeinverbindlicherklärung eines Tarifvertrages stellt eine geeignete und erforderliche Maßnahme dar, um die Funktionsfähigkeit des Tarifsystems als solches zu bewahren. Wie ausgeführt, ist eine solche Maßnahme auch angemessen, da sich in der derzeitigen Tarifsituation der Leiharbeitsbranche eine tiefgreifende Störung des kollektiven Vertragsmechanismus offenbart.[645]

[642] Siehe 6.1.2.1.1..

[643] Siehe 6.1.2.1.2..

[644] Siehe 6.1.2.1.4..

[645] Siehe 6.1.2.2.2..

7.3.2 Keine Gefährdung von Arbeitsplätzen durch Verteuerung der Leiharbeit

Die Befürchtung, es werde zu einem massiven Arbeitsplatzabbau kommen, da der Einsatz von Zeitarbeitskräften zukünftig in vielen Fällen infolge der durch die Mindestlohneinführung verursachten Kostensteigerung untragbar werden würde, erscheint nicht naheliegend.[646]

Wie bereits aus Kapitel 4.3.4.2. ersichtlich ist, liegen selbst die höchsten aktuellen tariflichen Einstiegslöhne in der Zeitarbeit auf einem vergleichsweise niedrigen Niveau. Zudem befindet sich der bislang diskutierte Mindestlohn des Mindestentgelttarifvertrages in Höhe von 7,31 €/Stunde in Westdeutschland und 6,36 €/Stunde in Ostdeutschland (für 2008) auf einem Niveau, das in der Zeitarbeitsbranche schon jetzt überwiegend üblich ist, sodass letztlich nur eine geringe Anzahl an Personen durch eine Mindestlohneinführung tatsächlich betroffen wäre. Wie dargestellt, besteht die Branche nach den letzten Zahlen aus Juni 2009 aus etwa 526.000 Leiharbeitnehmern.[647] Davon sind erfahrungsgemäß zwischen 30 bis 35 %[648] als Hilfskräfte beschäftigt. Lediglich für diese Beschäftigungsgruppe (ungefähr zwischen 158.000 und 184.000 Hilfskräfte) könnte die Einführung eines Mindestlohns überhaupt relevant sein. Zudem werden bereits etwa zwei Drittel aller Beschäftigten nach einem der beiden mit den DGB-Gewerkschaften abgeschlossenen Tarifverträge bezahlt.[649] Das bedeutet letztendlich, dass lediglich die restlichen Arbeitnehmer in einer Anzahl von ungefähr 53.000 bis 61.000 Zeitarbeitskräften im Helferbereich möglicherweise unterhalb des derzeit vorgeschlagenen Mindestlohns entlohnt werden.

Auch diese Zahl muss jedoch noch erheblich reduziert werden. Nach dem AMP/CGZP-Tarifvertrag erhalten die Zeitarbeitnehmer der 1. Entgeltgruppe, die bei AMP-Mitgliedsunternehmen beschäftigt sind, ab den 1.7.2009 grundsätzlich eine etwas höhere Vergütung von 7,35 € im Westen und 6,15 € im Osten[650], wobei allerdings die im AMP/CGZP-Tarifvertrag enthaltene Absenkungsmöglichkeit der Einstiegsentgelte in den ersten vier Monaten[651] der Beschäftigung (bis zu 9,5% in Westdeutschland und je nach

---

646 Vgl. *Weinkopf*, Mindestbedingungen für die Zeitarbeitsbranche?, S. 14.

647 Siehe 2..

648 Vgl. 4.3.4.1.1..

649 Laut Angaben der iGZ und der BZA wurden Mitte 2007 62,6 % aller Zeitarbeitskräfte nach einem der beiden mit den DGB-Gewerkschaften abgeschossenen Tarifverträgen bezahlt. Dabei wurden etwa 185.000 Zeitarbeitskräfte nach dem iGZ/DGB-Tarifvertrag und ca. 210.000 Zeitarbeitnehmer nach dem BZA/DGB-Tarifvertrag entlohnt; vgl. Antrag auf Aufnahme der Arbeitnehmerüberlassung in das Arbeitnehmer-Entsendegesetz vom 27.3.2008.

650 Siehe 4.3.4.2.1..

651 Siehe hierzu Nr. 4 des Entgeltrahmentarifvertrages zwischen der CGZP und der AMP: Ab 1.7.2009 gilt die Absenkungsmöglichkeit nur innerhalb der ersten 4 Beschäftigungsmonate, vorher betrug der Zeitraum die ersten 6 Monate der Beschäftigung.

Lohngruppe in unterschiedlichem Maße in Ostdeutschland) zu berücksichtigen ist. Im Ergebnis würden von den Zeitarbeitern, die nach dem AMP/CGZP-Tarifvertrag bezahlt werden, nur die ostdeutschen Leiharbeitnehmer oder westdeutschen Leiharbeitnehmer, die unter die Absenkungsklausel fallen, erfasst werden, soweit nicht die Vergütung durch übertariflichen Zulagen entsprechend angehoben würde. Zusätzlich wären von der Mindestlohneinführung diejenigen Zeitarbeitsunternehmen erfasst, die keinem der großen Flächentarifverträge unterfallen, sondern einem der kleinen Flächentarifverträge bzw. einem Haus- und Konzerntarifverträge mit der CGZP (Einstiegsvergütung teilweise zwischen 5 € und 6 €). [652] Letztere haben jedoch, wie bereits erwähnt, zahlenmäßig eine nicht so große Relevanz.[653] Insgesamt dürfte die Zahl der Zeitarbeitskräfte, die tatsächlich im positiven Sinne von einer Mindestlohneinführung in dieser Branche betroffen wäre, daher noch deutlich unter den im Vorabsatz überschlägig errechneten Zahlen liegen.

Vor diesem Hintergrund sind erhebliche flächendeckende Lohn- und Preissteigerungen als Folge einer Mindestlohneinführung in der Zeitarbeitsbranche nicht zu erwarten. Auch wenn sich bei einem Teil der Leiharbeitsunternehmen die Einstiegslöhne leicht erhöhen würden, ist dennoch nicht zu befürchten, dass sich die Wettbewerbschancen der Zeitarbeit aufgrund dessen nachhaltig verschlechtern würden. Da sich die bisher diskutierten Mindestlöhne für die Zeitarbeitsbranche ohnehin schon auf einem vergleichsweise geringen Niveau befinden, bliebe die finanzielle Attraktivität der Nutzung von Leiharbeit bestehen.[654]

Entsprechend gering dürfte sich auch eine etwaige Auswirkung auf die Anzahl der in der Zeitarbeitsbranche beschäftigten Arbeitnehmer darstellen. Ein erheblicher Arbeitsplatzabbau oder die Verlagerung von Arbeitsplätzen ins Ausland beim Entleihunternehmen muss als unwahrscheinlich betrachtet werden.[655] Die Verlagerung von Arbeitsplätzen ins Ausland erscheint auch deswegen unwahrscheinlich, weil Zeitarbeiter weit überwiegend in größeren Betrieben eingesetzt sind.[656] Dies hat aber häufig zur Folge, dass die Unternehmen Tätigkeiten im Helferbereich nicht isoliert ins Ausland verlagern können, da die Leiharbeitnehmer in die Betriebsabläufe in den Produktionsstätten integriert sind.[657] Es besteht also sozusagen eine Komplementarität zu anderen qualifizierteren Stellen.[658]

---

[652] Stellungnahme des DGB zum geplanten Elften Leiharbeitsbericht der Bundesregierung v. 30.1.2009, S. 14.

[653] *Weinkopf*, Mindestbedingungen für die Zeitarbeitsbranche?, S. 14.

[654] *Weinkopf*, Mindestbedingungen für die Zeitarbeitsbranche?, S. 15.

[655] *Weinkopf*, Z direkt! 03/2006, 16 (16).

[656] So beschäftigen 44,8 % der Betriebe mit einer Beschäftigtenanzahl von mehr als 250 Mitarbeitern Leiharbeiter, wohingegen nur 2,1 – 2,3 % der Betreibe mit bis zu 10 Beschäftigten die Zeitarbeit nutzen; vgl. *Bellmann/Kühl*, Weitere Expansion der Leiharbeit?, S. 10.

[657] Vgl. *Weinkopf*, Mindestbedingungen für die Zeitarbeitsbranche?, S. 16.

[658] Vgl. *Weinkopf*, a.a.O..

Soweit in der Zeitarbeitsbranche tatsächlich in geringem Umfang ein Rückgang der Beschäftigungszahlen bzw. eine Dämpfung des Arbeitskräftezuwachses zu erwarten wäre, wäre überdies die Frage zu klären, inwieweit ein derartiger Effekt gesamtwirtschaftlich betrachtet als negativ zu bewerten ist. Jedenfalls insoweit, als eine entsprechende Reduzierung der Beschäftigtenzahlen in der Zeitarbeitsbranche umgekehrt zu einem Zuwachs bzw. einer Stabilisierung der Beschäftigtenzahlen bei den Stammmitarbeitern führen würde, wäre dies aus gesamtwirtschaftlichen Erwägungen heraus kein Grund, von der Einführung eines Mindestlohns abzusehen. Dafür, dass - im dargelegten geringfügigen Umfang - ein entsprechender Effekt zu erwarten wäre, bestehen durchaus Anhaltspunkte. Die Einführung eines Mindestlohnes schwächt die Gefahr ab, dass es zu einer Substitution von regulär Beschäftigten durch Leiharbeitskräfte kommt. Denn Niedrigstlöhne setzen nicht nur das Lohnniveau in der Zeitarbeitsbranche unter Druck, sie können zudem auf andere Branchen ausstrahlen. Je niedriger das Lohnniveau in der Leiharbeit liegt bzw. je größer die Lohndifferenzen zur Stammbelegschaft sind, desto attraktiver kann es für den Entleiher aus finanzieller Hinsicht sein, regulär Beschäftigte, die auf der Grundlage der jeweils geltenden Branchentarifverträge vergütet werden, durch Leiharbeitnehmer zu ersetzen.[659] Aktuell ist durchaus ein Trend zu beobachten, dass Zeitarbeitskräfte des Öfteren auch langfristiger beim Entleiher beschäftigt werden. Dies ist durch den Wegfall der zeitlichen Begrenzung des Einsatzes von Zeitarbeitnehmern noch forciert worden.[660] Unternehmen sind nunmehr in der Lage, selbst Zeitarbeitsunternehmen zu gründen oder über den Abschluss eines dauerhaften Überlassungsvertrages mit einem externen Zeitarbeitsunternehmen eigene tarifliche Standards zu unterlaufen.[661] Eine Mindestlohneinführung wäre zwar nicht in der Lage, diese Praxis zu verhindern. Sie wäre aber zumindest ein Mittel, die finanziellen Anreize für derartige Praktiken zu senken.[662]

7.3.3 Keine erhebliche Verschlechterung der Beschäftigungschancen von Geringqualifizierten

Die Befürchtung, dass Personen mit einer geringeren Qualifikation aufgrund der Einführung eines Mindestlohns in der Zeitarbeitsbranche verringerte Chancen auf Beschäftigung haben könnten, erscheint nicht begründet.[663]

---

[659] Vgl. *Weinkopf*, Mindestbedingungen für die Zeitarbeitsbranche?, S. 16 f., 21; *Hanau* in: *Bieback/Dieterich/Hanau/Kocher/Schäfer*, Tarifgestützte Mindestlöhne, S. 146.

[660] Vgl. *Weinkopf*, Mindestbedingungen für die Zeitarbeitsbranche?, S. 17.

[661] Vgl. *Weinkopf*, a.a.O.; z.B. musste in einem Fall einer Bremer Pflegeeinrichtung durch den Kirchengerichtshof der Evangelischen Kirche in Deutschland untersagt werden, eine eigene Zeitarbeitsfirma zu dem Zwecke zu gründen, nach und nach bestehende Arbeitsverhältnisse zu ersetzen; vgl. *Weinkopf*, a.a.O., S. 7.

[662] Vgl. *Weinkopf*, Mindestbedingungen für die Zeitarbeitsbranche?, S. 17.

[663] *Weinkopf*, Z direkt!, 16 (16).

Nach der neoklassischen Sichtweise erhalten höher qualifizierte Arbeitnehmer deshalb ein höheres Arbeitseinkommen, weil ihre Produktivität höher ist als die der geringer Qualifizierten und die Entlohnung nach dem Grenzwertprodukt erfolgt. Nach Auffassung der Mindestlohngegner muss daher die weniger produktive Arbeit geringqualifizierter Zeitarbeitnehmer zu einer geringeren Vergütung führen. Eine künstliche Erhöhung der Vergütung habe negative Beschäftigungswirkungen zur Folge. Gegen diese Argumentation bestehen - insbesondere unter Berücksichtigung der Besonderheiten der Zeitarbeitsbranche - zahlreiche Bedenken.

Insofern ist schon fraglich, ob die von Leiharbeitnehmern verrichtete Arbeit tatsächlich in einem so großen Umfang weniger produktiv ist, als die Arbeit der Stammmitarbeiter. Erste Bedenken bestehen insofern, als von Mindestlohngegnern für die Bestimmung des Anteils der Geringqualifizierten gerne auf den Tätigkeitsbereich abgestellt wird. Zwar weisen Zeitarbeitskräfte im Schnitt eine niedrigere Qualifikation auf, aber längst nicht alle als Hilfsarbeiter tätige Leiharbeitskräfte haben keine Berufsausbildung.[664] Vielmehr arbeiten Leiharbeitskräfte seltener im erlernten Beruf und werden häufiger für Tätigkeiten eingesetzt, die nicht ihrem Berufsabschluss entsprechen.[665] Beispielsweise übernahmen, wie aus der Tabelle ersichtlich, 44,9 % aller Zeitarbeitnehmer, die eine Berufsausbildung abgeschlossen haben, Tätigkeiten, für die keine Berufsausbildung erforderlich war. Der Grund für die Arbeitseinsätze unterhalb des vorhandenen Qualifikationsniveaus der betreffenden Arbeitnehmer könnte nach *Bellmann* und *Promberger* unter anderem daran liegen, dass der Einsatz von Leiharbeitnehmern immer auf dem niedrigsten Niveau des Qualifikations- und Anforderungsspektrums im Entleihunternehmen stattfindet.[666]

[664] Stellungnahme des DGB zum geplanten Elften Leiharbeitsbericht der Bundesregierung v. 30.1.2009, S. 4.

[665] Vgl. Ministerium für Arbeit, Gesundheit und Soziales des Landes NRW, Zeitarbeit in Nordrhein-Westfalen, S. 69; Stellungnahme des DGB zum geplanten Elften Leiharbeitsbericht der Bundesregierung v. 30.1.2009, S. 4.

[666] *Bellmann/Promberger*, WSI-Mitteilungen 2002, 484 (485); *Weinkopf*, Mindestbedingungen für die Zeitarbeitsbranche?, S. 19.

Tabelle 11: Qualifikationsanforderungen der übernommenen Tätigkeit von Zeitarbeitnehmern nach Bildungsabschluss in der BRD 2006, in %[667]

Berufsabschluss des Zeitarbeitnehmers	Für Tätigkeit notwendige Qualifikation		
	Keine Ausbildung	Berufsausbildung	Fach/Hochschul-ausbildung
Keine Ausbildung	75,2 %	24,8 %	0 %
Berufsausbildung	**44,9 %**	53 %	2,1 %
Fach/Hochschul-ausbildung	**4,3 %**	**1,8 %**	93,8 %

Zudem erscheint die Annahme einer geringeren Produktivität von geringqualifizierten Leiharbeitnehmern in mancherlei Hinsicht fragwürdig, da Leiharbeitskräfte immer noch vornehmlich für einfache Tätigkeiten herangezogen werden, die kaum eine besondere Einarbeitungszeit und besondere Betriebserfahrung erfordern. So dürfte etwa davon auszugehen sein, dass der Zeitarbeitnehmer, der im Supermarkt Regale einräumt, nach ein paar Stunden genauso gut arbeitet wie die regulär beschäftigten Kolleginnen und Kollegen. Würden Leiharbeitnehmer tatsächlich ernsthaft geringwertigere Arbeitsleistungen vollbringen, würden viele Unternehmen Abstand zum Einsatz von Leiharbeitnehmern nehmen.

Auch ein Vergleich mit dem nahen europäischen Ausland zeigt, dass Mindestlöhne nicht zur Verdrängung von Helfertätigkeiten und gering Qualifizierten führen müssen. Beispielsweise verfügen die meisten Länder in der EU über einen branchenübergreifenden, teilweise relativ hoch angesetzten, Mindestlohn, der insbesondere auch für Leiharbeitnehmer gilt.[668] Trotzdem ist in Frankreich und den Niederlanden der Anteil von gewerblichen Helfertätigkeiten ähnlich hoch wie in Deutschland.[669] Der französische Anteil der formal gering Qualifizierten unter den Leiharbeitnehmern beziffert sich auf 43,7 %[670] und liegt damit sogar noch deutlich höher als in Deutschland, und das, obwohl Frankreich über einen absolut sowie relativ zum Durchschnittslohn hohen Mindestlohn (8,71 €) verfügt und auch den Equal Pay-Grundsatz anwendet. Zudem erhalten die französischen Leiharbeitskräfte die Prekaritätsprämie.[671]

---

[667] Vgl. Ministerium für Arbeit, Gesundheit und Soziales des Landes NRW, Zeitarbeit in Nordrhein-Westfalen, S. 69.

[668] Siehe ausführlich: 8.2.2.1..

[669] *Weinkopf*, Z direkt! 3/2006,16 (16 f.).

[670] Vgl. *Weinkopf*, Mindestbedingungen für die Zeitarbeitsbranche?, S. 19.

[671] Vgl. *Weinkopf*, a.a.O., S. 20.

7.3.4 Ergebnis

Letztlich muss daher festgehalten werden, dass die Einführung eines Mindestlohns für die Zeitarbeitsbranche im Einklang stünde mit der Koalitionsfreiheit. Eine Verteuerung von Leiharbeit dürfte allenfalls in einem sehr geringfügigen Ausmaß eintreten. Etwaige hiervon ausgehende Effekte für die Beschäftigungszahlen in der Zeitarbeitsbranche dürften marginal sein. Zudem wären entsprechende Effekte kein anerkennenswertes Argument gegen die Einführung eines Mindestlohnes, soweit diese letztlich nur eine bestehende Substitution regulärer Beschäftigung durch Leiharbeit beseitigen oder eine solche für die Zukunft verhindern. Negative Konsequenzen für die Beschäftigung Geringqualifizierter am Arbeitsmarkt erscheinen unwahrscheinlich. Im Ergebnis muss daher der Auffassung zugestimmt werden, dass die Einführung eines Mindestlohnes in der Zeitarbeitsbranche zur Beseitigung sozialer Missstände geboten ist. Dies folgt zum einen aus dem sozialstaatlichen Bedürfnis zur Schaffung angemessener Arbeitsvergütungen. Zum anderen bedarf es der Einführung eines Mindestlohnes, um die zunehmende Ausbreitung des Niedriglohnsektors und die damit im Zusammenhang stehende staatliche Subventionierung nicht leistungsgerechter Entlohnung durch Lohnergänzungszahlungen einzudämmen.[672] Inwiefern durch die Vollendung der EU-Osterweiterung tatsächlich die Gefahr eines verstärkten Lohndumpings droht und inwieweit von der Einführung eines Mindestlohns aufgrund einer Erhöhung der Kaufkraft tatsächlich eine positive Wirkung auf die Binnennachfrage ausgehen würde, kann dahinstehen.

[672] Demgegenüber muss dem Modell „Kombilohn", also der Aufstockung von Löhnen durch staatliche Zuschüsse, zur Ausweitung von Niedriglohnjobs eine Absage erteilt werden.

8 Stellungnahme zu den gesetzgeberischen Handlungsoptionen

Nachdem somit die Frage, ob die Zeitarbeitsbranche generell einen Mindestlohn braucht, bejahend beantwortet wurde, verbleibt die Frage, auf welche Weise der Gesetzgeber diesen sozialen Schutzmechanismus einführen sollte.

8.1 Wahl des richtigen gesetzgeberischen Instrumentariums

Dabei wäre als erstes zu klären, ob sich der Gesetzgeber des Mittels der Rechtsverordnung nach § 7 AEntG n.F. bedienen sollte, was freilich erst nach einer Aufnahme der Zeitarbeitsbranche in das AEntG überhaupt möglich wäre, oder ob ein Mindestlohn unmittelbar durch Gesetz, z.B. durch die Einfügung einer entsprechenden Regelung in das AÜG, eingeführt werden sollte. Die Vorteile der zuerst genannten Variante liegen auf der Hand. Wie dargestellt,[673] stellt die Einführung eines Mindestlohns einen gewichtigen Eingriff in die Koalitionsfreiheit dar. Dieser würde in seiner Intensität dadurch erheblich abgeschwächt werden, dass die Grundlagen für den Mindestlohn nicht frei durch den Gesetzgeber, sondern im Ergebnis durch Tarifparteien getroffen werden würden. Zwar würde auch ein solches Vorgehen den Eingriff in die Koalitionsfreiheit nicht gänzlich beseitigen, da jedenfalls die Parteien des nicht ausgewählten Tarifvertrages betroffen blieben.[674] In der Gesamtschau bliebe jedoch die Lohnregelungskompetenz unmittelbar in den Händen der am Arbeitsleben Beteiligten, so dass jedenfalls der wesentliche Regelungsinhalt der Tarifautonomie als Leitbild für die Gestaltung des Arbeitslebens erhalten bliebe. Zudem wäre zu erwarten, dass auch die Akzeptanz eines tariflich begründeten Mindestlohnes bei sämtlichen Beteiligten der Leiharbeitsbranche größer wäre als im Falle einer gesetzlichen Mindestlohnfestsetzung.

Ebenso offensichtlich sind jedoch die Probleme, die jedenfalls auf der Basis der jetzigen Tarifsituation der Durchsetzung eines Mindestlohns durch die Allgemeinverbindlicherklärung eines Tarifvertrages entgegenstehen. Unabhängig davon, dass jedenfalls in der aktuellen politischen Machtkonstellation einer Aufnahme der Zeitarbeitsbranche in das Arbeitnehmerentsendegesetz vorläufig eine Absage erteilt wurde, ist auch kaum ersichtlich, welcher Tarifvertrag für allgemeinverbindlich erklärt werden sollte. Der Mindestlohntarifvertrag des DGB mit dem iGZ und dem BZA ist derzeit der einzige Tarifvertrag, für den überhaupt der nach § 7 AEntG erforderliche Antrag der Tarifparteien vorliegt. Eben jener Tarifvertrag ist jedoch bereits ausgelaufen und von den Tarifparteien bewusst nicht verlängert worden. Ob die beteiligten Tarifpartner im Falle eines entsprechenden Signals aus der Politik ihre tarifliche Einigung erneuern würden, bliebe abzuwarten.

---

[673] Siehe 6.1.2.1..

[674] Siehe 6.1.2.1.4..

Darüber hinaus ist nicht unproblematisch, dass sich die Wirkung einer Mindestlohnlösung auf der Basis eines Tarifvertrages notwendigerweise durch die Größenordnung des ohnehin schon vorhandenen Lohnniveaus beschränkt. Insofern ist es nahezu widersprüchlich, wenn gerade diejenige Tarifsituation, die Anlass für ein staatliches Eingreifen ist, zugleich das Fundament für die Problemlösung sein soll. Jedenfalls eine erhebliche Änderung der sozialen Stellung der Leiharbeitnehmer wäre durch einen tariflichen Mindestlohn momentan nicht zu erwarten. Die Wirkung dürfte sich im Wesentlichen auf eine Korrektur der Ergebnisse von Haus- und Konzerntarifverträgen beschränken. Ob sich in der Zukunft - etwa infolge einer Verdrängung der CGZP aus dem Tarifgeschehen durch eine rechtskräftige Entscheidung hinsichtlich deren Tarifunfähigkeit - die Höhe der tariflichen Löhne zugunsten der Arbeitnehmer verändern wird, ist ungewiss.

8.2 Bestimmung der Höhe eines gesetzlichen Mindestlohns für die Leiharbeitsbranche

Soweit für die Zeitarbeitsbranche ein Mindestlohn unmittelbar durch Gesetz eingeführt würde, wäre fraglich, in welcher Höhe ein solcher festgesetzt werden sollte. Insofern ist zu berücksichtigen, dass die Bestimmung einer präzisen Höhe naturgemäß nicht allein durch wissenschaftliche Argumentation begründbar ist, sondern stark von politischen Wertungsfragen abhängt. Der Umfang des gewollten sozialen Schutzes bedarf der sorgfältigen Abwägung innerhalb der politischen Gremien.

Im Folgenden sollen daher lediglich die Grundlagen dargestellt werden, die für die Festlegung einer Mindestlohnhöhe maßgeblich sein sollten. Dabei sollen zunächst die Grundlagen der Lohnkalkulation in der nationalen Zeitarbeitsbranche dargestellt werden (8.2.1.). Nachfolgend sollen mögliche Orientierungsgrößen für die Bestimmung der Höhe eines Mindestlohnes aufgezeigt werden (8.2.2.). Abschließend sollen die aus den benannten Abschnitten gewonnenen Erkenntnisse für die Bestimmung der Höhe eines Mindestlohns kurz zusammengefasst werden (8.2.3.)).

8.2.1 Grundlagen der Lohnkalkulation der Zeitarbeitsbranche in Deutschland

Um eine geeignete Höhe für einen marktgerechten Branchenmindestlohn für die Leiharbeit festlegen zu können, bedarf es zunächst eines Verständnisses der generellen Lohnkalkulation in der Zeitarbeitsbranche. Diese soll im Folgenden erläutert werden.

Das Verleihunternehmen trifft bezüglich des Leiharbeitsverhältnisses alle typischerweise für Arbeitsverhältnisse geltenden Arbeitgeberpflichten, wie insbesondere die Entgeltzahlungsplicht sowie die Zahlung von Personalkosten[675], Personalnebenkosten[676] und Perso-

[675] Unter Personalkosten fallen die tariflichen oder übertariflichen Bruttolöhne und Bruttogehälter mit Zuschlägen und Zulagen; vgl. *Frensch*, Handbuch der Arbeitnehmerüberlassung, S. 118.

nalverwaltungskosten.[677] Demgegenüber ist der Entleiher lediglich zur regelmäßigen Abführung einer Entleihgebühr an den Verleiher verpflichtet. Diese bezieht sich auf die geleisteten Arbeitsstunden des Leiharbeitnehmers und wird zwischen dem Entleiher und Verleiher vereinbart.[678] Die Entleihgebühr pro Stunde (auch: Stundenverrechnungssatz) stellt die maßgebliche wirtschaftliche Größe für den Einsatz von Leiharbeitnehmern dar. Dabei kalkulieren die Verleiher ihre Stundenverrechnungssätze individuell und bezogen auf den jeweiligen Einsatz,[679] wobei der Verrechnungssatz nie dem Lohn des Leiharbeitnehmers entspricht. Nachfolgend soll die wirtschaftliche Kalkulation eines Verleihunternehmens anhand eines Schemas näher erläutert werden.

Tabelle 12: Vereinfachtes Kalkulationsschema [680]

Stundenkalkulation	
	€/Std.
Entleihgebühr	20,25
- Bruttostundenlohn (des Leiharbeitnehmer)	8,45
- SV-Beiträge des Verleihers	1,67
- sonstige Kosten des Verleihers (sonstige Lohn-& Verwaltungskosten)	9,35
= Gewinn des Verleihers	0,78

Wie in der Tabelle dargestellt, muss der Verleiher neben dem Bruttogehalt die Arbeitgeberanteile zur Sozialversicherung und sonstige Nebenkosten aus der vom Entleihunternehmen erhaltenen Entleihgebühr bezahlen. Zu den anteiligen Kosten zählen unter anderem die Kosten für die Lohnfortzahlung im Krankheitsfall und für Zeiten der Nichtbeschäftigung. Ferner gehören hierzu Kosten für die Urlaubsgewährung, für bezahlte Feiertage und ggf. freiwillige Sozialleistungen, wie beispielsweise Urlaubs- und Weihnachtsgeld und vermö-

[676] Die Personalnebenkosten umfassen direkte Nebenkosten (gesetzliche, tarifliche und soziale Leistungen) als auch indirekte Nebenkosten (bezahlte Abwesenheit, z.B. Urlaub, Krankheit etc.); vgl. ebenda.

[677] Unter Personalverwaltungskosten wird der von der Einstellung bis hin zur Entlassung eines Arbeitnehmers anfallende Organisations- und Verwaltungsaufwand (z.B. Personalbeschaffungs- und Einstellungskosten etc.) verstanden; vgl. ebenda.

[678] *Frensch*, Handbuch der Arbeitnehmerüberlassung, S. 118.

[679] *Schröder*, Zeitarbeit, S. 88.

[680] *Ochel*, ifo Schnelldienst 1/2003, 21 (23).

genswirksame Leistungen. Zudem muss der Verleiher die Abgaben an die Berufsgenossenschaft, die Schwerbehindertenabgabe, etwaige Mutterschutzleistungen und Kosten für die Stellung der Arbeitskleidung in der Kalkulation mit berücksichtigen.[681] Des Weiteren muss der Verleiher dafür Sorge tragen, dass die Betriebs- und Verwaltungskosten hinreichend gedeckt sind. Hierzu zählen insbesondere die Gehälter der internen Beschäftigten, die Raumkosten (z.B. Strom und Büromiete), Werbekosten (z.B. für Stelleninserate), Kfz-Kosten, Telefongebühren, Versicherungsprämien sowie die Umlage zur Büro- und technischen Ausstattung. Am Ende der Kalkulation sollte bei einem soliden Verleihunternehmen stets ein Gewinn übrig bleiben.[682]

Auf der Basis der oben genannten Faktoren lässt sich auch der sogenannte Kalkulationsfaktor[683] ermitteln. Dieser stellt den Quotienten zwischen dem Stundenverrechnungssatz und dem Bruttostundenlohn des Leiharbeitnehmers dar. Im vorliegenden Beispiel nimmt dieser den Wert 2,4 an (20,25/8,45). Aufgrund der Marktgegebenheiten liegen die Kalkulationsfaktoren der Verleiher in Deutschland seit Ende der neunziger Jahre überwiegend zwischen 1,8 und 2,2, teilweise jedoch bei 2,4 und noch höher.[684] Trotz des relativ hohen Kalkulationsfaktors ist die Verdienstspanne in der Leiharbeit im Normalfall dennoch eher gering.[685]

Die nachfolgende Tabelle stellt die oben im Überblick präsentierte Berechnung nochmals detaillierter unter Berücksichtigung der konkreten Aufwendungen der Verleiher dar.

---

[681] *Schwantes*, Zeitarbeit, S. 106.

[682] *Schwantes*, Zeitarbeit, S. 106 f..

[683] Vgl. Definition des Kalkulationsfaktors in: Schröder, Zeitarbeit, S. 89.

[684] *Schröder*, Zeitarbeit, S. 89.

[685] *Schwantes*, Zeitarbeit, S. 106.

Tabelle 13: Wirtschaftliche Kalkulation am Beispiel einer Logistikfachkraft, Entgeltgruppe 3 AMP/CGZP-Entgelttarifvertrag/West ohne Absenkung[686]

Lohnkosten für den Leiharbeitnehmer	€/Std.
Bruttostundenlohn / EG 4, AMP-ETV/West[687]	8,45
Arbeitgeberanteil Sozialversicherung[688]	1,67
Lohnfortzahlung im Krankheitsfall & Beschäftigungsrisiko	1,17
Kosten für Urlaub	1,11
Beitrag Verwaltungsberufsgenossenschaft[689]	0,26
Reisekosten (Auslöse; Verpflegungsmehraufwand)	0,71
Tarifliche / freiwillige Sozialleistungen	0,51
Feiertage	0,34
Weitere Abgaben (z.B. Mutterschutzleistungen, Schwerbehindertenabgabe[690])	0,19
Arbeitsmed. Vorsorgeuntersuchung; Arbeitsschutzkleidung	0,08
Σ I.: direkte Lohnkosten	14,49
Verwaltungskosten	€/Std.
Gehaltskosten Stammpersonal (inkl. Sozialleistungen)	2,43
Kosten der Verwaltung allgemein (z.B. Büromiete, Telefon, Porto, Beraterkosten)	1,22
Werbungskosten	0,82
Kosten für Finanzierung	0,51
Σ II.: Verwaltungskosten	4,98
Gewinn vor Steuern	0,78
Stunden-Verrechnungssatz für den Entleiher	20,25

8.2.2 Größen zur Orientierung für eine Mindestlohnhöhe

Fraglich ist, an welcher Höhe sich ein Mindestlohn - unter Beachtung der dargestellten wirtschaftlichen Berechnungszusammenhänge zwischen dem Bruttolohn und dem daraus resultierenden Stundenverrechnungssatz gegenüber dem Entleiher – orientieren könnte. In der politischen Diskussion vor der Bundestagswahl 2009 wurde teilweise vorgeschlagen,

---

686 Tabelle erstellt nach *Schröder*, Zeitarbeit, S. 88 f..

687 Tarifentgelt ab dem 1.7.2008 bis zum 1.7.2009; vgl. AMP/CGZP-Entgelttarifvertrag / West Nr. 2.

688 KV 15,5 % + PV 1,95 % + RV 19,9 % + ALV 2,8 % + Insolvenzgeldumlage 0,1 % = 40,25 % Gesamtbeiträge; vgl. *Schröder*, a.a.O..

689 Die Berechnung basiert auf den Erfahrungswerten für das Beitragsjahr 2007. Aus den Beitragsbescheiden i.V.m. dem VBG-Gefahrentarif 2007 kann abgeleitet werden, dass etwa 3 % der Bruttolohnsumme als Beitrag zur VBG erhoben wurden; vgl. *Schröder*, a.a.O..

690 Ausgleichsabgabe § 77 SGB IX bis zu 260 € monatlich je unbesetzten Pflichtarbeitsplatz; vgl. *Schröder*, a.a.O..

dass für die Bestimmung der Höhe eines Mindestlohnes für die Zeitarbeitsbranche auf die bestehenden Tarifergebnisse zurückgegriffen werden könne. Dabei wurde nicht nur eine Orientierung am iGZ/BZA/DGB-Mindestlohntarifvertrag[691], sondern auch am Tarifabschluss der CGZP mit dem AMP[692] befürwortet. Zudem wurde vorgeschlagen, dass sich ein Mindestlohn an einem aus den vorhandenen Tarifergebnissen zu ermittelnden Durchschnittswert orientieren könnte.[693] Dass gegen die Geeignetheit einer Mindestlohneinführung auf der Basis bestehender Tarifregelungen zumindest Bedenken bestehen, wurde bereits dargelegt.[694] Im Folgenden soll der Frage nachgegangen werden, ob zu einer Bestimmung eines Mindestlohnes unter Rückgriff auf bestehende Tarifergebnisse Alternativen bestehen. Zur näheren Ermittlung einer in Frage kommenden Größenordnung für eine sachgerechte Mindestlohnhöhe soll zunächst ein Vergleich mit der Lohnsituation von Zeitarbeitern im europäischen Ausland gezogen werden (8.2.2.1.). Nachfolgend sollen die von der Rechtsprechung entwickelten Grundsätze zur Sittenwidrigkeit von Löhnen dargestellt werden (8.2.2.2.). Anschließend sollen weitere denkbare Orientierungsgrößen (8.2.2.3.), insbesondere der Hartz-IV-Satz, die Pfändungsfreigrenze der ZPO, die Armutslohnschwelle sowie die Definition des gerechten Arbeitsentgeltes nach Art. 4 der Europäischen Sozialcharta vorgestellt werden.

8.2.2.1 Lohnsituation der Zeitarbeiter in der Europäischen Union

Als ersten Anhaltspunkt für die Bestimmung der Höhe eines Mindestlohns in der Zeitarbeitsbranche könnte ein Vergleich mit den zeitarbeitsspezifischen Lohnregelungen im europäischen Ausland dienen. Arbeitnehmerüberlassung stellt auch in den anderen Ländern der EU ein wichtiges Instrument zur Arbeitsmarktflexibilisierung dar. Hinsichtlich des Ausmaßes ihrer Regulierung durch Gesetz und Tarifverträge unterscheiden sich die Länder der Europäischen Union jedoch teilweise erheblich voneinander.[695]

Dabei ist insbesondere die Entlohnung der Zeitarbeitnehmer in den EU-Staaten unterschiedlich reguliert.[696] In vielen Ländern, wie zum Beispiel in Frankreich, Spanien und Italien, gilt generell der Gleichbehandlungsgrundsatz, der vorschreibt, dass Leiharbeitnehmer dieselbe Vergütung und dieselben Sozialleistungen wie vergleichbare Stammmitarbei-

---

[691] Einstiegstarife: 7,31 € (West)/6,36 € (Ost).

[692] Einstiegstarife (abgesenkt) ab 1.7.2009: 6,53 € (West)/6,00 € (Ost).

[693] Konkret wurde durch den ehemaligen Bundesarbeitsminister *Scholz* ein Mindestlohn in Höhe von 7,30 € (im Westen) vorgeschlagen, vgl. 3.1..

[694] Siehe 8.1..

[695] *Nienhüser/Matiaske*, WSI-Mitteilungen 2003, 466(466 f.); *Nienhüser/Matiaske*, Personal als Ressource, 157, (150, 160); *Jahn/Rudolph*, IAB Kurzbericht 21/2002, 1 (2).

[696] *Arrowsmith*, Temporary agency work and collective bargaining in the EU, S. 41.

ter des Entleihers erhalten müssen.[697] In Frankreich steht dem Leiharbeitsbeschäftigten im Vergleich zum Stammmitarbeiter des Entleihers nicht nur derselbe Lohn, sondern darüber hinaus sogar ein Zuschlag in Höhe von 10 % als Prekaritätsprämie zu.[698] Demgegenüber besteht beispielsweise für Unternehmen in Bulgarien, Irland, Litauen, Lettland und dem Vereinigten Königreich keinerlei Verpflichtung, die Leiharbeitnehmer so zu bezahlen wie die Stammbelegschaft.[699] Insbesondere im Vereinigten Königreich birgt der Status des Leiharbeitnehmers ein hohes Maß an Rechtsunsicherheit.[700] Das Arbeitseinkommen eines Leiharbeitnehmers liegt dort bis zu 32 % unter dem Lohn von Beschäftigten im Normalarbeitsverhältnis.[701] Dafür gilt unter anderem in den Niederlanden, in einigen anderen Ländern und insbesondere seit den Hartz-Reformen auch in Deutschland zwar grundsätzlich das Equal Pay-Prinzip, praktisch sind aber zahlreiche Ausnahmen zugelassen.[702]

Vergleicht man die Löhne für Leiharbeitnehmer in der Europäischen Union, dann darf insbesondere nicht ausgeblendet werden, dass es in 20 von den insgesamt 27 Mitgliedstaaten der EU einen allgemeinen, branchenübergreifenden gesetzlichen Mindestlohn gibt.[703] In diesen Ländern führt bereits der gesetzliche Mindestlohn dazu, dass die Einkommensdifferenzen zwischen Leiharbeitnehmern und Stammmitarbeitern in gewissen Grenzen bleiben.[704] Die Mindestlohnregelungen in den einzelnen Ländern können sich dabei grundsätzlich nach der Reichweite, nach der Definition des Personenkreises, der Berechnungsweise, den Anpassungsmechanismen oder auch nach der Art der Beteiligung von Gewerkschaften und Arbeitgebern unterscheiden.

Vergleicht man das Niveau der auch für die Zeitarbeitsbranche geltenden gesetzlichen Mindestlöhne innerhalb der EU, dann lassen sich teilweise nicht unerhebliche Abweichungen feststellen.

---

697 Vgl. *Steuer*, Die Arbeitnehmerüberlassung als Mittel zur Förderung des Arbeitsmarktes in Deutschland, S. 272 f.; vgl. *Arrowsmith*, Temporary agency work and collective bargaining in the EU, S. 42.

698 Vgl. *Steuer*, Die Arbeitnehmerüberlassung als Mittel zur Förderung des Arbeitsmarktes in Deutschland, S. 293.

699 *Arrowsmith*, Temporary agency work and collective bargaining in the EU, S. 41.

700 *Steuer*, Die Arbeitnehmerüberlassung als Mittel zur Förderung des Arbeitsmarktes in Deutschland, S. 297.

701 *Nienhüser/Matiaske*, WSI-Mitteilungen 8/2003, 466, (466, 468); *Hegewisch*, Temporary agency work: national reports United Kingdom, S. 19; *Steuer*, Die Arbeitnehmerüberlassung als Mittel zur Förderung des Arbeitsmarktes in Deutschland, S. 295.

702 *Arrowsmith*, Temporary agency work and collective bargaining in the EU, S. 42.

703 *Thüsing*, RdA 2009, 121 (121 ff.).

704 *Linne/Vogel*, Leiharbeit und befristete Beschäftigung, S. 35.

Abbildung 15: Gesetzliche Mindestlöhne pro Stunde 2009[705]

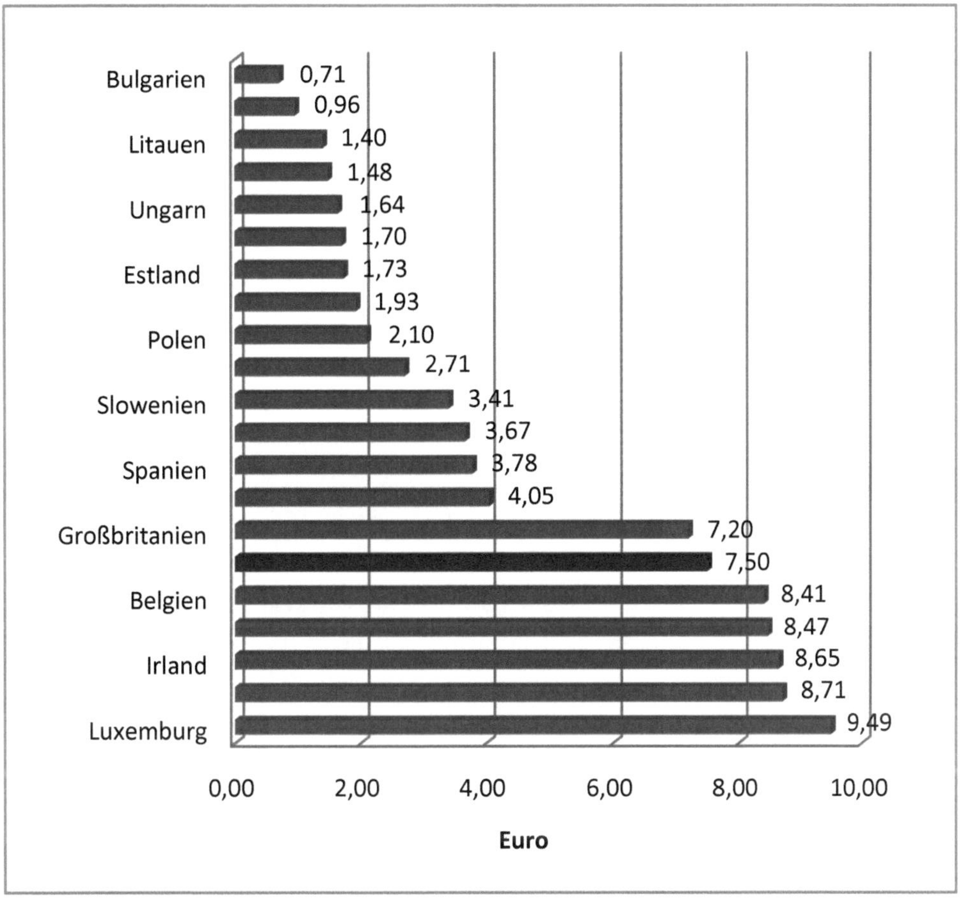

Wie aus der Abbildung 16 ersichtlich wird, lassen sich in Bezug auf die absolute Höhe des nationalen Mindestlohns drei Ländergruppen innerhalb der EU identifizieren:[706]

Die erste Gruppe stellen Länder mit relativ hohen Mindestlöhnen dar, die zwischen 9,49 € pro Stunde in Luxemburg und 7,20 € pro Stunde in Großbritannien liegen. Hierzu zählen zudem noch Frankreich, Irland, die Niederlande und Belgien. Die zweite Ländergruppe, die über Mindestlöhne zwischen 4,05 € und 2,10 € pro Stunde verfügt, umfasst vor allem die südeuropäischen EU-Staaten wie Griechenland, Spanien, Malta, Slowenien und Portugal.

[705] *Schulten*, WSI-Mitteilungen 2009, 150 (151).

[706] *Schulten*, WSI-Mitteilungen 2009, 150 (151)

Die letzte Gruppe besteht aus Ländern mit relativ geringen Mindestlöhnen innerhalb der EU, welche sich in der Spanne zwischen 1,93 € in Tschechien und 0,71 € pro Stunde in Bulgarien befinden. Der seit längerer Zeit von den DGB-Gewerkschaften geforderte allgemeine branchenübergreifende Mindestlohn für Deutschland in Höhe von 7,50 € pro Stunde würde sich somit zwischen Großbritannien und Belgien einreihen.

Diese divergenten Mindestlohnniveaus lassen sich vor allem auf die verschieden hohen Lebenshaltungskosten und die unterschiedliche wirtschaftliche Leistungsfähigkeit der einzelnen EU-Staaten zurückführen.[707] Das heißt, dass gemessen in Euro der höchste Mindestlohn in der EU dreizehnfach höher liegt als der niedrigste.[708] Bemisst man den Mindestlohn nach Kaufkraftparitäten, korrigiert sich dieses Verhältnis auf etwa 1:6.[709] Trotz der Umrechnung der Mindestlohnhöhen in Kaufkraftparitäten verbleiben dennoch erhebliche Niveauunterschiede, die das reale Lohngefälle zwischen den europäischen Ländern widerspiegeln.[710]

Insgesamt findet der gesetzliche Mindestlohn in allen europäischen Ländern eine hohe gesellschaftliche Akzeptanz, weder Vertreter der Arbeitnehmerseite noch Vertreter der Arbeitgeberseite stellen diesen ernsthaft in Frage. Politische Auseinandersetzungen fokussieren sich oftmals nur auf die Höhe des existierenden Mindestlohns und auf das Tempo seiner Fortentwicklung.[711]

8.2.2.2 Der Wuchertatbestand aus § 138 BGB als Untergrenze

Auf der Ebene des nationalen Rechts könnten sich für die Frage der Höhe eines Mindestlohns möglicherweise Anhaltspunkte aus der Rechtsprechung zur Sittenwidrigkeit von Arbeitslöhnen ergeben. Im Rahmen der Mindestlohndebatte wurde vor einiger Zeit sogar der Vorschlag unterbreitet, alternativ zu der Einführung von gesetzlichen bzw. tariflichen Mindestlöhnen auf Grundlage des AEntG, die Rechtsprechung des BAG über die Sittenwidrigkeit von Arbeitslöhnen gesetzlich zu kodifizieren.[712] Eine Ergänzung des sittenwidrige und wucherische Niedriglöhne verbietenden § 138 BGB, der teilweise auch als „richterlicher Mindestlohn“[713] bezeichnet wird, fand jedoch in den Gesetzesentwürfen der Bundesregierung, die am 16.7.2008 vom Bundeskabinett verabschiedet worden sind, keine

---

[707] *Meyer*, Mindestlohn in kleinen und mittleren Unternehmen: Eine betriebswirtschaftliche Analyse, S. 14.

[708] *Schulten*, WSI-Mitteilungen 2009, 150 (152).

[709] *Schulten*, a.a.O..

[710] *Schulten*, a.a.O..

[711] *Schulten*, a.a.O. (154).

[712] *Bayreuther*, NJW 2007, 2022 (2022).

[713] Vgl. *Hanau*/MünchArbR § 63 Rn. 2; vgl. *Henssler/Sittard*, RdA 2007, 159 (163).

Berücksichtigung.[714] Dennoch könnte der Lohnwuchertatbestand nach § 138 II BGB als auch der wucherähnliche Tatbestand gem. § 138 I BGB Anhaltspunkte für die Bestimmung einer geeigneten Mindestlohnhöhe liefern. Geprüft wird das Vorliegen von Sittenwidrigkeit mithilfe der sogenannten Anstandsformel, wonach ein Rechtsgeschäft dann sittenwidrig ist, wenn es gegen das Anstandsgefühl aller billig und gerecht Denkenden verstößt.[715] Voraussetzung dafür ist bei dem Lohnwucher (§ 138 II BGB) als auch beim wucherähnlichen Rechtsgeschäft (§ 138 I BGB) ebenso wie bei dem speziellen Straftatbestand des § 291 I 1 Nr. 3 StGB, dass ein auffälliges Missverhältnis zwischen Leistung und Gegenleistung vorliegt.

8.2.2.2.1 Bezugswert der Sittenwidrigkeit

Zur Ermittlung der Grenze der Sittenwidrigkeit muss zunächst festgelegt werden, welcher Wert als Bezugswert für das auffällige Missverhältnis in Betracht kommt. Im Rahmen eines Arbeitsverhältnisses bestimmt sich das auffällige Missverhältnis nach dem objektiven Wert der Leistung des Arbeitnehmers.[716] Ausgangspunkt der Wertemittlung sind dabei üblicherweise die Tariflöhne des jeweiligen Wirtschaftszweigs. Sie drücken den objektiven Wert der Arbeitsleistung aus, wenn sie im betreffenden Wirtschaftsgebiet regelmäßig gezahlt werden. Für die Zeitarbeitsbranche wäre indes klärungsbedürftig, auf welche Tariflöhne abzustellen ist.

Das Leiharbeitsverhältnis weist entgegen einem gewöhnlichen Arbeitsverhältnis die Besonderheit auf, dass es hier grundsätzlich zwei verschiedene Tarifverträge geben kann, den des Entleihers und den des Verleihers. Welcher von beiden nun als Vergleichsmaßstab heranzuziehen ist und ob damit das Lohnniveau der Arbeitnehmer mit vergleichbaren Tätigkeiten im Entleiherunternehmen oder das der Leiharbeitsbranche maßgeblich ist, wurde von der Rechtsprechung teilweise unterschiedlich beurteilt. Vor der Reformierung des AÜG ging die Rechtsprechung davon aus, dass die Arbeitnehmerüberlassung kein eigenständiger gewerblicher Wirtschaftszweig sei und dass lediglich auf das Wirtschaftsgebiet und auf den Wert der Tätigkeit als solchen abgestellt werden müsse.[717] Nach Einführung des Equal Pay und Equal Treatment sowie nach Abschluss der Tarifverträge in der Leiharbeitsbranche hat die Rechtsprechung diese Auffassung nicht weiter verfolgt. Vielmehr wurde nun auf den Tariflohn im Wirtschaftszweig und nicht alleine auf das Wirtschaftsgebiet abgestellt.[718] Dabei ist für die Zuordnung der Tätigkeit des Leiharbeitnehmers zu ei-

[714] Vgl. *Andelewski*, DStR 2008, 2114 (2114).

[715] Vgl. MüKo/*Mayer-Maly/Armbrüster*, BGB, § 138 Rn. 14 ff.; Staudinger/*Sack*, BGB § 138 Rn. 13 ff..

[716] BAG v. 22.4.2009, DB 2009, 1599 (1599); vgl. *Thüsing*, ZfA 2008, 590 (627); vgl. *Henssler/Sittard*, RdA 2007, 159 (160).

[717] Vgl. ArbG Bremen v. 30.8.2000, NZA-RR 2001, 27 (28).

[718] Vgl. BAG v. 24.3.2004, NZA 2004, 971 (973 f.).

nem Wirtschaftszweig die Geschäftstätigkeit des Arbeitgebers entscheidend. Da Gegenstand des Leiharbeitsverhältnisses grundsätzlich nicht die Tätigkeit in einem bei Vertragsschluss bereits bestimmten Entleiherunternehmen ist, sondern die Verpflichtung des Arbeitnehmers vielmehr darin besteht, bei jedem ihm zugewiesenen Entleiher die vertraglich vereinbarten Tätigkeiten zu erbringen, unabhängig davon welcher Branche der Entleiher angehört, wird der Verleiher von der Rechtsprechung als zur Zeitarbeitsbranche zugehörig anerkannt, die einen eigenen Wirtschaftszweig bildet.[719] Demnach wird als Vergleichsmaßstab zur Ermittlung eines auffälligen Missverhältnisses des vertraglich vereinbarten Entgelts eines Leiharbeitnehmers der in Leiharbeitsunternehmen maßgebliche Tariflohn heranzuziehen sein und nicht der Tariflohn, der beim Entleiherunternehmen gilt.[720]

8.2.2.2.2 Grad der zulässigen Abweichung vom Bezugswert

Fraglich ist weiter, in welchem Ausmaß ein vereinbarter oder staatlich festgesetzter Lohn vom Tariflohn abweichen müsste, um als sittenwidrig bewertet zu werden. Hinsichtlich der Festlegung des Grades der zulässigen Abweichung vom Bezugswert war die bisherige Rechtsprechung durchaus wechselhaft. Bis vor kurzer Zeit hatte der BAG keine Richtwerte zur Festlegung eines auffälligen Missverhältnisses zwischen Leistung und Gegenleistung entwickelt.[721] Die Rechtsprechung entschied damals, dass ein Unterschreiten des Tariflohns um 20%[722], 26%[723] bzw. um 33%[724] noch nicht sittenwidrig sei. Sogar eine Abweichung um 50%[725] würde noch nicht zur Sittenwidrigkeit der Vergütung führen. Wann ein Entgelt gegen die guten Sitten verstößt und wann nicht wurde durch die Rechtsprechung nicht pauschal, sondern vielmehr für den jeweiligen Einzelfall beantwortet. Erst in dem aktuellen Urteil vom 22.4.2009 – 5 AZR 436/08 gab das BAG deutlich zu erkennen, dass dem BGH in dessen Rechtsprechung zum strafrechtlichen Lohnwucher nach § 291 I 1 Nr.3 StGB zu folgen ist, wonach ein auffälliges Missverhältnis dann besteht, wenn die Arbeitsvergütung 2/3 des Tariflohns beträgt.[726] Dies trägt den Bedürfnissen nach erhöhter Rechtssicherheit Rechnung.

---

[719] Vgl. *Guenoub*, Equal Pay und Equal Treatment im Leiharbeitsverhältnis, S. 160.

[720] Vgl. BAG v. 24.3.2004, NZA 2004, 971 (973 f.); vgl. *Guenoub*, a.a.O.; a.A.: *Ulber*, NZA 2009, 232 (237).

[721] Vgl. DB 2009, 1599 (1600) unter Verweis auf: BAG v. 24.3.2004, NZA 2004, 971 (972); vgl. *Henssler/Sittard*, RdA 2007, 159 (160).

[722] ArbG Göttingen v. 8.12.1960, DB 1981, 882 (882).

[723] ArbG Hagen v. 24.6.1987, NZA 1987, 610 (611).

[724] LAG Bremen v. 29.8.2001, AP Nr. 3 zu § 611 BGB Lohnanspruch.

[725] Vgl. Nachweise bei *Andelewski*, DStR 2008, 2114 (2117).

[726] BAG v. 22.4.2009, DB 2009, 1599 (1599).

So erfreulich eine eindeutige Festlegung der Rechtsprechung auf einen grundsätzlich heranzuziehenden Abweichungswert auch ist, so problematisch bleibt die Umsetzung im Einzelfall. So hat das BAG noch in derselben Entscheidung klargestellt, dass durchaus auch eine Korrektur der Zwei-Drittel-Grenze ggf. vorzunehmen ist, wenn besondere Einzelumstände die Bestimmung des Werts der Arbeitsleistung und die Beurteilung der sittenwidrigen Ausbeutung beeinflussen.[727] Zudem ist auch fraglich, ob die neue Rechtsprechung künftig für sämtliche Fälle der Abweichung vom üblichen Lohn, insbesondere auch für Fälle der Abweichung durch Tarifvertrag Anwendung finden wird. Bisher hatte das BAG eine Differenzierung zwischen arbeitsvertraglichen sowie tarifvertraglichen Entgelten vorgenommen.[728] Insofern ist nach verbreiteter Auffassung davon ausgegangen worden, dass im Rahmen von Tarifverträgen zugrundegelegt werden müsse, dass die Tarifvertragsparteien als gleichrangige Verhandlungspartner ein „faires Gesamtpaket geschnürt haben".[729] Das BAG hatte noch am 23.4.2004 entschieden, dass ein Tariflohn nur dann als sittenwidrig verstoßend eingeordnet werden kann, wenn der Tariflohn „unter Berücksichtigung aller Umstände des räumlichen, fachlichen und persönlichen Geltungsbereichs des Tarifvertrags sowie der im Geltungsbereich der zu verrichtenden Tätigkeit, einen „Hungerlohn" darstellt".[730] Ob und inwiefern sich die Begrifflichkeit des „Hungerlohns" mit der nunmehr in der Rechtsprechung gefundenen 2/3-Grenze deckt, ist fraglich.

8.2.2.3 Sonstige Orientierungsgrößen für eine Mindestlohnhöhe

Eine weitere Orientierungshilfe für einen Mindestlohn könnte die Ausgangsthese sein, dass ein Vollzeitbeschäftigter von seiner Erwerbsarbeit ohne zusätzliche staatliche Unterstützung leben können muss.[731] Hiervon ausgehend müsste ein Mindestlohn ein gewisses soziokulturelles Existenzminimum garantieren. Ohne dass es einer breiteren Öffentlichkeit ausreichend bewusst ist, hat der Staat aufgrund der Festlegungen in verschiedenen Normen bereits einen bedarfsorientierten „Quasi-Mindestlohn" definiert.[732] Diese Normen können als Orientierungsgrößen für die streitige Mindestlohnhöhe dienen.

---

[727] BAG v. 22.4.2009, a.a.O..

[728] Vgl. *Guenoub*, Equal Pay und Equal Treatment im Leiharbeitsverhältnis, S. 154; BAG v. 24.3.2004, NZA 2007, 971 (973).

[729] *Boemke/Lemke*, AÜG § 9 Rn. 111; *Prop*, Die gesetzliche Regelung der Arbeitnehmerüberlassung in den Niederlanden und Europa, S. 226.

[730] BAG v. 24.3.2004, NZA 2004, 971 (973); vgl. *Thüsing*, ZfA 2008, 590 (629); *Prop*, Die gesetzliche Regelung der Arbeitnehmerüberlassung in den Niederlanden und Europa, S. 226.

[731] *Bispinck/Schulten*, WSI-Mitteilungen 2008, 151 (156).

[732] *Schäfer* in: *Bieback/Dieterich/Hanau/Kocher/Schäfer*, Tarifgestützte Mindestlöhne, S. 22.

Als Orientierungsgrößen, die im Folgenden noch näher erläutert werden, kommen demnach die Grundsicherung nach Hartz IV sowie die Pfändungsfreigrenze in Betracht. Darüber hinaus kommen Richtwerte in Betracht, die sich am Durchschnittslohn orientieren.

8.2.2.3.1 Die Grundsicherung nach Hartz IV

Bereits die Grundsicherung nach Hartz IV legt ein gewisses soziokulturelles Existenzminimum fest, wodurch ein Mindestlohn implizit definiert wird. Wie bereits dargelegt führt eine Umrechnung des Hartz IV-Grundsatzes auf einen monatlichen Bruttostundenlohn zu einem Betrag in Höhe von 4,80 €.[733] Dieser Betrag mag in der Tat diejenige Größe darstellen, die dem – auch grundrechtlich verbürgtem – Existenzminimum entspricht. Der Betrag stellt für die Frage der Bestimmung eines Mindestlohns jedoch nicht die einzige Orientierungsgröße auf der Basis des Hartz IV-Satzes dar. Zu berücksichtigen ist vielmehr, dass ein Erwerbstätiger üblicherweise einen höheren Bedarf hat, als ein Nicht-Erwerbstätiger. Aus diesem Grunde sieht das Sozialgesetzbuch in §§ 11, 30 SGB II besondere Freibeträge für erwerbstätige Leistungsbezieher vor. Bei voller Ausschöpfung aller Freibeträge führt dies zu einem monatlichen Netto-Bedarf in Höhe von 987 €.[734] Ausgehend von einer 40-Stunden-Woche (174 Monatsarbeitsstunden), führt dies zu einem Brutto-Mindestlohn von 7,81 € pro Stunde. Eine alleinstehende Person müsste danach zumindest diesen Betrag verdienen, damit sie keinen Anspruch mehr auf zusätzliche Sozialleistungen hat.[735]

8.2.2.3.2 Die Pfändungsfreigrenze

Eine andere Orientierungsgröße zur Festlegung eines Mindestlohns in der Leiharbeitsbranche könnte die Pfändungsfreigrenze bilden. Die Vorschriften über den Pfändungsschutz (§ 850 ff. ZPO) bezwecken den Schutz des Schuldners vor Kahlpfändung. Ihm wird ein Teil seines Arbeitseinkommens belassen, um ihm und seiner Familie die Führung eines menschenwürdigen Lebens zu ermöglichen und ihn nicht der Sozialhilfe anheimfallen zu lassen.[736] Diese Grenze beträgt zurzeit 989,99 € netto (für 2008) im Fall eines alleinstehenden Erwerbstätigen. Wenn aber 989,99 € netto nach der Auffassung des Gesetzgebers die Schwelle ist, deren Unterschreitung die Existenz von Erwerbstätigen bedroht, so dann diese Wertung bei der Bestimmung von Mindestlöhnen nicht unberücksichtigt bleiben. Legt man einen Nettolohn von 989,99 € zugrunde, dann würde dies einem Mindestlohn von brutto 1.367 € monatlich für Vollzeit[737] und somit von 7,86 € pro Arbeitsstunde bedeuten[738].

---

[733] Siehe 6.1.2.2.1..

[734] Vgl. *Bispinck/Schulten*, WSI-Mitteilungen 2008, 151 (157).

[735] Vgl. *Bispinck/Schulten* a.a.O., die jedoch bei Ihren Berechnungen eine 38,5-Stundenwoche zugrunde legen.

[736] Vgl. Zöller/*Stöber*, ZPO, § 850 Rn. 1 unter Hinweis auf BT-Drs. 8/693, S. 45.

[737] *Bispinck/Schulten*, WSI-Mitteilungen 2008, 151 (156).

[738] Unter Zugrundelegung einer 40 Stunden-Woche (= 174 Stunden pro Monat).

Diese Beträge entsprechen somit beinahe den zuvor genannten Löhnen, die sich nach der erweiterten Berechnung auf der Basis des Hartz IV-Satzes ergeben würden.[739]

8.2.2.3.3 Die Armutslohnschwelle

Darüber hinaus existiert noch eine weitere Messgröße. In den Armuts- und Reichtumsberichten hat die vormalige Rot-Grüne Bundesregierung für das verfügbare Haushaltseinkommen die Armutsschwelle auf 50% des nationalen Haushalteinkommens im arithmetischen Mittel festgelegt. Dies korrespondiert mit der Festlegung der internationalen Armutsforschung.[740] Wird dieser relative Einkommens- und Armutsbegriff auf den Bereich der individuellen Lohnarbeit übertragen, dann beträgt die Lohnarmutsschwelle derzeit etwa 10 € brutto pro Stunde.[741] Dieser Wert ergibt sich aus der Hälfte des im Jahr 2007 ermittelten Brutto-Durchschnittslohns in BRD in Höhe von 20 € die Stunde.[742]

8.2.2.3.4 Das gerechte Arbeitsentgelt nach Art. 4 ESC

Zu einem ähnlichen Ergebnis führt eine Betrachtung der von Deutschland 1964 ratifizierten Europäischen Sozialcharta des Europarates. Das dort in Art. 4 festgeschriebene „Recht auf ein gerechtes Entgelt“ soll jedem Arbeitnehmer sowie seiner Familie ein angemessenes Lebenshaltungsniveau sichern. Damit das genannte Recht überhaupt umsetzbar ist, ist vom Europarat ein Schwellenwert bestimmt worden. Dieser Wert liegt bei 60% des Netto-Durchschnittseinkommens und er würde in BRD 7,79 € netto pro Stunde betragen, was insofern einen Bruttostundenlohn von 12,01 € bedeuten würde.[743] Obwohl sich die Bundesrepublik Deutschland international zum Schutz vor Niedriglöhnen verpflichtet hat,[744] ist jedenfalls das BAG und einige Teile der Literatur gleichwohl der Ansicht, dass Art. 4 ESC für die in den Mitgliedsländern tätigen Arbeitnehmer keinen verbindlichen Rechtscharakter besitzt und daher für den Bürger keine unmittelbare Wirkung entfalten kann.[745] Die Einwände gegen eine unmittelbare Wirkung des Art. 4 ESC führen jedoch nicht dazu, dass

---

[739] Vgl. *Schäfer* in: *Bieback/Dieterich/Hanau/Kocher/Schäfer*, Tarifgestützte Mindestlöhne, S. 22; vgl. *Schäfer* in: *Sterkel/Schulten/Wiedemuth (Hrsg.)*, Mindestlöhne gegen Lohndumping, S. 55.

[740] *Bispinck/Schulten*, WSI-Mitteilungen 2008, 151 (157).

[741] Vgl. *Schäfer* in: *Bieback/Dieterich/Hanau/Kocher/Schäfer*, a.a.O., S. 23.

[742] Vgl. *Bispinck/Schulten*, WSI-Mitteilungen 2008, 151 (156).

[743] Vgl. *Bispinck/Schulten*, a.a.O.; vgl. *Schäfer* in: *Sterkel/Schulten/Wiedemuth (Hrsg.)*, Mindestlöhne gegen Lohndumping, S. 55; *Lörcher* in: *Sterkel/Schulten/Wiedemuth (Hrsg.)*, Mindestlöhne gegen Lohndumping, S. 222; *Bietmann/v. Hoff*, RdA 2008, 315 (316).

[744] ArbG Bremen v. 30.8.2000, NZA-RR 2001, 27 (30).

[745] BAG v. 24.3.2004, NZA 2004, 971 (974); *Birk*, MünchArbR § 17 Rn. 98; *Hanau/Steinmeyer/Wank*, Handbuch des europäischen Arbeits- und Sozialrechts, § 36 Rn. 24; *Krimphove*, Europäisches ArbeitsR, Rn. 45; kritisch: *Zachert*, Anmerkungen zu BAG v. 26.4.2006, AP BGB § 138 Nr. 63 m.w.N..

seine Grundsätze hinsichtlich der Auswahl einer angemessenen Mindestlohnhöhe nicht berücksichtigungswürdig sind.

Tabelle 14: Orientierungsgrößen für einen Mindestlohn[746]

	Grundsicherung nach Hartz IV	Pfändungs-Freigrenze gem. der Zivilprozess-ordnung	Armutslohn-schwelle	Gerechtes Ar-beitsentgelt nach Art. 4 ESC
Begriff	Regelsatz nebst Unterkunftskosten und Freibeträge (ohne Freibeträge)	Einkommensbetrag, der beim berufstätigen Schuldner nicht der Pfändung unterliegt	50% vom Brutto-Durchschnitts-lohn[747]	60% vom Netto-Durchschnitts-lohn[748]
mtl. Brutto-Mindest-lohn[749]	1.359 € (835 €)	1.367 €	1.740 €	2.089 €
Brutto-Mindest-stunden-lohn[26]	**7,81 € (4,80 €)**	**7,86 €**	**10,00 €**	**12,01 €**

Im Ergebnis müsste die Orientierung an den dargestellten Berechnungsgrößen zu einem Mindestlohn in Deutschland führen, der zwischen 7,81 € und 12 € pro Stunde liegen würde. Dies ist somit deutlich mehr, als es in der öffentlichen Diskussion um den Mindestlohn in der Zeitarbeitsbranche bis jetzt vorgeschlagen wurde und auch deutlich mehr als es der derzeitigen Tarifsituation entspricht.

8.2.3 Ergebnis

Bereits im Rahmen der Darlegung zur aktuellen Lohnsituation[750] ist deutlich geworden, dass der dem Equal Pay zugrunde liegende Gedanke des „gleichen Lohns für gleiche Ar-

---

[746] Die Berechnungen beziehen sich auf einen Alleinstehenden geb. 1960, keine Kinder, gesetzliche Krankenkasse mit 13,8%, Kirchensteuer, Bundesland Berlin, Steuerklasse I (2008); vgl. *Bispinck/Schulten*, WSI-Mitteilungen 2008, 151 (156).

[747] Im Jahre 2007 lag der durchschnittliche Bruttostundenlohn bei 20 €.

[748] Im Jahre 2007 lag der durchschnittliche Nettostundenlohn bei 12,98 €.

[749] Die Brutto-Mindestlöhne pro Monat beziehen sich auf eine 40 Stunden-Woche (= 174 Stunden pro Monat).

[750] Siehe 4.1..

beit" in Deutschland bis jetzt nicht Realität geworden ist. Die gravierenden Lohndifferenzen zwischen Zeitarbeitern und Stammmitarbeitern mit gleichem Beschäftigungsumfang führen zu einem kaum zu rechtfertigenden sozialen Ungleichgewicht. Dieses ist besonders stark ausgeprägt in den unteren Lohnstufen, also gerade in dem Bereich, in welchem die Wirkung eines brancheninternen Mindestlohnes ansetzen würde. Beim Einsatz des Instrumentariums eines Mindestlohns ist indes vorausschauendes Vorgehen geboten. Die Bedeutung eines Mindestlohns bzw. die Erfüllbarkeit der von ihm erwarteten Funktionen, steht und fällt mit seiner Höhe. Ist er sehr niedrig, dann wird er nur zu einer politisch-kosmetischen Maßnahme, die auf Dauer nicht hilft. Ist er zu hoch, kann er die Existenz der Branche als solche gefährden.

Der angestellte Vergleich mit dem europäischen Ausland sollte jedoch belegen, dass jedenfalls die Befürchtungen vieler Mindestlohngegner, dass selbst geringfügige Erhöhungen des Einstiegslohnes mittelfristig das Ende der Zeitarbeit in Deutschland einleiten könnten, unbegründet sind. Da sich Deutschland in Hinblick auf Lebensstandard und Lebenshaltungskosten in diejenige Gruppe von Ländern (Großbritannien, Luxemburg, Belgien, Niederlande, Frankreich) einreiht, in denen höhere Mindestlöhne bezahlt werden, könnte sich ein etwaiger Mindestlohn u.a. an der in diesen Ländern üblichen Mindestlohnhöhe orientieren. Dies würde einer konkreten Höhe zwischen 7,20 € und 9,49 € entsprechen.

Weitere Anhaltspunkte für die Bestimmung der Höhe des Mindestlohns müssen sich aus nationalen wie auch aus europäischen Orientierungsgrößen ergeben. Die Eignung der Rechtsprechung zur Sittenwidrigkeit als Anhaltspunkt für die Bestimmung von Mindestlöhnen muss jedoch abgelehnt werden. Zum einen ist schon fraglich, ob sich die nunmehr durch das BAG gefundene Sittenwidrigkeitsgrenze als fester Richtwert tatsächlich etablieren wird oder ob sich die in der obergerichtlichen Rechtsprechung bereits angedeuteten Abweichungsmöglichkeiten im Ergebnis dazu führen, dass es doch wieder eine Frage des Einzelfalls bleibt, ob eine Lohnhöhe tatsächlich gegen die guten Sitten verstößt. Zum anderen bestehen prinzipielle Bedenken gegen die Eignung der richterrechtlich entwickelten Sittenwidrigkeitsgrenze zur Bestimmung eines Mindestlohns in der Leiharbeitsbranche. So setzt die Findung einer Lohngrenze in Relation zum üblichen Lohnniveau voraus, dass jedenfalls der übliche Lohn der Leiharbeitsbranche der Höhe nach angemessen ist. Wie bereits dargelegt, ergibt sich in der Leiharbeitsbranche die soziale Schieflage jedoch nicht erst aus solchen Löhnen, die gravierend vom üblichen Lohn abweichen, sondern bereits aus den üblichen Löhnen selbst.

Ein weiterer Anhaltspunkt für die Bestimmung eines Mindestlohns konnte jedoch aus den dargelegten Berechnungen eines Arbeitslohnes auf der Basis des Hartz IV-Satzes gewonnen werden. Wie ausgeführt, würde selbst die Anlegung des Maßstabes eines soziokulturellen Existenzminimums zu einem Bruttostundenlohn in Höhe von 7,81 € führen. Zu einem ähnlichen Ergebnis gelangt eine Berechnung auf der Basis der Rechtsnormen über die Pfändungsfreigrenze. Alarmierend erscheint es, dass sich die derzeitigen Löhne der Zeitarbeitsbranche nicht einmal in der Nähe des Armutslohnes (etwa 10,- €) oder des „gerechten Arbeitsentgeltes" nach Art. 4 ESC (12,01 €) bewegen.

Unabhängig von der sozialen Dringlichkeit einer Lohnanhebung für die Zeitarbeitsbranche haben die Ausführungen zur Lohnkalkulation gezeigt, dass die Lohndifferenzen zwischen Leiharbeitnehmern und Stammmitarbeitern nicht alleine auf ein übermäßiges Streben nach Gewinnmaximierung seitens der Entleiher zurückzuführen sind. Vielmehr stellt sich die Festlegung des Bruttolohnes der Leiharbeitnehmer als betriebswirtschaftliche Konsequenz der Bemühungen der Verleihunternehmen dar, die unter Berücksichtigung der eigenen Personalkosten, Personalneben- und Personalverwaltungskosten festzulegenden Stundenverrechnungssätze für die Entleiher in der Größenordnung der für Stammmitarbeiter anfallenden Personalkosten zu halten. Hieraus ergibt sich, dass bei aller Notwendigkeit eines Mindestlohnes durchaus ein zurückhaltendes Verhalten des Staates bei der Festsetzung geboten ist, weil zu erwarten ist, dass die überschaubaren Gewinnspannen in der Zeitarbeitsbranche dazu führen werden, dass die Verleiher eine etwaige Erhöhung der Bruttolöhne im Wesentlichen über die - für die Nachfrage nach Zeitarbeit maßgeblichen - Stundenverrechnungssätze weitergeben werden.

Im Ergebnis sollte sich ein Mindestlohn jedenfalls zum Zeitpunkt der erstmaligen Einführung nicht allzu weit von den tariflichen Löhnen entfernen, um übersteigerte Reaktionen des Nachfragemarktes zu vermeiden. Eine Unterschreitung von 7,81 € erschiene jedoch unter Berücksichtigung der sich aus der Gesamtrechtsordnung ergebenden Wertentscheidungen schwerlich zu rechtfertigen.

9 Ausblick

Immer noch wird Leiharbeit mit Lohndumping in Verbindung gebracht. So wird nach wie vor über „Hungerlöhne“ von Leiharbeitnehmern berichtet. Auch werden Fälle angeführt, in denen einzelne Stammmitarbeiter zunächst entlassen wurden, um nachfolgend mit Empfehlung des Einsatzbetriebes zu einem Verleihunternehmen zu wechseln, von welchem die Arbeiter dann wiederum an der gleichen Arbeitsstelle des Entleihers als Leiharbeitnehmer mit erheblich niedrigerem Lohnniveau eingesetzt werden.[751] Handelt es sich bei dem Verleihunternehmen zusätzlich noch um ein solches, welches mit dem Einsatzbetrieb im Rahmen eines Konzernes verbunden ist, so hinterlässt dies erst recht einen faden Nachgeschmack. Diese und ähnliche Praktiken werden auch zukünftig noch vorzufinden sein. Die Schaffung eines Mindestlohns in der Leiharbeitsbranche könnte jedoch einen Beitrag dazu leisten, das Ausmaß von Phänomenen wie dem vorgenannten zu begrenzen.

Ob für die Leiharbeitsbranche zukünftig ein Mindestlohn durch Integration der Branche ins AEntG oder durch die Einführung einer Lohnuntergrenze in das AÜG geschaffen wird, kann zum jetzigen Zeitpunkt nicht mit Gewissheit beantwortet werden. Zwar dürfte durch das Ergebnis der Bundestagswahl im September 2009 die Mindestlohneinführung in der Zeitarbeitsbranche zunächst in etwas weitere Ferne gerückt worden sein, zumal sich die FDP im Wahlkampf bereits klar gegen Mindestlöhne in jeglicher Form ausgesprochen hat und die CDU zum Ende der Legislaturperiode jedenfalls für die Zeitarbeitsbranche die Mindestlohneinführung nicht mehr unterstützt hat. Auch unter Berücksichtigung des Wahlergebnisses erscheint die Einführung von Mindestlöhnen in der Zeitarbeitsbranche jedoch nicht völlig ausgeschlossen, zumal das nahe Auslaufen der beschränkten Freizügigkeit innerhalb der EU nach und nach den politische Druck zur Einbeziehung der Leiharbeit ins AEntG erhöhen wird.[752] Das bedeutet, dass spätestens mit der Aufhebung sämtlicher Beschränkungen der Arbeitnehmerfreizügigkeit für Arbeitnehmer aus den neuen EU-Mitgliedstaaten, d.h. ab dem 1. Mai 2011, mit der Einführung von Mindestlöhnen wegen der - jedenfalls allgemein angenommenen - gesteigerten Gefahr von Lohndumping durch ausländische Arbeitnehmer gerechnet werden kann.

Aber nicht nur über die Notwendigkeit einer Änderung des AÜG im Zusammenhang mit einer Einführung eines Mindestlohns für die Leiharbeitsbranche wird zukünftig entschieden werden. Klärungsbedarf besteht darüber hinaus auch dahingehend, wie die am 22.10.2008 verabschiedete europäische Richtlinie 2008/104/EG über Leiharbeit durch die Bundesrepublik Deutschland umgesetzt werden wird. Der deutsche Gesetzgeber ist gefordert, das AÜG bis zum Ablauf der Umsetzungsfrist am 5.12.2011 auf die Vereinbarkeit mit der Richtlinie zu überprüfen. Wie bereits dargelegt, unterliegt die Ansicht des Bundesministe-

---

[751] Vgl. *Steuer*, Die Arbeitnehmerüberlassung als Mittel zur Förderung des Arbeitsmarktes in Deutschland, S. 382.

[752] Vgl. *Steuer*, a.a.O., S. 384.

riums für Arbeit und Soziales, dass das AÜG bereits jetzt den neuen europäischen Standards entspricht, erheblichen Bedenken.[753] Insbesondere erscheint aus Sicht der Verfasserin zweifelhaft, ob es bei der im AÜG verankerten Bezugnahmeregelung im Rahmen der Tariföffnungsklausel bleiben kann.

Mit Spannung wird auch zu verfolgen sein, wie die weiteren gerichtlichen Entscheidungen in der Frage der Tariffähigkeit/-unfähigkeit der Tarifgemeinschaft CGZP lauten werden. Da auch für die Verfahren in der 2. und 3. Instanz erwartet wird, dass die CGZP keinen Einblick in ihre Mitgliederzahlen liefern wird, spricht viel dafür, dass die Rechtsmittelinstanzen die Entscheidung des Berliner Arbeitsgerichtes hinsichtlich einer fehlenden Tariffähigkeit der CGZP bestätigen werden. Geschieht dies, so würden erhebliche Risiken für die Verleiher als auch für die Entleiher entstehen. Die abgeschlossenen Tarifverträge wären keine Tarifverträge im Sinne der §§ 3 I Nr. 3, 9 Nr. 2 AÜG, was zur Folge hätte, dass keine Rechtfertigung für ein Abweichen vom Gleichbehandlungsgrundsatz vorläge.[754] Die Tarifverträge wären ohne jegliche Heilungsmöglichkeit nichtig.[755] Die Nichtigkeit würde zudem nicht nur mit Rechtskraft der Entscheidung, sondern ex tunc eintreten.[756] Die Folge wäre, dass der Verleiher die Differenz zwischen der tatsächlich erbrachten Vergütung und der gesetzlich geschuldeten Vergütung nach § 9 Nr. 2 AÜG rückwirkend zu gewähren hätte.[757] Zudem käme die Nachentrichtung für nicht abgeführte Lohnsteuer und Sozialversicherungsbeiträge dazu. Es ist zu erwarten, dass ein nicht unwesentlicher Teil der Verleihunternehmen den Nachzahlungspflichten nicht nachkommen könnte und ihnen aufgrund dessen die Insolvenz drohen würde.[758] Hieraus würde sich zudem auch ein bedrohliches Folgerisiko für die Entleiher ergeben. Sie würden bei einer sich anschließenden Insolvenz der Verleiher als selbstschuldnerischer Bürge subsidiär in Haftung genommen werden.[759] Nach §

---

[753] Siehe 7.3.3.3..

[754] *Guenoub*, Equal Pay und Equal Treatment im Leiharbeitsverhältnis, S. 208.

[755] Hinsichtlich der Rechtsfolge der Nichtigkeit der Tarifverträge siehe hierzu: BAG v. 15.11.2006, NZA 2007, 448 (448 ff.); BAG v. 27.11.1964, BB 1965, 331 (331 ff.); *Böhm*, DB 2003, 2598 (2599); *Feudner*, BB 2004, 2297 (2301); *Löwisch/Rieble*, MünchArbR, § 255, Rn. 79; *Löwisch/Rieble*, TVG, § 2, Rn. 178. Hinsichtlich der fehlenden Heilungsmöglichkeit siehe: *Wiedemann/Oetker*, TVG, § 2, Rn. 15.

[756] Für die ex-tunc Wirkung spricht schon der Umstand, dass der gerichtlichen Entscheidung keine Gestaltungswirkung zukommt, sondern nur eine feststellende Wirkung. Somit ist im Falle einer Tarifunfähigkeit einer der tarifvertragsschließenden Parteien der gesamte Tarifvertrag von vornherein (unerkannt) unwirksam. So wie hier: *Boemke/Lemke*, AÜG, § 9, Rn. 132; *Thüsing*, Arbeitsrechtlicher Diskriminierungsschutz, Rn. 840; a.A.: *Böhm*, DB 2003, 2598 (2599); *Schüren/Riederer Freifrau von Paar*, AuR 2004, 241 (244 f.).

[757] Vgl. *Dreyer* in: *Schwaab/Durian (Hrsg.)*, Zeitarbeit S. 24; vgl. *Guenoub*, Equal Pay und Equal Treatment im Leiharbeitsverhältnis S. 212.

[758] Vgl. *Guenoub*, a.a.O.; *Reipen*, NZS 2005, 407 (410).

[759] *Schüren/Riederer Freifrau von Paar*, AuR 2004, 241 (245).

28 e II 1 SGB IV, § 150 III SGB VII und § 42 d VI EstG müsste der Entleiher grundsätzlich auch für nicht abgeführte Sozialversicherungsbeiträge und nicht gezahlte Lohnsteuer aufkommen. Erste Auswirkungen zeigt die Entscheidung des Berliner Arbeitsgerichtes schon jetzt. So wird ein Zulauf zu den anderen Tarifvertragsparteien, wie z.B. zu dem iGZ und dem BZA beobachtet.[760] Die Anzahl der Tarifwechsel dürfte auch zukünftig, insbesondere wenn die CGZP endgültig für tarifunfähig erklärt werden würde, ansteigen.

Unabhängig von den zu erwartenden Entwicklungen in Rechtsprechung und Gesetzgebung werden auch die weiteren Auswirkungen der aktuellen Wirtschaftskrise abzuwarten sein. Aufgrund ihrer Flexibilitätsfunktion ist die Zeitarbeitsbranche wie kaum ein anderer Wirtschaftszweig von kurz- und mittelfristigen wirtschaftlichen Abschwüngen betroffen. Viele Unternehmen haben auf den Nachfrageeinbruch mit raschen Abmeldungen der Zeitarbeitskräfte reagiert. Viele Verleihunternehmen trennten sich daraufhin von ihren Mitarbeitern, da diese aufgrund der weitreichenden Krise auch in anderen Wirtschaftsbereichen kaum einsetzbar waren.[761] Während im Juni 2008 noch 793.661 Leiharbeitnehmer beschäftigt wurden, waren es im Juni 2009 nur noch etwa 526.000.[762] Ein weiterer Rückgang des Leiharbeitnehmerbestandes kann zum jetzigen Zeitpunkt nicht ausgeschlossen werden. Es werden auch zukünftig nicht alle Unternehmen die Krise überleben. Insbesondere Anbieter, die sich in der Vergangenheit auf die Beschaffung gering qualifizierter Mitarbeiter konzentriert haben, werden in Zukunft noch mehr unter Druck stehen. Da sich die Leiharbeit aber aufgrund ihrer besonderen Stellung im Wirtschaftsgefüge weitgehend gleichlaufend zum konjunkturellen Umfeld verhält[763], wird sie sich in einem nächsten Aufschwung wieder erholen und erneut wachsen. Wünschenswert erschiene es, wenn dieses Wachstum auf dem Sockel eines branchenweiten Mindestlohns seinen Beginn nehmen würde.

---

[760] http://www.ig-zeitarbeit.de/node/31, zuletzt abgerufen am: 14.7.2009.

[761] *Schwaab/Durian*, Zeitarbeit, S. 319.

[762] Siehe 2..

[763] *Schäfer* in: *Schwaab/Durian (Hrsg.)*, Zeitarbeit, S. 8.

Literaturverzeichnis

I. Aufsätze:

Adamy, Wilhelm
Leiharbeit: Vom Jobmotor zum Krisenbarometer
in: AiB 2/2209, S. 69 ff.

Andelewski, Utz
Staatliche Mindestentgeltregelungen
in: DStR 2008, S. 2114 ff.

Antoni, Manfred/ Jahn, Elke J.
Arbeitnehmerüberlassung: Boomende Branche mit hoher Fluktuation
in: IAB Kurzbericht 14/2006, S. 1 ff.

Bauer, Jobst-Hubertus/ Krets, Jérôme
Gesetze für moderne Dienstleistungen am Arbeitsmarkt
in: NJW 2003, S. 537 ff.

Bayreuther, Frank
Die Novellen des Arbeitnehmerentsende- und des Mindestarbeitsbedingungsgesetzes
in: DB 2009, S. 678 ff.

ders.
Gesetzlicher Mindestlohn und sittenwidrige Arbeitsbedingungen
in: NJW 2007, S. 2022 ff.

ders.
Tariftreue vor dem Aus – Konsequenzen der Rüffert-Entscheidung des EuGH für die Tariflandschaft
in: NZA 2008, S. 626 ff.

Bellmann, Lutz/ Promberger, Markus
Zum betrieblichen Einsatz von Leiharbeit – Erste Ergebnisse einer Pilotstudie
in: WSI-Mitteilungen 2002 , S. 484 ff.

Bieback, Karl-Jürgen	Rechtliche Probleme von Mindestlöhnen, insbesondere nach dem Arbeitnehmer-Entsendegesetz in: RdA 2000, S. 207 ff.
Bietmann, Julia/ v. Hoff, Konrad	Symposium zum „Streitthema Mindestlohn" der Gesellschaft für Europäische Sozialpolitik am 9.6.2008 in: RdA 2008, S. 315 ff.
Bispinck, Reinhard	Tarifpolitischer Jahresbericht 2007: Gespaltene Tarifentwicklung und verschärfte Gewerkschaftskonkurrenz in: WSI-Mitteilungen 2008, S. 77 ff.
Bispinck, Reinhard/ Schulten, Thorsten	Aktuelle Mindestlohndebatte: Branchenlösungen oder gesetzlicher Mindestlohn? in: WSI-Mitteilungen 2008, S. 151 ff.
Böhm, Wolfgang	„Billig-Tarifverträge" in der Zeitarbeit – Risiken für die Kunden in: DB 2003, S. 2598 ff.
Boost, Claudia/ Buscher, Herbert S.	Zeitarbeit in Deutschland und Europa in: Wirtschaft im Wandel 2009, S. 74 ff.
Brenke, Karl	Zunehmende Lohnspreizung in Deutschland in: Wochenbericht des DIW Berlin Nr. 6/2007, S. 1 ff.
Büdenbender, Ulrich	Die Erklärung der Allgemeinverbindlichkeit von Tarifverträgen nach dem AEntG in: RdA 2000, S. 193 ff.
Czerny, Leonhard	Mindestlohn! in: Kontra 5/2007, S. 47 ff.

Däubler, Wolfgang	Die neue Leiharbeit in: KJ 2003, S. 17 ff.
Düwell, Franz Josef/ *Dahl, Holger*	Aktuelle Gesetzes- und Tariflage in der Arbeitnehmerüberlassung in: DB 2009, S. 1070 ff.
Feudner, Bernd W.	Tarifzuständigkeit der Gewerkschaften in: BB 2004, S. 2297 ff.
Fischer, Matthias G.	Gesetzlicher Mindestlohn – Verstoß gegen die Koalitionsfreiheit? in: ZRP 2007, S. 20 ff.
Franzen, Martin	Tarifzuständigkeit und Tariffähigkeit im Bereich der Arbeitnehmerüberlassung in: BB 2009, S. 1472 ff.
Fuchs, Maximilian	Das Gleichbehandlungsgebot in der Leiharbeit nach der neuen Leiharbeitsrichtlinie in: NZA 2009, 57 ff.
Gastell, Roland	Wie funktioniert der Mindestlohn? in: AuA 2008, S. 471 ff.
Greiner, Stefan	Das VG Berlin und der Post-Mindestlohn in: BB 2008, S. 840 ff.
Hanau, Peter	Einzelfragen und –antworten zu den Ersten Gesetzen für moderne Dienstleistungen am Arbeitsmarkt in: ZIP 2003, S. 1573 ff.
Hartmann, Wolfgang	Vermeidungsstrategien bei Altverträgen und bei Einstellungen im Nachwirkungszeitraum eines auslaufenden Leiharbeitstarifvertrages in: BB 2005, S. 2185 ff.

Henssler, Martin/ Sittard, Ulrich
Flexibler Mindestlohn durch Konkretisierung des Sittenwidrigkeitstatbestandes – Zugleich Besprechung zum Urteil BAG v. 26.4.2006 – 5 AZR 549/05
in: RdA 2007, S. 159 ff.

Hohenstatt, Klaus-Stefan/ Schramm, Nils
Tarifliche Mindestlöhne: Ihre Wirkungsweise und ihre Vermeidung am Beispiel des Tarifvertrags zum Post-Mindestlohn
in: NZA 2008, S.433 ff.

Hümmerich, Klaus/ Holthausen, Joachim/ Weslau, Dietmar
Arbeitsrechtliches im Ersten Gesetz für moderne Dienstleistungen am Arbeitsmarkt
in: NZA 2003, S. 7 ff.

Hunnekuhl, Peter/ zu Dohna-Jaeger, Verena
Ausweitung des AEntG auf die Zeitarbeitsbranche im Einklang mit der Verfassung?
in: NZA 2007, S. 954 ff.

Jahn, Elke/ Rudolph, Helmut
Zeitarbeit - Teil II: Völlig frei bis streng geregelt: Variantenvielfalt in Europa
in: IAB Kurzbericht 21/2002, S. 1 ff.

Junker, Abbo
Arbeitnehmerentsendung aus deutscher und europäischer Sicht
in: JZ, 2005, 481 ff.

ders./ *Wichmann, Julia*
Das Arbeitnehmerentsendegesetz – Doch ein Verstoß gegen Europäisches Recht?
in: NZA 1996, S. 505 ff.

Kalina, Thorsten/ Weinkopf, Claudia
Weitere Zunahme der Niedriglohnbeschäftigung: 2006 bereits rund 6,5 Millionen Beschäftigte betroffen
in: IAQ-Report 1/2008, S. 1 ff.

dies.	Niedriglohnbeschäftigung 2007 weiter gestiegen – zunehmende Bedeutung von Niedrigstlöhnen in: IAQ-Report 5/2009, S. 1 ff.
Klebeck, Ulf	Grenzen staatlicher Mindestlohntariferstreckung in: NZA 2008, S. 446 ff.
Kling, Michael	Tariftreue und Dienstleistungsfreiheit – Zur primärrechtlichen Beurteilung des § 3Tariftreuegesetz des Bundes i.d.F. des Gesetzesentwurfes der Bundesregierung v.12.12.2001 in: EuZW 2002, S. 229 ff.
Klumpp, Steffen	Die neue Leiharbeitsrichtlinie in: GRP 2009, S. 89 ff.
Kohaut, Susanne/ Ellguth, Peter	Branchentarifvertrag: Neu gegründete Betriebe sind seltener tarifgebunden in: IAB-Kurzbericht 16/2008, S. 1 ff.
Kort, Michael	Die Bedeutung der europarechtlichen Grundfreiheiten für die Arbeitnehmerentsendung und die Arbeitnehmerüberlassung in: NZA 2002, S. 1248 ff.
Kreiling, Simone	Tariflohn kraft staatlicher Anordnung in: NZA 2001, S. 1118 ff.
Kvasnicka, Michael/ Werwatz, Axel	Lohneffekte der Zeitarbeit in: DIW-Wochenbericht 49/2002, S. 847 ff.
Lehne, Klaus-Heiner/ Haak, Andreas Max	Tariftreuegesetz aus europarechtlicher Perspektive in: ZfBR 2002, S. 656 ff.
Lemke, Mark	Anmerkung zu BVerfG, Beschluss v. 29.12.2004, 1 BvR 2283/03 in: BB 2005, S. 499 ff.

ders. — Die `Hartz-Reform` des Arbeitnehmerüberlassungsgesetzes
in: BB 2003, S. 98 ff.

ders. — Die Tariffähigkeit und Tarifzuständigkeit der Tarifgemeinschaft Christlicher Gewerkschaften für Zeitarbeit und Personalserviceagenturen
in: NZA 2007, S. 1333 ff.

Lücke, Oliver — Die Arbeitszeitverkürzung – Tarifpolitik auf dem Rücken der Außenseiter?
in: ZRP 1991, S. 205 ff.

Maier, Arne — Verletzt die Tariferstreckung kraft Rechtsverordnung (§ 1 IIIa 1 AEntG) die positive Koalitionsfreiheit (Art. 9 III GG) anderweitig Tarifgebundener?
in: NVwZ 2008, S. 746 ff.

Mühlbach, Tatjana — Tariftreue und europäisches Vergaberecht
in: RdA 2003, S. 339 ff.

Nienhüser, Werner/ Matisake, Wenzel — Der „Gleichheitsgrundsatz" bei Leiharbeit - Entlohnung und Arbeitsbedingungen von Leiharbeitern im europäischen Vergleich
in: WSI-Mitteilungen 2003, S. 466 ff.

Ochel, Wolfgang — Hartz and more: Zum Abbau der Arbeitslosigkeit durch Leiharbeit
in: ifo Schnelldienst 1/2003, S. 21 ff.

Park, Tido/ Riederer Freifrau v. Paar, Britta/ Schüren, Peter — Arbeits-, sozial- und strafrechtliche Risiken bei der Verwendung von Scheintarifverträgen
in: NJW 2008, S. 3670 ff.

Preis, Ulrich/ Ulber, Daniel — Tariftreue als Verfassungsproblem in: NJW 2007, S. 465 ff.

Raab, Thomas — Europäische und nationale Entwicklungen im Recht der Arbeitnehmerüberlassung in: ZfA 2003, S. 389 ff.

Ragnitz, Joachim/ Thum, Marcel — Beschäftigungswirkungen von Mindestlöhnen – eine Erläuterung zu den Berechnungen des ifo Instituts in: ifo Schnelldienst 1/2008, S. 16 ff.

Reim, Uwe — Neue Flexibilität bei der Leiharbeit in: ZTR 2003, S. 106 ff.

Reipen, Markus — Dubiose Gewerkschaften - Sozialversicherungsrechtliche Risiken für Zeitarbeitsunternehmen und ihre Kunden in: NZS 2005, S. 407 ff.

Richardi, Reinhard — Arbeitsvertrag und Tarifgeltung in: ZfA 2003, S. 655 ff.

Rieble, Volker/ Klebeck, Ulf — Gesetzlicher Mindestlohn? in: ZIP 2006, S. 829 ff.

dies. — Lohngleichheit für Leiharbeit in: NZA 2003, S. 23 ff.

Riederer Freifrau von Paar, Britta/ Schüren, Peter — Risiken nichtiger Tarifverträge in der Leiharbeit in: ArbuR 2004, S. 241 ff.

Schleusener, Axel Aino — Der Begriff der betrieblichen Norm im Lichte der negativen Koalitionsfreiheit (Art. 9 Abs. 3 GG) und des Demokratieprinzips (Art. 20 GG) in: ZTR 1998, S. 100 ff.

Scholz, Olaf — Regelungen des Mindestlohns - Pro in: ZRP 2008, S. 167

Scholz, Rupert	Rechtsverordnungsermächtigung des Arbeitnehmerentsendegesetzes – Nichtannahme einer Verfassungsbeschwerde in: SAE 2000, S. 266 ff.
ders.	Vergabe öffentlicher Aufträge nur bei Tarifvertragstreue? in: RdA 2001, S. 193 ff.
Schubert, Claudia	Ist der Außenseiter vor der Normsetzung durch die Tarifvertragsparteien geschützt? – Ein Beitrag zum sachlichen Schutzbereich der Koalitionsfreiheit in: RdA 2001, S. 199 ff.
Schulten, Thorsten	WSI-Mindestlohnbericht 2009 in: WSI-Mitteilungen 2009, S. 150 ff.
Schüren, Peter	Die Tariffähigkeit der Tarifgemeinschaft Christlicher Gewerkschaften für Zeitarbeit und PSA vor den deutschen Arbeitsgerichten – Ergebnisse einer Umfrage in: NZA 2007, S. 1213 ff.
ders.	Die Verfassungsmäßigkeit der Reform des AÜG – ein Einblick mit Ausblicken in: RdA 2006, S. 303 ff.
ders.	Leiharbeit in Deutschland in: RdA 2007, S. 231 ff.
ders.	Tarifgeltung für Außenseiter – „No Taxation without Representation“ in: RdA 1988, S. 138 ff.
ders.	Tarifunfähigkeit der CGZP wegen Mißbrauchs der tariflichen Normsetzungsbefugnis in: ArbuR 2008, S. 239 ff.

ders. — Tarifunfähigkeit der Tarifgemeinschaft Christlicher Gewerkschaften für die Leiharbeitsbranche
in: NZA 2008, S. 453 ff.

ders./ *Behrend, Britta* — Arbeitnehmerüberlassung nach der Reform – Risiken der Neuen Freiheit
in: NZA 2003, S. 521 ff.

Singer, Reinhard/ Büsing, Tomke Christine — Arbeitnehmer-Entsendegesetz – Dienstleistungsfreiheit – Mindestlohn
in: SAE 2003, S. 38 ff.

Sittard, Ulrich — Neue Mindestlohngesetze in Deutschland
in: NZA 2009, S. 346 ff.

Sodan, Helge/ Zimmermann, Markus — Die Beseitigung des Tarifvorrangs gegenüber staatlich festgelegten Mindestarbeitsentgelten auf dem Prüfstand der Koalitionsfreiheit
in: ZfA 2008, S. 526 ff.

Temming, Felipe — EU-Osterweiterung: Wie beschränkt ist die Dienstleistungsfreiheit?
in: RdA 2005, S. 186 ff.

Thüsing, Gregor — Blick in das europäische und ausländische Arbeitsrecht
in: RdA 2009, S. 118 ff.

ders. — Das Verbot der Diskriminierung wegen Teilzeit und Befristung nach § 4 TzBfG
in: ZfA 2002, S. 249 ff.

ders. — Equal pay bei Leiharbeit
in: DB 2003, S. 446 ff.

ders. — Mindestlohn im Spannungsverhältnis staatlicher und privatautonomer Regelung
in: ZfA 2008, S. 590 ff.

ders./ *Lemke, Mark*	Zeitarbeit im Spannungsverhältnis von Dienstleistungsfreiheit und Tarifautonomie – Zum Vorschlag der Ausdehnung des AEntG auf die Zeitarbeitsbranche - in: ZfA 2007, S. 88 ff.
Ulber, Jürgen	Personal-Service-Agenturen und Neuregelung der Arbeitnehmerüberlassung in: ArbuR 2003, S. 7 ff.
ders.	Tariffähigkeit und Tarifzuständigkeit der CGZP als Spitzenorganisation? in: NZA 2008, S. 438 ff.
ders.	Wirksamkeit tariflicher Regelungen zur Ungleichbehandlung von Leiharbeitnehmern in: NZA 2009, S. 232 ff.
Wank, Rolf	Der Richtlinienvorschlag der EG-Kommission zur Leiharbeit und das „Erste Gesetz für moderne Dienstleistungen am Arbeitsmarkt“ in: NZA 2003, S. 14 ff.
Weinkopf, Claudia	Zeitarbeit bracht Mindeststandards in: Z direkt! 03/2006, S. 16 f.
Wiedemann, Herbert	Die deutschen Gewerkschaften – Mitgliedsverband oder Berufsorgan? in: RdA 1969, S. 321 ff.
Willemsen, Heinz Josef/ *Sagan, Adam*	Mindestlohn und Grundgesetz –Sagan, Staatliche Lohnfestsetzung versus Tarifautonomie in: NZA 2008, S. 1216 ff.
Witteler, Michael	Die Allgemeinverbindlichkeitserklärung kein geeignetes Mittel zur faktischen Einführung von Mindestlöhnen in: BB 2007, S. 1620 ff.

Zachert, Ulrich	Anmerkung zu: BAG, Urteil v. 23.5.2001, 5 AZR 527/99 in: AP BGB § 138 Nr. 63

II. Monografien/Sammelwerke:

Allmendinger, Jutta/ Eichhorst, Werner/ Walwei, Ulrich	IAB Handbuch Arbeitsmarkt: Analysen,Daten, Fakten Nürnberg 2005
Arrowsmith, James	Temporary agency work and collective bargaining in the EU Dublin 2009
Back, Harry/ Marquard, Günter	POLEC. Lexikon für Politik und Wirtschaft 2. Auflage, Berlin 1967
Baum, Amaren	Zeitarbeit: Mehr als ein Job. Alles, was Sie über Chancen, Rechte und Risiken wissen müssen Berlin 1999
Becker, Irene	Armut in Deutschland: Bevölkerungsgruppen unterhalb der Alg II-Grenze Frankfurt/Main 2006
Bellmann, Lutz/ Kühl, Alexander	Weitere Expansion der Leiharbeit? Eine Bestandsaufnahme auf Basis des IAB-Betriebspanels: Berlin 2007
Bieback, Karl-Jürgen/ Dieterich, Thomas/ Hanau, Peter/ Kocher, Eva/ Schäfer, Claus	Tarifgestützte Mindestlöhne Baden-Baden 2007

Bleich, Torsten/ Schrage, Horst/ Wrede, Martin
Chancen durch Zeitarbeit: Empirische Ergebnisse einer Unternehmens-befragung der IHK Hannover
Hannover 2006

Bosch, Gerhard/ Weinkopf, Claudia/ Kalina, Thorsten
Arbeiten für wenig Geld: Niedriglohnbeschäftigung in Deutschland
Frankfurt/Main 2007

Bosch, Gerhard/ Weinkopf, Claudia
Gesetzliche Mindestlöhne auch in Deutschland?
Gelsenkirchen 2006

Breitscheidel, Markus
Arm durch Arbeit: Ein Undercover-Bericht
Berlin 2008

Däubler, Wolfgang
Tarifvertragsrecht
3. Auflage, Baden-Baden 1993

Dörre, Klaus/ Holst, Hajo/ Thieme, Christoph
Leiharbeit in Thüringen: Eine Bestandsaufnahme
Jena 2008

Egle, Franz/ Nagy, Michael (Hrsg.)
Arbeitsmarktintegration: Grundsicherung - Fallmanagement – Zeitarbeit – Arbeitsvermittlung
2. Auflage, Wiesbaden 2008

Fabritius, Sonja
Konzerninterne Arbeitnehmer-überlassung im Krankenhaus
Troisdorf 2009

Frensch, Lisa
Handbuch der Arbeitnehmerüberlassung
Bremen, 2006

Guenoub, Marcel
Equal Pay und Equal Treatment im Leiharbeitsverhältnis
Aachen 2009

Greifenstein, Ralf	Arbeitnehmerpolitik zwischen Wunsch und Wirklichkeit: Beschäftigungsfördernde Lohnpolitik und deutscher Mindestlohn Bonn 2006
Haldenwang, Stefan	Gesellschaftliche Bedeutung, Entwicklungstendenzen und ungenutzte Potenziale der Arbeitnehmerüberlassung in Deutschland Norderstedt 2007
Hanau, Peter/ *Steinmeyer, Heinz-Dietrich/* *Wank, Rolf*	Handbuch des europäischen Arbeits- und Sozialrechts München 2002
Hayen, Ralf-Peter/ *Maschke, Manuela*	Boombranche Zeitarbeit – Neue Herausforderungen für betriebliche Akteure Düsseldorf 2008
Hegewisch, Ariane	Temporary agency work: national reports United Kingdom Dublin 2002
Hein, Eckhard/ *Heise, Arne/* *Truger, Achim*	Löhne, Beschäftigung, Verteilung und Wachstum Marburg 2005
Henssler, Martin	Soziale Mächtigkeit und organisatiorische Leistungsfähigkeit als Voraussetzungen der Tariffähigkeit von Gewerkschaften: Das Beispiel der Christlichen Gewerkschaft Metall Baden-Baden 2006
Huster, Cornelia Sophia	Die Anwendbarkeit des Arbeitnehmerüberlassungsgesetzes auf inländische Leiharbeitnehmer Münster 2002

Kämmerer, Jörn Axel/ Thüsing, Gregor — Leiharbeit und Verfassungsrecht: Zum Gleichbehandlungsgebot von Stammbelegschaft und Leiharbeitnehmern sowie zur Errichtung von Personal-Service-Agenturen durch das Erste Gesetz für moderne Dienstleistungen am Arbeitsmarkt
Berlin 2005

Keller, Berndt/ Seifert, Hartmut (Hrsg.) — Atypische Beschäftigung – Flexibilisierung und soziale Risiken
Berlin 2007

Kratzsch, Uwe — Mindestlöhne in Deutschland: Sollte das Arbeitnehmerentsendegesetz ausgeweitet werden?
Saarbrücken 2007

Krimphove, Dieter — Europäisches Arbeitsrecht
2. Auflage, München 2001

Martin, A. (Hrsg.) — Personal als Ressource
München/Mehring 2003

Meyer, Jörn-Axel — Mindestlohn in kleineren und mittleren Unternehmen: Eine betriebswirtschaftliche Analyse
Köln 2008

Miegel, Meinhard/ Wahl, Stefanie/ Schulte, Martin — Die Rolle der Zeitarbeit in einem sich ändernden Arbeitsmarkt
Bonn 2007

Möller, Joachim/ Walwei, Ulrich (Hrsg.) — Handbuch Arbeitsmarkt
Bielefeld 2009

Oberste-Beulmann, Wilhelm — Chancen für Unternehmen und Arbeitssuchende durch eingliederungsorientierte Arbeitnehmerüberlassung
in: Leistung und Lohn
Berlin 2006

Promberger, Markus — Leiharbeit im Betrieb. Strukturen, Kontexte und Handhabung einer atypischen Beschäftigungsform
Nürnberg 2006

Prop, Fleur Johanna — Die gesetzliche Regelung der Arbeitnehmerüberlassung in den Niederlanden und Europa
Hamburg 2007

Raddatz, Guido/ Wolf, Sascha — Irrglaube Mindestlöhne. Trügerische Hoffnung, zerstörte Beschäftigungschancen, Argumente zur Marktwirtschaft und Politik Nr. 99
Berlin 2007

Richardi, Reinhard (Hrsg.)/ Wlotzke, Otfried (Hrsg.) — Münchener Handbuch zum Arbeitsrecht
Band 1: Individualarbeitsrecht
2. Auflage, München 2000
Band 3: Kollektives Arbeitsrecht
2. Auflage, München 2000
(zitiert: *Bearbeiter*, MünchArbR)

Schröder, Edgar — Zeitarbeit: Chancen und Risiken für Zeitarbeitnehmer und Kundenunternehmen
3. Auflage, Berlin 2009

Schröder, Lothar/ Urban, Hans-Jürgen (Hrsg.) — Gute Arbeit: Handlungsfelder für Betriebe, Politik und Gewerkschaften
Frankfurt/Main 2009

Schulten, Thorsten/ Bispinck, Reinhard/ Schäfer, Claus — Mindestlöhne in Europa
Hamburg 2006

Schwaab, Markus-Oliver/ Durian, Ariane (Hrsg.) — Zeitarbeit: Chancen – Erfahrungen – Herausforderungen
Wiesbaden 2009

Schwantes, Klaus
Zeitarbeit
Berlin 1998

Smith, Adam
Der Wohlstand der Nationen
London 1776
dt. Ausgabe: München 1993

Sterkel, Gabriele/ Schulten, Thorsten/ Wiedemuth, Jörg (Hrsg.)
Mindestlöhne gegen Lohndumping: Rahmenbedingungen - Erfahrungen – Strategien
Hamburg 2006

Steuer, Markus
Die Arbeitnehmerüberlassung als Mittel zur Förderung des Arbeitsmarktes in Deutschland: Besteht weiterer Reformbedarf zur Stärkung ihrer beschäftigungs-politischen Bedeutung?
Baden-Baden 2009

Thüsing, Gregor
Arbeitsrechtlicher Diskriminierungsschutz
München 2007

Urban-Crell, Sandra/ Schulz, Christian
Arbeitnehmerüberlassung und Arbeitsvermittlung
München 2003

Van Aaken, Anne/ Grözinger, Gerd (Hrsg.)
Ungleichheit und Umverteilung
Marburg 2004

Vogel, Berthold (Hrsg.)
Leiharbeit: Neue sozialwissenschaftliche Befunde zu einer prekären Beschäftigungsform
Hamburg 2004

Vogel, Berthold/ Linne, Gudrun (Hrsg.)
Leiharbeit und befristete Beschäftigung - Neue Formen sozialer Gefährdung oder Chance Arbeitsmarktintegration
Arbeitspapier Nr. 68
Düsseldorf 2003

Wandel, Matthias — Zeitarbeit in Deutschland und Frankreich: Wirtschaftliche Bedeutung, Image und gesellschaftliche Akzeptanz einer boomenden Beschäftigungsform im Vergleich
Saarbrücken 2007

Weinkopf, Claudia — Mindestarbeitsbedingungen für die Zeitarbeitsbranche?
Gelsenkirchen 2006

dies./
Vanselow, Achim — (Fehl-)Entwicklungen in der Zeitarbeit?
Bonn 2008

dies./
Vanselow, Achim — Job-Wunder mit Nebenwirkungen: Entwicklungen in der Leiharbeit
Bonn 2008

Wißmann, Helmut (Hrsg) — Jahrbuch des Arbeitsrechts
Band 41 (2003)
Berlin 2004

Kommentare:

Boemke, Burkhard/
Lembke, Mark — Arbeitnehmerüberlassungsgesetz
2. Auflage, Frankfurt 2005
(zitiert: Boemke/Lembke, AÜG)

Däubler, Wolfgang (Hrsg.) — Tarifvertragsgesetz
2. Auflage, Baden-Baden 2006
(zitiert: Däubler/*Bearbeiter*, TVG)

Dieterich, Thomas (Hrsg.)/
Hanau, Peter (Hrsg.)/
Schaub, Günter (Hrsg.) — Erfurter Kommentar zum Arbeitsrecht
8. Auflage, München 2008
(zitiert: ErfK/*Bearbeiter*)

Epping, Volker (Hrsg.)/
Hillgruber, Christian (Hrsg.) — Beckscher Online-Kommentar zum Grundgesetz
Stand: 15.7.2009
Unter: beck-online.de
(zitiert: BeckOK/Bearbeiter)

Giesen, Richard (Hrsg.)/ Kreikebohm, Ralf (Hrsg.)/ Rolfs, Christian (Hrsg.)/ Udsching, Peter (Hrsg)
Beckscher Online Kommentar zum Arbeitsrecht
Stand 1.6.2009
unter: www.beck-online.de
(zitiert: BeckOK/Bearbeiter)

Löwisch, Manfred/ Rieble, Volker
Tarifvertragsgesetz Kommentar
2. Auflage, München 2004
(zitiert: Löwisch/Rieble, TVG)

Säcker, Franz Jürgen (Hrsg.)/ Rixecker, Roland (Hrsg.)
Münchener Kommentar zum Bürgerlichen Gesetzbuch
Band 1, Allgemeiner Teil,
1. Halbband (§§ 1-240 BGB; ProstG)
5. Auflage, München 2006

Schüren, Peter
Arbeitnehmerüberlassungsgesetz
3. Auflage München 2007
(zitiert: Schüren/*Bearbeiter*, AÜG)

von Staudinger, J. (Hrsg.)
Kommentar zum Bürgerlichen Gesetzbuch mit Einführungsgesetz und Nebengesetzen
Buch 1, Allgemeiner Teil
§§ 134-163 BGB (Allgemeiner Teil 4)
Neubearbeitung, Berlin 2003

Thüsing, Gregor (Hrsg.)
Arbeitnehmerüberlassungsgesetz
2. Auflage, München 2008
(zitiert: Thüsing/*Bearbeiter*, AÜG)

Ulber, Jürgen
Arbeitnehmerüberlassungsgesetz
Köln 2008
(zitiert: Ulber, AÜG)

Wiedemann, Herbert (Hrsg.)
Tarifvertragsgesetz
7. Auflage, München 2007
(zitiert: Wiedemann/*Bearbeiter*, TVG)

Zöller, Richard (Hrsg.)
Zivilprozessordnung
26. Auflage, Köln 2007,
(zitiert: Zöller/*Bearbeiter*, ZPO)

III. Rechtsprechung:

1. Entscheidungen des EuGH

EuGH, Urteil v. 26.4.1988, Rs. 352/85, NJW 1989, 2189-2192
EuGH, Urteil v. 15.3.2001, Rs. C-165/98, NZA 2001, 554-556
EuGH, Urteil v. 25.10.2001, Rs. C-49/98, C-50/98, C 52/98 bis C-54-98, C-68/98 bis C-71/98, NZA 2001, 1377-1382
EuGH, Urteil v. 24.1.2002, Rs. C-164/99, NZA 2002, 207-209
EuGH, Urteil v. 3.4.2008, Rs. C 346/06, NZA 2008, 537-540

2. Entscheidungen des BVerfG

BVerfG, Urteil v. 11.6.1958, 1 BvR 596/56, NJW 1958, 1035-1040
BVerfG, Beschluss v. 30.11.1965, 2 BvR 54/62, BVerfGE 19, 303-323
BVerfG, Beschluss v. 26.5.1970, 2 BvR 664/65, DÖV 1970, 637
BVerfG, Beschluss v. 24.5.1977, 2 BvL 11/74, NJW 1977, 2255-2259
BVerfG, Beschluss v. 7.10.1980, 1 BvL 50/79, 1 BvL 89/79, 1 BvR 240/79, NJW 1981, 271-273
BVerfG, Urteil v. 14.6.1983, 2 BvR 488/80, BB 1983, 2180-2181
BVerfG, Beschluss v. 7.2.1990, 1 BvR 26/84, NJW 1990, 1469-1472
BVerfG, Beschluss v. 12.6.1990, 1 BvR 355/86, BVerfGE 82, 209-236
BVerfG, Beschluss v. 24.4.1996, 1 BvR 712/86, NJW 1997, 513-516
BVerfG, Beschluss v. 8.4.1997, 1 BvR 48/94, DÖV 1997, 545-549
BVerfG, Beschluss v. 27.4.1999, 1 BvR 2203/93 und 1 BvR 897/95, NJW 1999, 3033-3035
BVerfG, Nichtannahmebeschluss v. 18.7.2000, 1 BvR 948/00, NJW 2000, 3704-3705
BVerfG, Beschluss v. 3.4.2001, 1 BvL 32/97, DB 2001, 1367-1369
BVerfG, Beschluss v. 5.12.2002, 2 BvL 5/98 und 2 BvL 6/98, NVwZ 2003, 974-979
BVerfG, Nichtannahmebeschluss v. 29.12.2004, 1 BvR 2283/03, 1 BvR 2504/03, 1 BvR 2582/03, BB 2005, 495-498
BVerfG, Beschluss v. 20.3.2007, 1 BvR 1047/05, NZA 2007, 609-612
BVerfG, Beschluss v. 13.2.2008, 2 BvL 1/06, NJW 2008, 1868-1875

3. Entscheidungen des BAG

BAG, Beschluss v. 2.11.1960, 1 ABR 18/59, DB 1961, 275
BAG, Beschluss v. 27.11.1964, 1 ABR 13/63, BB 1965, 331
BAG, Urteil v. 27.6.1978, 6 AZR 59/77, BB 1979, 886-887
BAG, Urteil v. 21.1.1987, 4 AZR 486/86,DB 1987, 492-492
BAG, Beschluss v. 25.11.1986, 1 ABR 22/85, DB 1987, 947-948
BAG, Urteil v. 20.3.1991, 4 AZR 455/90, NZA 1991, 736-740
BAG, Urteil v. 1.6.1994, 7 AZR 7/93, NZA 1995, 465-467
BAG, Urteil v. 26.4.1995, 7 AZR 850/94, NZA 1996, 92-94
BAG, Urteil v. 13.12.1995, 4 AZR 1062/94, NZA 1996, 769-772

BAG, Urteil v. 22.1.2002, 9 AZR 601/00 NZA 2002, 1041-1047
BAG, Urteil v. 13.3.2002, 5 AZR 648/00, NZA 2002, 744-746
BAG, Urteil v. 6.5.2003, 1 AZR 241/02, NZA 2004, 562-564
BAG, Urteil v. 15.10.2003, 4 AZR 573/02, NZA 2004, 387-390
BAG, Urteil v. 24.3.2004, 5 AZR 303/03, NZA 2004, 971-974
BAG, Beschluss v. 14.12.2004, 1 ABR 51/03, BB 2005, 1054-1060
BAG, Beschluss v. 28.3.2006, 1 ABR 58/04, NZA 2006, 1112-1122
BAG, Urteil v. 15.11.2006, 10 AZR 665/05, NZA 2007, 448-453
BAG, Urteil v. 22.4.2009, 5 AZR 436/08, DB 2009, 1599-1601

4. Entscheidungen anderer Gerichte

BVerwG, Urteil v. 18.5.1982, 7 C 24/81, NJW 1983, 354-357
BVerwG, Urteil v. 23.9.1992, 6 C 2/91, NVwZ-RR 1993, 621-627

OVG Berlin-Brandenburg, Urteil v. 10.3.2004, 1 B 2/02, ArbuR 2004, 351-353
OVG Berlin-Brandenburg, Urteil v. 18.12.2008, 1 B 13/08, ArbuR 2009, 46

VG Berlin, Urteil v. 7.3.2008, 4 A 439/07, NZA 2008, 482-489

LAG Hamburg, Beschluss v. 18.2.1997, 2 Ta 9/95 (nicht veröffentlicht)
LAG Bremen v. 29.8.2001, 4 AZR 352/00, AP Nr. 3 zu § 611 BGB
LAG Baden-Württemberg, Beschluss v. 1.10.2004, 4 TaBV 1/04, NZA-RR 2005, 85-91

ArbG Göttingen, Urteil v. 8.12.1960, Ca 528/60, DB 1981, 882
ArbG Hagen, Urteil v. 24.6.1987, 3 Ca 163/87, NZA 1987, 610-611
ArbG Bremen, Urteil v. 30.8.2000, 5 Ca 5152, 5198/00, NZA-RR 2001, 27-32
ArbG Berlin, Beschluss v. 1.4.2009, 35 BV 17008/08, NZA 2009, 740- 747

III. Bundestags- und Bundesratsdrucksachen, Gesetze:

BT-Drs. 8/693 v. 28.6.1977, Gesetzesentwurf der Bundesregierung über ein Viertes Gesetz zur Änderung der Pfändungsfreigrenzen

BT-Drs. 13/2414 v. 25.9.1995, Gesetzesentwurf der Bundesregierung über zwingende Arbeitsbedingungen bei grenzüberschreitenden Dienstleistungen (Arbeitnehmer-Entsendegesetz – AEntG)

BT-Drs. 15/25 v. 5.11.2002, Gesetzesentwurf der Fraktion SPD und Bündnis 90/Die Grünen über ein Erstes Gesetz für moderne Dienstleistungen am Arbeitsmarkt

BT-Drs. 15/6008 v. 30.9.2005, Zehnter Bericht der Bundesregierung über Erfahrungen bei der Anwendung des Arbeitnehmerüberlassungsgesetzes – AÜG-

BT-Drs. 16/12435 v. 25.3.2009, Beschlussvorlage Bündnis 90/Die GRÜNEN: „Gleicher Lohn, gleiche Bezahlung und Mindestlohn für Leiharbeitnehmerinnen und -arbeitnehmer"

BT-Drs. 16/3064 v. 20.10.2006, Gesetzesentwurf der Bundesregierung über ein Erstes Gesetz zur Änderung des Arbeitnehmer-Entsendegesetzes

BT-Drs. 16/6698, v. 1.10.2007, Antrag der Fraktion die Linke an den deutschen Bundestag, Gute Arbeit – Gutes Leben Initiative für eine gerechte Arbeitswelt

BT-Drs. 16/7534 v. 12.12.2007, Gesetzesentwurf der Fraktion die Linke über ein Zweites Gesetz zur Änderung des Arbeitnehmer-Entsendegesetzes

BT-Drs. 16/9410 v. 2.6.2008, Kleine Anfrage der Abgeordneten *Ulla Lötzer, Dr. Barbara Höll, Werner Dreibus*, weiterer Abgeordneter und der Fraktion DIE LINKE zur Arbeitsvermittlung in die Leiharbeit

BT-Drs. 16/9657 v. 19.6.2008, Antwort der Bundesregierung auf die Kleine Anfrage der Abgeordneten *Ulla Lötzer, Dr. Barbara Höll, Werner Dreibus*, weiterer Abgeordneter und der Fraktion DIE LINKE - BT-Drs. 16/9410 - zur Arbeitsvermittlung in die Leiharbeit

BT-Drs. 16/10486 v. 7.10.2008, Gesetzesentwurf der Bundesregierung über zwingende Arbeitsbedingungen für grenzüberschreitend entsandte und für regelmäßig im Inland beschäftigte Arbeitnehmer und Arbeitnehmerinnen (AEntG)

BT-Drs. 16/11678, Entschließungsantrag der FDP zu der dritten Beratung des Gesetzentwurfs der Bundesregierung zum AEntG

BT-Drs. 52/09, Gesetzesbeschluss des Deutschen Bundestages, Gesetz über zwingende Arbeitsbedingungen für grenzüberschreitend entsandte und für regelmäßig im Inland beschäftigte Arbeitnehmer und Arbeitnehmerinnen (Arbeitnehmerentsendegesetz - AEntG)

BGBl. 1996 I, 227 ff., Gesetz über zwingende Arbeitsbedingungen bei grenzüberschreitenden Dienstleistungen (Arbeitnehmer-Entsendegesetz – AEntG) v. 26.2.1996

BGBl. 2001 I, 3443 ff., Gesetz zur Reform der arbeitsmarktpolitischen Instrumente (Job-AQTIV Gesetz) v. 10.12.2001

BGBl. 2002 I, 4607 ff., Erstes Gesetz für moderne Dienstleistungen am Arbeitsmarkt v. 23.12.2002,

BGBl. 2003 I, 2848 ff., Drittes Gesetz für moderne Dienstleistungen am Arbeitsmarkt v. 23.12.2003

BGBl. 2005, 493 ff., Bekanntmachung zu § 850 c Zivilprozessordnung (Pfändungsfreigrenzenbekanntmachung 2005) v. 25.2.2005

BGBl. 2007 I, 576 ff., Erstes Gesetz zur Änderung des Arbeitnehmer-Entsendegesetzes v. 25.4.2007

BGBl. 2007 I, 3140 ff., Zweites Gesetz zur Änderung des Arbeitnehmer-Entsendegesetzes v. 21.12.2007

BGBl 2009 I, 799 ff., Gesetz über zwingende Arbeitsbedingungen für grenzüberschreitend entsandte und für regelmäßig im Inland beschäftigte Arbeitnehmer und Arbeitnehmerinnen v. 20.4.2009

BGBl. 2009 I, 818 ff., Erstes Gesetz zur Änderung des Gesetzes über die Festsetzung von Mindestarbeitsbedingungen v. 22.4.2009

Tarifverträge:

AMP/CGZP-Entgeltrahmentarifvertrag, Stand: 9.7.2008, Internet: http://www.amp-info.de/fileadmin/user_upload/Tarifvertraege/ Entgeltrahmentarifvertrag_090708.pdf, zuletzt abgerufen am 19.8.2009.

AMP/CGZP-Entgelttarifvertrag (Ost), Stand: 9.7.2008, Internet: http://www.amp-info.de/fileadmin/user_upload/Tarifvertraege/ Entgelttarifvertrag_Ost_090708.pdf, zuletzt abgerufen am 19.8.2009.

AMP/CGZP-Entgelttarifvertrag (West), Stand: 9.7.2009, Internet: http://www.amp-info.de/fileadmin/user_upload/Tarifvertraege/ Entgelttarifvertrag_West_090708.pdf, zuletzt abgerufen am 19.8.2009.

Tarifverträge Zeitarbeit des BZA und der DGB-Tarifgemeinschaft, Stand: 30.5.2006, Internet: http://www.bza.de/fileadmin/bilder/2007/03/Tarifvertraege_BZA_Stand_300506.pdf, zuletzt abgerufen am 19.8.2009.

iGZ/DGB-Tarifwerk für die Zeitarbeitsbranche, Stand: 1.11.2007, Internet: http://www.ig-zeitarbeit.de/system/files/iGZ-Tarifvertrag-neu.pdf, zuletzt abgerufen am 19.8.2009.

Mindestentgelttarifvertrag BZA/iGZ/DGB, Stand: 30.05.2006, Internet: http://www.igmetall-bbs.de/fileadmin/user/Dokumente/Zeitarbeit/Tarifvertraege/ 20060530_TV_Zeitarbeit.pdf, zuletzt abgerufen am 28.10.2009

Journalistische Beiträge:

Beck-aktuell, Beitrag vom 14.1.2009, „ver.di kritisiert geplante Lohnuntergrenze für Zeitarbeiter“, http://www.betriebsrentner.de/fileadmin/ user_upload/Ver.di_kritisiert _geplante_Lohnuntergrenze_fuer_Zeitarbeiter_-_Beck-aktuell_14.01.09.pdf, zuletzt abgerufen am 8.8.2009

Die Welt vom 12.2.2008, „Erster Schritt zum Mindestlohn in der Zeitarbeit“.

FAZ vom 23.3.2009, „Neuer Vorschlag für Mindestlohn“

Financial Times Deutschland v. 11.12.2007, „Durch Zeitarbeit zum festen Job“

Financial Times Deutschland v. 12.9.2008, „Mindestlohn bedroht Zeitarbeit“

Frankfurter Allgemeine Zeitung v. 14.1.2009, „Mindestlohn für Zeitarbeit“

Handelsblatt v. 28.02.2008, „Einen Mindestlohn für Zeitarbeit wird es nicht geben“

Handelsblatt v. 12.3.2008, „Beschäftigungschancen statt Mindestlohn!“

Handelsblatt v. 28.10.2008, „Verdi und Berliner Senat klagen gegen Tarifkonkurrenz: Machtkampf in der Zeitarbeit eskaliert“

Handelsblatt vom 12.1.2009, „Fünf Branchen bekommen Mindestlohn”

Magazin Report Mainz vom 10.12.2007, http://www.swr.de/report/-/id=233454/did=2769040/pv=video/gp1=2919824/nid=233454/15vwugk/index.html

Magazin Report Mainz vom 7.4.2008, http://www.swr.de/report/-/id=233454/nid=233454/did=3220422/1hwd30t/index.html

Spiegel v. 23.6.2008, „Mindestlohn: Unions-Arbeitnehmer gegen Scholz“, S. 75

Tagesspiegel v. 12.2.2008, „Verbände beantragen Mindestlohn für Zeitarbeiter“

Tagesspiegel v. 18.7.2008, „Zeitarbeit dringt auf Mindestlohn“

Tagesspiegel v. 28.12.2008, „Nur geliehen“

Tagesspiegel v. 5.2.2009, „Zeitarbeit soll sich lohnen“

Tagesspiegel vom 23.4.2009, „Koalition kann sich nicht mehr auf 7,30 Euro einigen“.

Tagesspiegel v. 30.4.2009, „Koalition kann sich nicht mehr auf 7,30 € einigen

Westfälische Nachrichten v. 18.8.2008, „Eine Hänge-Partie: Zeitarbeitsbranche drängt weiterhin auf Aufnahme in das Entsendegesetz“

Pressemitteilungen:

Bundesministeriums für Wirtschaft und Technologie, Pressemitteilung v. 22.1.2008, http://www.bmi.de/BMWi/Navigation/Presse/pressemitteilungen, did=231814.html zuletzt abgerufen am 12.8.2009

BZA / iGZ und IG Metall-Bezirk Frankfurt, gemeinsame Pressemitteilung v. 16.1.2009, „Lohnuntergrenze in der Zeitarbeit: Richtiges Ziel - falscher Weg. Zäsur im deutschen Tarifrecht“, unter: http://www.bza.de/ fileadmin/bilder/2008/11/090116PM_BZA_iGZ_IG_ Metall.pdf, zuletzt abgerufen am 8.8.2009

DGB, Pressemitteilung v. 9.4.2007, http://www.igmetall-bayern.de/Archiv-Ansicht.33+M5ef247cf10f.0.html, zuletzt abgerufen am 12.8.2009

iGZ, „Schein starker Reglementierung trügt“, Z direkt 02/2007, S. 17

iGZ, Pressemitteilung v. 3.4.2009, „Richtungsweisendes Urteil für einen fairen Mindestlohn“, http://www.ig-zeitarbeit.de/node/185, zuletzt abgerufen am 8.8.2009.

Hans-Böckler-Stiftung, „Flexibel arbeiten - aber nur mit Netz“, Böcklerimpuls 7/2005, S. 3

Hans-Böckler Stiftung, Pressemitteilung v. 26.2.2009, „Neue Studie zu atypischer Beschäftigung: Leiharbeiter und befristet Beschäftigte tragen besonders hohe Arbeitsmarkt-Risiken“, http://www.boeckler.de/320_94371. html, zuletzt abgerufen am 12.8.2009

SPD, Pressemitteilung v. 5.2.2009, „Zeitarbeit-Mindestlohn auf die Tagesordnung“, http://www.spd.de/de/aktuell/nachrichten/2009/02/Zeitarbeit-Mindestlohn-auf -die Tagesordnung - SPD.de, zuletzt abgerufen am 8.8.2009.

Internet:

Internetpräsentation des AMP, http://www.amp-info.de/Geschichte.42.0.html, zuletzt abgerufen am 14.7.2009

Internetpräsentation der BZA, http://www.bza.de/45.html, zuletzt abgerufen am 14.7.2009; http://www.bza.de/fileadmin/bilder/2008/03/iGZ-BZA-DGB-Antrag-ML.pdf, zuletzt abgerufen am 14.7.2009; http://www.bza.de/fileadmin/ download/IW_Zeitarbeitindex/ Zeitarbeitsindex_ Juli_2009_Kurzfassung.pdf, zuletzt abgerufen am 8.8.2009.

Internetpräsentation der CGZP; http://www.cgb.info/cgzp.php

Internetpräsentation des DGB; http://www.dgb.de/dgb/mitgliederzahlen/ mitglieder.htm, zuletzt abgerufen am 14.7.2009; http://www.dgb.de/dgb/ geschichte/geschichte.htm, zuletzt abgerufen am 14.7.2009; http://www.dgb.de/dgb/mitgliederzahlen/popit?dok=arbeiter2008.htm&append=auswahlformular, zuletzt abgerufen am 14.7.2009

Internetpublikation der IG-Metall, http://www.gleichearbeit-gleichesgeld.de/leiharbeit-kampagne/aktuelles/merkel-erwartet-keine-einigung-zum-mindestlohn, zuletzt abgerufen am 11.8.2009

Internetpräsentation des iGZ, http://www.ig-zeitarbeit.de/node/31, zuletzt abgerufen am 4.7.2009; http://www.ig-zeitarbeit.de/node/2546, zuletzt abgerufen am 30.10.2009

Internetpräsentation der Gewerkschaft ver.di, http://www.verdi.de/ ver.di_von_a_bis_z/satzung, zuletzt abgerufen am 29.7.2009

Bericht über die gescheiterte Einigung zum Mindestlohn http://www.gleichearbeit-gleichesgeld.de/leiharbeit-kampagne/aktuelles/merkel-erwartet-keine-einigung-zum-mindestlohn, zuletzt abgerufen am 11.8.2009

Referentenentwurf eines Ersten Gesetzes zur Änderung des Arbeitnehmerüberlassungsgesetzes vom 24.03.2009, http://www.zeitarbeit-und-recht.de/tce/frame/main/747.htm, zuletzt abgerufen am 17.7.2009

Sonstiges:

Bundesagentur für Arbeit, Arbeitsmarkt 2007, 56. Jahrgang, Sondernummer 2, 2007, Nürnberg

Bundesagentur für Arbeit, Durchführungsanweisung zum Arbeitnehmerüberlassungsgesetz, PP11-7160,4(1), Nürnberg, Stand Oktober 2004

Bundesagentur für Arbeit, Arbeitsmarkt in Zahlen, Arbeitnehmerüberlassungsstatistik, 1. Halbjahr 2008, Nürnberg 2008

Bundesagentur für Arbeit, Arbeitsmarkt in Zahlen, Erwerbstätigkeit von erwerbsfähigen Leistungsbeziehern, März 2009, Nürnberg 2009

Bundesausschuss des DGB, Richtlinie über die Organisationszuständigkeit der DGB-Mitgliedsgewerkschaften für Arbeitnehmer/innen aus Betrieben der Zeit- und Leiharbeit (RL Organisationszuständigkeit Zeit- und Leiharbeit); www.dgb.de/themen/themen_a_z /abisz_docs/r/ratgeber_zeitarbeit.pdf, zuletzt abgerufen am 28.10.2009

Bundesvorstand des DGB, Stellungnahme des Deutschen Gewerkschaftsbundes (DGB) zum geplanten Elften Leiharbeitsbericht der Bundesregierung v. 30.1.2009, Berlin 2009

***Döhlemann*, Training & Beratung**, Döhlemann-Report 2005/2006 Personaldienstleistung & Zeitarbeit. Zukunftsstudie zu Trends und Entwicklungen, Bamberg 2005

EUROSTAT, „Arbeitskosten 2007 im EU-Vergleich"; http://www.wko.at/statistik /eu/europa-arbeitskosten.pdf, zuletzt abgerufen am 12.8.2009

Institut für Arbeitsmarkt- und Berufsforschung, IAB-Betriebspanel 2003, Nürnberg 2003.

***Puch*, Statistischen Bundesamt Deutschland,** Zeitarbeit: Ergebnisse des Mikrozensus, 2008

Aktivitäten der EU-Organe:

Komission der Europäischen Gemeinschaften, Vorschlag für eine Richtlinie des Europäischen Parlaments und des Rates über die Arbeitsbedingungen von Leiharbeitnehmern vom 20.3.2002, KOM (2002) 149 endg. vom 20.32002 – 2002/0072 (COD) = ABl. 2002, C 203 E/01 vom 27.8.2002.

Europäisches Parlament/ Rat der Europäischen Union; Richtlinie 96/71/EG des Europäischen Parlaments und des Rates über die Entsendung von Arbeitnehmern im Rahmen der Erbringung von Dienstleistungen vom 16.12.1996 , ABl. 1996 L 18 vom 21.1.1997.

Europäisches Parlament/ Rat der Europäischen Union; Geänderter Vorschlag für eine Richtlinie des Europäischen Parlaments und des Rates über die Arbeitsbedingungen von Leiharbeitern, KOM (2002) 701 endg. vom 28.11.2002 – 2002/0072 (COD).

Europäisches Parlament/ Rat, Richtlinie 2008/104/EG des Europäischen Parlaments und des Rates über die Leiharbeit vom 19. November 2008, ABl. 2008 L 327 vom 5.12.2008.

Gemeinschaftscharta der sozialen Grundrechte der Arbeitnehmer vom 9.12.1989, KOM (1989) 248 endg.

Rat der Europäischen Union; Richtlinie 91/383/EWG des Rates vom 25.6.1991 zur Ergänzung der Maßnahmen zur Verbesserung der Sicherheit und des Gesundheitsschutzes von Arbeitnehmern mit befristetem Arbeitsverhältnis oder Leiharbeitsverhältnis, ABl L 206 vom 29.7.1991.

Kommission der Europäischen Gemeinschaften, Vorschlag für eine Richtlinie des Europäischen Parlaments und des Rates über bestimmte Arbeitsverhältnisse hinsichtlich der Arbeitsbedingungen, KOM (90) 228 endg. vom 13.8.1990.

Weitere Titel aus der Reihe: Schriften zur Zeitarbeit

ISBN 978-3-941388-18-5
€ 24,80

Erhältlich im Buchhandel oder unter www.vprm.de

Reuter

Arbeitsschutz für Leiharbeitnehmer

Leiharbeitnehmer haben bedingt durch vergleichsweise häufige Arbeitgeberwechsel verbunden mit kurzen Überlassungsdauern ein zwei- bis dreifach erhöhtes Unfallrisiko. Der Arbeitsschutz spielt daher eine außerordentlich bedeutende Rolle.

Das im Bereich der Arbeitnehmerüberlassung vorzufindende Dreiecksverhältnis zwischen Verleiher, Entleiher und Leiharbeitnehmer birgt hinsichtlich des Arbeitsschutzes deutliche Gefahrenpotentiale, da sich die arbeitsschutzrechtlichen Verantwortungsbereiche für den Leiharbeiter nur schwer abgrenzen lassen. Dieses Buch will Licht in die „arbeitsschutzrechtliche Grauzone" bringen und die gegenseitigen Rechte und Pflichten der Parteien näher bestimmen. Der Autor untersucht die individual- und kollektivrechtlichen Schutzvorschriften und stellt die hier relevante Rechtsprechung zusammen.

Das Buch richtet sich gleichermaßen an Personalverantwortliche in Unternehmen, Zeitarbeitsunternehmen und Leiharbeitnehmer und bietet eine praktische Orientierungshilfe in allen Fragen des Arbeitsschutzes.

ISBN 978-3-941388-19-2
€ 24,80

Erhältlich im Buchhandel oder unter www.vprm.de

Kraschinski

Sozialverträgliche Gestaltung der Arbeitnehmerüberlassung

Wird ein Arbeitnehmer von seinem Arbeitgeber an einen Dritten zur Erbringung von Arbeitsleistung überlassen, handelt es sich um Leiharbeit. Dieser grundlegende Unterschied zu anderen Beschäftigungsformen verbunden mit dem stetigen Wachstum der Leiharbeitsbranche ist seit jeher Ausgangspunkt für kontroverse Diskussionen über Vor- und Nachteile von Leiharbeit sowie über Chancen und Risiken.

In diesem Buch werden der rechtliche Rahmen der Arbeitnehmerüberlassung, die Entwicklungen des Leiharbeitsmarktes sowie die individuellen Arbeitsbedingungen eines Leiharbeitnehmers betrachtet. Anhand dessen werden sozial- und wirtschaftspolitische Risiken und Probleme der Leiharbeit aufgezeigt und Möglichkeiten zur sozialverträglichen Gestaltung dargelegt. Dabei werden die mit der Leiharbeit verbundenen Chancen nicht außer Acht gelassen, sondern als eine Gestaltungsmöglichkeit betrachtet.

Aktuelle Informationen finden Sie auch unter www.vprm.de

Weitere Titel aus der Reihe: Schriften zur Zeitarbeit

ISBN 978-3-941388-04-8
€ 24,80

Erhältlich im Buchhandel oder unter www.vprm.de

Dreher

Die betriebsverfassungsrechtliche Stellung von Leiharbeitnehmern

Dieses Buch behandelt betriebsverfassungsrechtliche Probleme, die sich an der Schnittstelle zwischen Betriebsverfassungsrecht und Arbeitnehmerüberlassung ergeben.

Durch die für die Arbeitnehmerüberlassung typische Aufspaltung der Arbeitgeberbefugnisse zwischen Ver- und Entleiher im Dreiecksverhältnis ergeben sich zahlreiche betriebsverfassungsrechtliche Fragestellungen, welche die Individualrechte der Leiharbeitnehmer und die Mitwirkungs- und Mitbestimmungsrechte der Betriebsräte in beiden Betrieben betreffen. Es hängt von der individualrechtlichen Einordnung ab, welche betriebsverfassungsrechtlichen Rechte dem Beschäftigten zustehen und welcher Betriebsrat für die Wahrnehmung der Mitbestimmungsrechte letztendlich zuständig ist.

Diese Fragestellungen werden in diesem Buch aufgegriffen, mit dem Ziel die Beteiligungsrechte der Betriebsräte im Ver- und Entleiherbetrieb zu ermitteln und Handlungsempfehlungen abzugeben.

ISBN 978-3-941388-20-8
€ 24,80

Erhältlich im Buchhandel oder unter www.vprm.de

Fabritius

Konzerninterne Arbeitnehmerüberlassung im Krankenhaus

Seit der Änderung der gesetzlichen Rahmenbedingungen der Arbeitnehmerüberlassung und der damit verbundenen Liberalisierung stehen den Unternehmen neue Möglichkeiten für den Einsatz von Leiharbeitnehmern offen. Vor diesem Hintergrund haben sich neue Formen von Arbeitnehmerüberlassung entwickelt – so auch die hier thematisierte konzerninterne Arbeitnehmerüberlassung. Bei dieser wird ein konzerneigenes Verleihunternehmen, meist als Personal-Service-Gesellschaft bezeichnet, gegründet. Zwecks Senkung der Personalkosten überlässt diese sodann Leiharbeitnehmer an die konzernzugehörigen Unternehmen.
Insbesondere beschäftigt sich die Autorin mit der Diskussion um die Zulässigkeit einer Personal-Service-Gesellschaft zum Zweck der Personalkostensenkung.
Aufgrund der allgemeinen Darstellung der rechtlichen Rahmenbedingungen der konzerninternen Arbeitnehmerüberlassung richtet sich dieses Buch nicht nur speziell an den Krankenhaussektor, sondern auch an andere Branchen.

Aktuelle Informationen finden Sie auch unter www.vprm.de

Weitere Titel aus der Reihe: Schriften zur Zeitarbeit

ISBN 978-3-941388-28-4
€ 24,80

Erhältlich im Buchhandel oder unter www.vprm.de

Kellner

Arbeitsschutzmanagementsysteme in der Zeitarbeit

Einführung und Organisation eines Arbeitsschutzmanagementsystems am Beispiel der Firma ARO Personalservice GmbH

Dieses Buch richtet sich an Unternehmen, die ihren Arbeitsschutz systematisch organisieren wollen, um damit einen Wettbewerbsvorteil zu generieren. Guter Arbeitsschutz führt zu einer hohen Qualität der Arbeit, fördert die Produktivität, die Leistungsfähigkeit und die Leistungsbereitschaft der Beschäftigten. Gerade für den wirtschaftlichen Erfolg der Zeitarbeitsunternehmen und für die Sicherung der Arbeitsplätze sind gesunde Mitarbeiter eine wesentliche Voraussetzung.

Eine funktionierende Arbeitsschutzorganisation ist von entscheidender Bedeutung für die Wirksamkeit des Arbeits- und Gesundheitsschutzes jedes Unternehmens.

Die ARO Personalservice GmbH in Gelsenkirchen erhielt das Zertifikat für „Arbeitsschutz mit System“ (AMS) im April 2009. Durch die gesetzliche Unfallversicherung VBG hat das Zeitarbeitsunternehmen sein Arbeitsschutzmanagementsystem nach nationalen und internationalen Standards prüfen lassen. Eine spätere Anpassung an das SCC/SCP-Zertifikat ist geplant.

ISBN 978-3-941388-30-7
€ 24,80

Erhältlich im Buchhandel oder unter www.vprm.de

Solibieda

Behinderte in der Zeitarbeit

Rund 72 % aller behinderten Menschen in Deutschland sind ohne Erwerbstätigung.

Obwohl zur Gewährung einer Chancengleichheit ein umfangreiches und differenziertes Instrumentarium zur Förderung behinderter Menschen auf dem Arbeitsmarkt zur Verfügung steht, fühlen sich nur rund 6 % der behinderten Menschen im öffentlichen Leben gleichwertig behandelt.

Eine berufliche Integration von Behinderten ist daher elementar, um ihre Eingliederung in die Gesellschaft insgesamt zu gewährleisten. Häufig herrschen jedoch bei den Unternehmen gegenüber den behinderten Arbeitnehmern weitreichende Vorbehalte, die sich in geringen Eingliederungschancen arbeitsloser Behinderter niederschlagen.

Unterstellt man jedoch, dass behinderte Menschen auf einem entsprechenden Arbeitsplatz in der Regel die gleichen Arbeitsleistungen erbringen können wie nicht eingeschränkte Arbeitnehmer, so geht die Arbeitsmarktpolitik am Kernproblem vorbei, die hauptsächlich bestrebt ist, bereits bestehende Arbeitsverhältnisse zu sichern.

Eine Möglichkeit dieses Problem zu lösen oder zu verbessern, könnte in der Variante der gewerblichen Arbeitnehmerüberlassung gesehen werden. Dieses Buch zeigt sowohl Erfolgskonzepte, sowie Ansätze einer Verbesserung der Arbeitsmarktsituation auf.

Aktuelle Informationen finden Sie auch unter www.vprm.de